마음에서 마음으로

생각하지 말고 느끼기, 알려하지 말고 깨닫기

이외수 지음
하창수 엮음

인간은 만물의 영장이다.

단, 전제가 있다.

만물을 사랑할 수 있는 가슴을 가지고 있다면!

그런 가슴을 가지고 있지 않다면

만물의 영장은 어림없는 얘기다.

모든 인간이 만물의 영장인 것은 아니다.

만물을 사랑하는 가슴을 가지고 있는 자만이

만물의 영장이다.

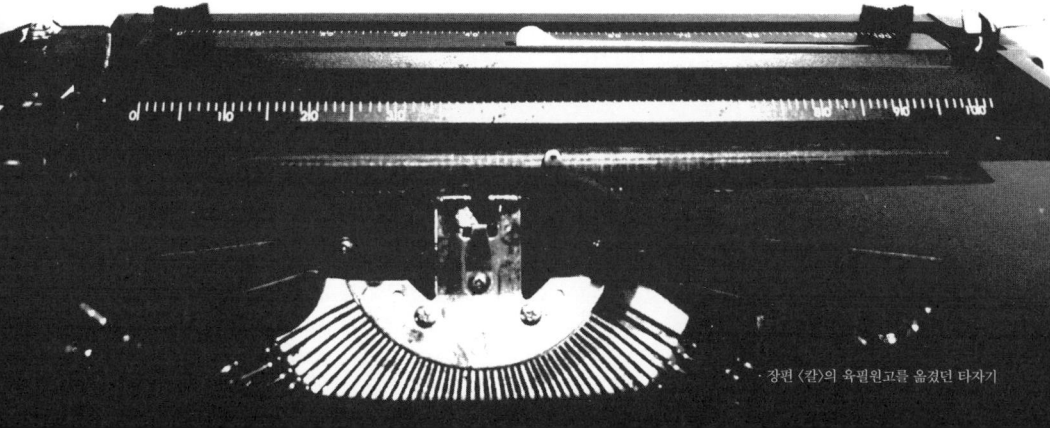

장편 《칼》의 육필원고를 옮겼던 타자기

프롤로그

감성마을에서
마음의 향기를 듣다

　•
　춘천에서 화천까지는 차로 한 시간여에 불과하지만 이외수 선생이 '감성마을'로 삶터를 옮긴 뒤로는 뵙는 횟수가 많이 줄었다. 매스컴을 통해 소식을 자주 접하기도 했고, 트위터와 페이스북으로 거의 매일 만나다 보니 안부를 묻는 전화조차 잊고 지냈다. 출판사로부터 그와의 대담을 의뢰받은 것은 거의 반년가량 화천 가는 발길이 멎어 있을 때였다.
　춘천에서의 오랜 생활을 끝내고 화천으로 이주한 이외수 선생에게 표면적으로 크게 달라진 점은 사회적 영향력이었다. 정치적 영향력이라고 해야 할 만큼 이 선생의 발언은 정치판에 적지 않은 파문을 일으키곤 했다. 160만 이상의 팔로어를 가진 '트위터 대통령'이라는 별칭은 이 선생을 가까이에서 지켜봐온 후배 소설가로서 우려하는 마음이 없지 않았다. 좌와 우, 진보와 보수로 첨예하게 맞서 있는 상황에서 자칫 '작가 이외수'를 잃게 될지도 모른다는 걱정 때문이었다.

　　이 대담의 준비를 위해 오랜만에 '감성마을'을 찾았다. 산을 돌고 돌아 긴 내리막길을 다 내려갔을 때 '감성마을'로 접어드는 길 초입에 세워져 있는 새 모양의 이정표가 눈에 들어왔다. "새가 바라다보는 방향으로 4Km"라고 씌어 있는 고동색 표지판에 눈길을 주며 깊은 산골이라는 게 새삼 느껴졌다.

∴

　　가을은 짧게 지나갔다. 이르게 찾아온 겨울은 대선정국의 뜨거운 열기에 맞서듯 차가웠다. 대담이 진척되는 동안 대선 후보들이 '감성마을'을 연이어 방문했다. 뉴스에서 자주 이 선생의 모습을 볼 수 있었다. 당신은 여전히 매일 서너 개의 멘션을 트위터에 올렸고, 이따금 구설수에 휘말렸다. 그때 휘말린 어떤 구설은 대선이 끝나고도 가라앉지 않았고, 오히려 격렬한 공격의 빌미가 되었다.

　　겨울은 막바지를 향해 치닫고 있었지만 칼바람은 여전히 매서웠다. 전날 내린 폭설은 문학관으로 통하는 길만 겨우 쓸려 있을 뿐 발목이 빠질 만큼 쌓여 있었다. 거실에는 스산한 한기가 돌았고, 집필실에는 옷걸이에 걸린 수건 두 개가 세숫대야에 발을 담그고 있었다. 가습기 대용이었다. 지난 가을과 달리 당신의 얼굴은 깊은 시달림의 흔적을 짐작하게 했다. 밤새 차를 마셨고, 집필실 창문이 부윰해져 있었다.

대담은 오후 서너 시쯤 시작해서 밤을 새웠다. 어느 때는 동이 트고도 그치지 않고 정오 무렵에야 끝난 적도 있었다. 그야말로 마라톤 대담이었다. 한 번 대담에 4기가바이트의 녹음기가 거의 채워질 정도였다. 전형적인 '아침형 인간'인 내게는 마라톤 이상의 고역이었다. 식사를 하는 동안에도 녹음기는 여전히 켜져 있었고, 간간이 맥주나 막걸리가 조연으로 등장하기도 했다. 대담이 모두 끝났을 때 세상엔 여름이 성큼 다가와 있었지만, '감성마을'엔 그제야 봄이 흐드러지고 있었다.

짧게는 열여섯 시간, 길게는 스무 시간에 이르는 '마라톤 대담'을 정리하는 일은 끝도 없는 준령을 넘는 일이었다. 하나의 질문과 답변은 꼬리에 꼬리를 물고 예상하지 못한 질문과 답변으로 이어졌고, 제자리로 돌아오면 한 시간이 훌쩍 지나 있을 때도 있었다. 녹취록 원고를 받았을 때를 생각하면 지금도 아찔하다. 그 분량은 어지간한 장편소설 몇 권이었다. 쳐내고, 깎고, 줄이는 데는 용기가 필요했다.

대담이 끝나고 책이 나오기까지 한 계절이 고스란히 지난 것은 전적으로 정리에 소요된 시간 때문이다. 80여 시간 얘기를 나누고 원고지 3천 매에 이르는 녹취록 원고를 정리하면서 나는 그동안 이 선생에 대해 많은 것을 알고 있었다는 생각을 수정해야만 했다. 내가 아는 '이외수'는 당신의 일부에 지나지 않았다.

...

그동안 적지 않은 인터뷰를 통해 '작가 이외수'든 '인간 이외수'든 알려질 만큼 알려져 있다는 게 일반의 생각이었지만, 집중력 있는 인터뷰마저도 대중적 호기심을 자극하는 쪽으로 기울어지거나 극히 단편적인 게 사실이었다. 특히, 오랫동안 문단과 소원하게 지낸 탓에 '이외수의 문학'에 대해서는 거의 진단되지 않은 상태였다. 출간된 소설집이 모두 베스트셀러가 되고 독특한 문학적 세계를 구축해온 작가에게 이례적인 일이 아닐 수 없었다.

세상은 그에게 파격과 기행의 작가, 바보 같은 천재, 절망을 희망으로 꽃피우는 인생의 멘토 등의 이름을 붙이며 문제적 인물로 명명했다. 그러나 그는 만물의 진실과 우주의 본성을 직시하기 위해 수행의 길을 오랫동안 걸어오고 있었다. 그리하여 깊은 고뇌와 사유 속에서 길어올린 그의 잠언은 희로애락의 세상사에 도통할 수 있었고, 부단한 고행과 수련을 통해 쌓아올린 그의 문학은 독특한 성취를 이룰 수 있었다. 그 기저에 자리잡은 거대한 정신의 뿌리와 인식의 확장에 대한 발견과 해석은 안타깝게도 외면되고 있었다.

따라서 이 대담은 그의 초월적인 내면의 깊이를 가장 깊숙이, 이 세계 너머의 우주적 인식을 가장 가까이 들여다본 첫 번째 대화일지 모른다. 삶과 우주의 진실을 직시한 자유로운 영혼의 작가 이외수가 세상과 어떻게 소통해왔고 무엇을 소통하고자 하는지를 확인하는 일은 흥미로우면서도 의미 있는 작업이다. 대화의 주제는 크게 네 가지-예술, 인생, 세상, 우주로 나누어 진행되었다. 일상의 소소한 질문에서 세상과 우주의 근본적이고 본질적인 물음까지, 각 영역을 넘나들며 깨달음의 선문답이 이어졌다.

••••
　첫 번째 이야기는 '예술'에서 시작했다. 그는 우리 문학에서는 사례를 거의 찾아보기 힘든 신비주의 문학에 천착해왔다. 외국 문학에서는 매우 보편적이었고, 아주 진지하게 다루어진 신비주의 문학의 주제들이 우리 문화에서는 철저히 외면받아왔다. 〈꿈꾸는 식물〉에서부터 〈벽오금학도〉를 거쳐 〈장외인간〉까지 욕망과 허무, 희망과 절망, 현실과 환상의 경계를 자유롭게 누비는 작품들의 가치와 의미, '이외수 문학'의 미학이 새롭게 조명되는 계기가 되길 바란다. 그에게 예술은 아름다움을 추구하는 행위다. 육안(肉眼)의 범주에만 머무는 아름다움이 아니라 영안(靈眼)의 범주에까지 닿아 사람들의 삶을 풍요롭게 하는 아름다움, 서로를 사랑하고 행복하게 하는 아름다움을 발견하고 보여주는 일이다.

　두 번째 이야기는 '인생'이다. 지독하게 가난했던 어린 시절, 그는 할머니를 따라 동네를 돌아다니며 동냥을 하며 살아낼 수 있었다. 그가 목숨을 부지할 수 있었던 건 사람들의 자비심 덕분이었다고 고백한다. 가난하고 외로웠던 유년 시절에서 소통의 달인이 된 현재의 삶까지, 그의 곡절 많은 인생 역정이 펼쳐진다. 그러나 인생의 파란은 그에게 기막힌 통찰을 선물했다. 인간의 본성은 우주의 본성과 같고, 그것은 아름다움이고 사랑임을 설파한다.

　세 번째 이야기는 '세상'이다. 삶과 죽음, 세상의 종말과 구원, 전쟁과 평화, 보수와 진보, 선과 악, 생각과 마음의 정의와 구별을 얘기한다. 정치와 사회 문제도 심도를 가지고 짚어보았다. 아는 데 머무르지 않고 느끼는 데까지, 느끼는 데 머무르지 않고 깨닫는 데까지 이른 그의 시선은 날카롭다. 거침없이 내리꽂히는 일침은 속시원하다. "모든 이름들은 하나의 섬, 모든 영혼들도 하나의 섬, 모든 혹성들도 하나의 섬이다. 섬과 섬 사이를 오갈 수 있는 것은 가슴 안에 간절한 사랑을 품을 때만이다." 삶의 의미와 방향을 잃고 두려움을 느끼는 사람들에게 그가 보내는 위로는 따스하다.

네 번째로 다룬 '우주와의 대화'는 이 책에서 가장 특별한 이야기일 것이다. 그의 문학과 삶을 일관되게 관통하는 메시지는 신비적 우주론이다. 신과학과 신비론, 영성과 우주적 비전에 대해 숨김없이 다루었다. 무엇보다 '지금-여기'의 현실에 바탕을 둔 분명한 메시지로 진솔하게 전달하려 했다. 그는 우주와의 대화를 통해, 지구는 정말 아름다운 행성이며 우주의 많은 지성체들이 지구를 보호하려 한다고 전한다. 지구인들이 이 사실을 알고 자신의 행성을 아름답게 가꾸는 데 더 많은 노력을 기울여야 한다는 충고도 잊지 않았다.

공교롭게도, 하루키는 〈1Q84〉에서 두 개의 달을 만들었지만, 그는 〈장외인간〉에서 달을 없앴다. 연배도 비슷한 동아시아의 주요한 두 작가가 거의 비슷한 시기에 '달'을 문학적으로 공유했다는 사실은 우연일까? 그는 인간과 우주가 분리되어 있지 않다는 것을 말하기 위한 장치였다고

답했다. "가슴의 빛이 사라지면 하늘의 빛도 사라지므로." 달에 사는 지성체인 친구들과 나눈 교신이 최초로 생생히 공개된다. 그가 체험한 의식세계는 입증할 수는 없지만, 부정할 수도 없는 진실이다.

• • • • •

이외수 선생은 다양한 스펙트럼을 가졌다. 그 다양한 스펙트럼을 한 곳으로 모으고 사방으로 흩뜨리는 것은 모두 '마음'이라는 하나의 렌즈다. 그는 그것으로 세상을 보고, 사람을 대하고, 시대를 아파하고, 자연과 벗한다. 마음의 렌즈로 포착한 그의 궤적은 깊고 넓다. 그는 그 궤적이 모두 마음 안의 일이라고 말하며, 자주 거론하는 '심안(心眼)'과 '영안(靈眼)'도 궁극은 '마음'이다.

생각에 의존해서 사는 사람보다는 마음에 의존해서 사는 삶을 살겠다고 한 것이 그에게는 구원이었다. 그렇다면, 무엇이 생각이고 무엇이 마음일까? 그의 답은 이렇다. "대상과 내가 이분화되면 생각이다. 대상과 내가 합일되면 그게 마음이다." 이 책 또한 독자들에게 머리보다는 마음으로, 이성보다는 감성으로 읽히기를 원한다. '견해가 일치'되기보다 '공감'하기를 원한다. 인간, 사물, 자연, 우주까지 모든 존재와의 소통은 마음에서 시작하고 마음으로 통한다. 마음에서 우리는 하나가 되고, 마음으로 우리는 자유로워질 수 있다.

처음으로 돌아가보자. 우리는 왜 이 대담을 시작했을까? "한 수행자의 깨달음은 그 사회에, 나아가 우주에 어떤 의미를 가집니까?"라고 질고 질문했을 때 그는 이런 답을 내놓았었다.

"한 사람의 깨달음은 한 사람에게만 머물지 않습니다. 그의 깨달음의 힘은 전파처럼 퍼져나가고, 누군가의 깨달음에 도움을 주게 됩니다. 하나가 열리면 온 우주가 열립니다."

2013년 가을,
소양강변에서 하창수

차례

0
프롤로그
감성마을에서 마음의 향기를 듣다

I
예술
쓰는 이의 고통이 읽는 이의 행복이 될 때까지

'감성마을'로 들어가며 17 : 예술은 길고, 사랑은 그보다 더 길다 19 : 왜, 밥도 안 되는 소설을 쓰는가? 23 : 사막에서 콩나물 키우기 28 : 문학은 죽은 적이 없다 33 : 평범도 지극하면 비범이다 39 : 언어는 생물이다 43 : 돈 보고 농사 지으면 농사 망한다 45 : 잔인성의 미학 48 : 내 예술의 중심 52 : 컴퓨터 사용기 54 : 나는 기인이 아니다 58 : 세상의 잣대를 넘어 65 : 채움과 비움 69

II
인생
사람이라는 단어와 사랑이라는 단어는 닮아 있다

잊을 수 없는 두 여성 77 : 편하고 행복한 사람은 내 글을 읽지 말라 80 : 본성을 잃은 사람은 행복하기 힘들다 85 : 운명과 숙명, 인륜과 천륜 91 : 젊음과 영혼을 바꾸자면? 92 : 살아남기에 바빴던 시절 96 : 양파로 지은 밥 101 : 나는 거룩한 삶을 살지 못했다 103 : 독서와 사람, 예술가의 두 가지 밑천 106 : 세상을 훔친 세 도적 110 : 하루 한 끼의 식사와 버릇이 된 가난 113 : 내 인생의 문장수업 118

III
세상
아는 데 머무르지 않고 느끼는 데까지, 느끼는 데 머무르지 않고 깨닫는 데까지

내일 지구에 종말이 온다면? 125 : '트위터 대통령' 126 : 최고의 멘토는 자연 132 : 삶과 죽음에 대하여 134 : 누구도 죽을 때를 판단해줄 수 없다 136 : 여행을 하지 않는 이유, 집 나가면 개고생

140 : 내가 가장 커질 때는 남을 위할 때 143 : '정치적 인간' 벗어나기 145 : 욕망을 버리고 소망을 가져라 151 : 부패한 정치, 발효된 정치 153 : 보수와 진보, 낡은 것과 새로운 것은 다 가치 있다 156 : "당신이 평화롭지 않으면 세계가 평화롭지 않습니다" 162 : 선과 악은 한자리에서 나온다 165 : 생각과 마음의 차이 169 : 생명의 복제에 대하여 174 : 자연에서 자연으로 181

IV
우주
안이 밖이 되고 밖이 안이 되고, 시작이 끝이 되고 끝이 시작이 되는 이야기

신비의 소설화, 소설의 신비화 189 : 한 사람의 깨달음은 한 사람에게만 머물지 않는다 197 : 육안과 뇌안을 닫고 심안과 영안을 떠라 201 : 무한의 우주를 어떻게 이해할 것인가? 205 : 초월적 신비현상, 어떻게 받아들일 것인가? 213 : 만물은 모두 기(氣)를 가지고 있다 217 : 마음의 고통은 무엇으로부터 오는가? 222 : 입증할 수는 없지만, 부정할 수도 없는 의식세계 226 : 외계와의 소통, 채널링에 대해 이야기하다 235 : '달 친구'들과의 교신 240 : 미래의 모든 일이 기록된 도서관, 아카식 레코드 읽기 251 : 채널링을 어떻게 바라봐야 할 것인가? 255 : 우주를 품은 가슴을 가지고 있어도, 바늘로 살을 찌르면 아플 수밖에 없다 258 : '뭔가'를 보기 위해서라면 혼란은 피할 수 없다 260 : 문학, 구원의 삶을 위한 수행 265 : 일 수도 있고, 아닐 수도 있고 268

V
어디로 가십니까
내 마음이 열리면 온 우주가 열린다

욕망하는 자의 꿈은 이루어질 수 없어도, 소망하는 자의 꿈은 이루어질 수 있다 273 : 자연에서 '자연스럽게' 얻는 감(感)이라는 선물 277 : 나보다는 우리가 먼저인 사회 281 : 네 가지의 눈 - 육안과 뇌안, 심안과 영안 284 : 열등감 극복기 288 : 어제가 오늘이 되고 오늘이 내일이 된다 292

이외수 작가연보 295

I
예술

쓰는 이의 고통이
읽는 이의 행복이
될 때까지

예술

밤을 새워 글을 써본들 무슨 낙이 있으랴. 언제나 닿아오는 건 절망뿐이다. 써놓고 다시 읽어보면 엿같다는 생각, 마누라는 옆방에서 잘도 잔다. 백 매를 쓰고 천 매의 파지를 만든다. 그리고 다시 써놓은 백 매를 태워버린다. 울고 싶은 심정뿐이다. (…) 기침을 한다. 목구멍에서 아직도 약간의 피비린내가 나고 있다. 어디까지 망가져 있는 것일까. 그러나 망가져도 좋으니 하나만 쓰게 해다오. 죽기 전에 한 번은 기회가 와주리라는 것을 나는 믿는다. 아직은 잔뿌리 하나도 건지지 못했지만, 언젠가는 산삼보다 더 영험스러운 소설, 그래서 어느 산 사람 병든 영혼이라도 잠깨울 수 있는 기(氣)의 소설을 내 손으로 쓰게 되리라고 감히 나는 믿는다.

_작가노트, 〈장수하늘소〉, 1981년

'감성마을'로 들어가며

하창수 오늘은 '감성마을'로 들어오는 길이 평소와 달리 보였습니다. 선생님과의 대담 때문이었을까요. 그 시작이 설레기도 하고 떨리기도 합니다. 사창리를 지나서 '감성마을' 이정표를 보다가 문득 "감성의 반대말이 뭐지?" 하는 의문이 들었습니다. 보통 우리는 감성의 반대말로 '이성'을 떠올립니다. 예술에 있어서 감성도 중요하지만 냉철한 이성도 필요하지 않습니까?

이외수 이성은 논리를 필요로 하지만 감성은 논리를 필요로 하지 않는다. 따라서 반대말을 찾는다는 사실 자체가 감성에서는 무의미하다. 감성의 궁극은 사랑에 있고, 사랑은 반대말을 허용하지 않는다. 감성의 절대는 있어도 반대는 없다. 감성은 사랑의 발로이자 통로다. 굳이 논리를 동원해 감성의 반대말을 찾는다면 사전적, 논리적 반대말이 있기는 할 것이다. 합리화시킬 수도 있을 것이다. 하지만 그렇게 찾아낸 단어는 이성의 영역에서는 통용될지 몰라도 감성의 영역에서는 통용되지 않는다.

반대말을 머리에서 추론하지 않고 감성으로 접근한다면, 반대말이 뭘까에 대해 궁금해하는 것부터 달라진다. 감성은 오히려 반대말이 존재하지 않는 단어의 반대말을 찾게 한다. 가령, 감성은 "석탄의 반대말은 뭐지?"라고 궁금해하고 '목화'를 찾아낸다. 감성이 찾아낸 '총'의 반대말은 '꽃'이다.

하창수 예술에서 이성은 방해물인가요?

이외수 방해하는 것이 아니라 경계해야 할 대상이다. 감성은 머리가 아니라 가슴을 기준으로 삼는다. 감성은 직관과 관련되어 있다. 인간은 감성과 직관이 발달된 상태에서 태어난다. 하지만 어릴 때부터 시작해 성인이 될 때까지 받게 되는 교육은 감성과 직관을 이성과 논리로 대체시킨다. 풍부한 감성과 뛰어난 직관을 가지고 있던 아이들이 십수년 학교를 다니는 동안 냉철하고 논리적인 인간으로 바뀌는 걸 보는 것만큼 비극적인 일은 없다. 따뜻한 가슴을 가진 사람들보다 냉철한 두뇌를 가진 사람들이 많아지는 것이 바로 현대사회의 비극이다. 자연을 떠난 인간, 자연과의 어울림이 끊어진 사회는 비정하다.

나는 어릴 때부터 시골에서 살았다. 동네 형들은 이름은 알지 못하면서도 어떤 게 먹을 수 있는 건지, 어떤 게 먹으면 안 되는 건지를 귀신처럼 알았다. 경험에서 나온 것만은 아니었다. 그들은 먹을 수 있는 것들의 공통적인 분위기를 알고 있었고, 먹을 수 없는 것들의 공통적인 느낌을 공유하고 있었다. 머리로 아는 것이 아니라 가슴으로 아는 것이다. 흔히 '직감'이라고 하는 것, 그것이 감성이다. 아는 것이 아니라 느끼는 것이다.

언어도 마찬가지다. 자연은 감성적 언어를 갖고 있고, 감성적 언어로 소통한다. 도시는 인위적 언어를 가지고 그것으로 소통한다. 오늘의 문학이 점점 비정해지는 건 도시의 언어로 직조되기 때문이다. 자연과 떨어져 지낸 사람들, 논리와 이성을 교육받아온 사람들이 작가가 되는 한 피할 수 없는 일이다. 원초적이고 생래적으로 가지고 있는 감성을 회복해야 한다. 그런 점에서 '감성마을'은 치유와 회복의 공간이다.

예술은 길고,
사랑은 그보다 더 길다

하창수 그렇다면 예술이란 무엇입니까?
이외수 아름다움을 추구하는 행위다. 육안(肉眼)의 범주에만 머무는 아름다움이 아니라 영안(靈眼)의 범주에까지 닿아 사람들의 삶을 풍요롭게 하는 아름다움, 서로를 사랑하고 행복하게 하는 아름다움을 발견하고 보여주는 일이 예술이다.

하창수 고단하고 지친 일상을 살아가는 사람들에게 과연 예술이 도움을 줄 수 있을까요?
이외수 콩나물시루 같은 지하철을 타고 출퇴근하는 사람, 오뉴월 뙤약볕에서 김을 매는 사람들이 시장에 가서 접시를 사려고 한다. 그들이 어떤 접시를 사겠는가? 아무 무늬도 없는 접시를 사겠는가, 아니면 국화꽃 문양이 있는 접시를 사겠는가? 누구나 예술에 대한 동경과 욕구를 가지고 있다. 이것은 태어나기 전에 이미 갖추어져 있다. 다만 고단하고 지친 일상에 치여 잠시 잊고 있을 뿐이다. 예술가에겐 그 잊힌 기억을 일깨워줄 의무와 권리가 있다.

예술은 어쩌면 신의 것일 수도 있다. 예술은 신이 원하는 것일 수도 있다. 그렇지 않다면 신이 "사랑하라"고 말했을 리가 없다. 아름답지 않은 것을 사랑할 수는 없다. 예술은 내면의 아름다움을 발견하게 함으로써 사랑의 의미와 가치를 확장시킨다. 우리는 물질적인 존재만이 아니다.

하창수 그러나 예술은 예전이나 지금이나 '밥 굶는 일'처럼 여겨집니다. 예술과 가난의 등식은 당연한 것인가요?
이외수 잔혹하게 들릴지 모르지만 실력이 어중간하면 밥 굶기 십상이다. 딱히 예술만 그런 건 아니다. 어떤 분야나 어중간하면 밥벌이가 시원치 않다. 독특한 자기만의 세계를 가지고 있어야 한다. 그래야 사람을 끄는 힘을 발휘하게 된다. 이 힘이 바로 내가 늘 강조하는 정신적 에너지, 영적 에너지다.

하창수 그런 에너지를 가지려면 어떻게 해야 합니까?
이외수 나는 글을 쓰기 전에 먼저 기도를 한다. 원고지 앞에서 경건에 이르렀을 때 비로소 상상을 한다. 작가는 자신의 글이 독자를 감화시킬 만큼의 영향력을 가지고, 좋은 기운을 발산할 수 있도록 해야 한다. 나는 〈장외인간〉을 쓰는 도중에 내 글이 지닌 에너지를 측정하는 시험을 해본 적이 있다. 400매 정도 썼을 때였는데, 측정해본 결과 예전과 거의 유사한 에너지를 가지고 있다는 판단이 내려졌다. 실망했다. 예전보다 나아야지 예전의 것과 비슷하다면 굳이 쓸 필요가 있겠나 하는 생각이 들었다. 그래서 그때까지 써놓은 걸 모두 태워버렸다. 이후 앞부분만 40매씩 40번을 새로 썼다. 그런 식으로 기를 다졌다. 그렇게 다져진 기운을 소설 전체에 밀어넣었다.

작가는 그 기운을 느껴야 하고, 느낄 수 있다. 기운을 느낄 수 없거나 느껴지지 않으면 공허해지고, 자신의 글에 스스로 창피해진다. 기운이 배어 있는 것을 알게 되면 자신감이 생겨난다. 그러면 남이 알아주든 알아주지 않든 개의치 않게 된다. 그 기운의 대부분은 읽는 사람에게 고스란히 전달된다. 〈벽오금학도〉를 열 번이나 읽었다거나, 〈들개〉를 스물한 번 봤다는 사람을 만났는데, 그들이 하는 얘기는 거의 같다. 책 안의 뭔가가 자신을 건드리더라는 것이다. 그 '뭔가'를 설명할 수 있는 말이 마땅히 없다. 어떤 기운, '에너지'라고밖에는…….

장인정신이라고 표현할 수도 있겠다. 진짜 명품은 외형만 보기에 그럴듯한 것이 아니라 내실, 안에 깃든 기운이 여느 것과 다르다. 눈만 현혹하는 것은 명품이 아니다. 가령, 우리 백자(白磁)의 흰빛은 서양 물감 스노화이트처럼 겉으로 내쏘는 요사스러운 흰빛이 아니다. 도공은 가마에서 나온 자기들을 최종적으로 점검할 때 모양도 물론 보지만 빛으로 결정을 내린다. 요사스러운 빛이 나는 것은 모두 깨버린다. 눈을 현혹하는 빛은 오래 보면 질린다. 그윽한 빛은 아무리 봐도 싫증나지 않는다. 조선 왕실에 백자를 진상하는 도백(陶伯)은 백자의 은근한 빛을 닮은 신하를 귀하게 여기라는 마음을 백자에 담아냈다. 간신은 요사하여 요사한 빛을 띠니 백자의 빛에 비추어 판단하라는 뜻을 담았던 것이다. "가을 국화라도 꽂아 두고 보소서"라고 백자에 시 한 수 적어 진상했다. 예술가는 그러하다.

청자의 빛 역시 화려해 보이지만 현혹하는 빛깔이 아니다. 한국인의 격과 깊이를 대변해준다. 이것은 육안으로 구분하기는 어렵고, 심안이나 영안이 트여야 그 경지를 읽어낼 수 있다. 일본인들이 우리의 막사발을 보고 매혹된 것이 바로 그 경지였다. 아무것도 아닌 듯한데 자꾸 끌리더라는 것이다. 고려 때는 도공이라면 으레 그 정도는 다 구웠다. '똥사발'이라고 겸손하게 불렀다. 일본인들은 그걸 가져가서 거의 모두 국보로 지정했다. 우리에겐 예술이 '도처에 널려 있었다'고 해도 지나치지 않다.

하창수　예술에 담긴 에너지를 구별해낼 수 있는 선생님만의 비법은 결국 심안이나 영안을 뜨는 것인데, 어떻게 하면 그런 깊은 안목을 가질 수 있습니까?

이외수　자연과 가까워지면 감(感)이 발달된다. 아는 데 머무르지 않고 느끼는 데까지 가고, 느끼는 데 머무르지 않고 깨닫는 데까지 가려면, 자연과의 친화력을 통해 '기를 감할 수 있는' 기감(氣感) 기능을 활성화시켜야 한다. 그러면 에너지를 느낄 수 있다. 기를 감할 수 있는 상태가 되면 감각끼리 어울리게 된다. 사람 사이에서는 이런 각성이 이뤄지기 힘들다. 하지만 자연과는 교감과 각성이 쉽게 이뤄진다. 데이터나 상식으로 접근하면 실패할 확률이 높다. 시골의 촌부들이 지닌 것은 데이터가 아니라 자연과 친화함으로써 '자연스럽게' 형성된 감이다. 만행하던 중이 촌부에게 법문을 들었다는 애기는 우스갯소리가 아니다.

하창수   도시에 나서 도시에서 자란 사람은 어떻게 합니까?
이외수   도시가 자연과 멀다고 생각하는 것도 편견이다. 하루 한 번씩이라도 창을 열어 하늘을 보고, 빌딩 너머 먼 산을 바라보며 말을 걸면 자연과 친해진다. 제일 좋은 것은 화분이다. 화분을 정성껏 가꾸는 것은 중요한 일이다. 손수 심어서 싹을 틔우고 꽃이 피는 것을 보고 열매가 맺히는 과정을 살피는 것이 곧 자연과 가까워지는 것이다. 화분의 식물과 대화해본 적이 있는가?

하창수   시골로 가라는 애기가 아니었군요?
이외수   중요한 것은 사랑이다. 아름다워하면 애정이 절로 생긴다.

왜, 밥도 안 되는
소설을 쓰는가?

하창수   저는 25년 동안 소설을 써오면서 풀리지 않는 의문이 하나 있습니다. "왜 소설을 쓰는가?" 늘 새삼스럽게 질문하게 됩니다. 삶이란 도대체 무엇인가를 명확하게 해명하기 위해 소설을 쓰는 것 같지만, 소설을 쓰면 쓸수록 삶이 더 불명확해지는 것 같은 느낌도 듭니다. 선생님은 소설을 쓰는 이유가 무엇입니까?

이외수 중요한 질문이다. 문학관 안에 이런 말이 씌어 있다. "내가 소설을 쓰는 게 아닙니다. 문학이 나를 선택한 것입니다." 문학은 사람과 사람만의 관계가 아니다. 다른 사물들, 꽃과 나무들이 작가를 노래했으면 좋겠다. 그들은 "아, 저 작가가 우리를 예뻐하는구나" 하고 생각할지도 모른다. 만약 나무나 꽃이 그런 생각을 한다면 작가에게 힘을 실어줄 것이다. 작가가 창조자로서 세상을 만들어낸다는 생각은 일종의 오만이다. 세상이, 세상의 만물이 작가를 만드는 것이라고 하는 게 더 올바르다.

예전에 장인어른이 입원하셔서 문병을 갔는데, 병원 안에 꽃이 환하게 피어 있었다. "사람이 한 명씩 아플 때마다 꽃이 피는 것일까, 아니면 나을 때마다 피는 것일까?" 하는 생각이 불쑥 들었다. 그러곤 이런 대답이 일어났다. "아플 때마다 핀다면 나으라고 피는 것이다. 나을 때마다 핀다면 기뻐서 피는 것이다." 꽃이 피는 것과 사람의 아픔이 무관하지 않다는 생각이 들었다. 하늘에 별이 하나 돋아나는 것도 우리 생명과 무관하지 않을 거라고 나는 생각한다. 사랑에 실패할 때마다 별이 하나씩 돋아나든가, 사랑에 성공할 때마다 하나씩 돋아날 것이다.

시인 황금찬 선생이 강연에서 "연못에 별이 빠지면 물고기가 그걸 먹고 산다"는 얘기를 하셨다. 너무도 아름다운 시였고, 또한 엄정한 사실이었다. 우리는 시를 읽고 가슴에 담아둘 뿐만 아니라 시를 살 수 있다. 시처럼 살거나 시 안에서 사는 것이 아니라, 시를 산다. 그것이 아름다움이고 문학이다.

하창수 소설을 쓰는 데 있어 작가가 이것 하나만은 반드시 가지고 있어야 한다면 무얼 꼽겠습니까?

이외수 생명력이 깃든 단어다. 단어에 생명을 불어넣으면 스스로 걷고, 뛰고, 날고, 숨죽이고, 귀 기울이며, 심지어 몸을 바꾸기도 한다. 단어를 고정관념에서 벗어나게 해주면 그 단어들로 쓰인 소설의 소재, 구조, 구성, 문체 등에 탄력이 생긴다. 문장의 생명력은 기본입자인 단어의 생명력에서 나온다.

나는 소설을 쓰기 전에 일단 기도를 한다. "이 글이 어려운 상황에 처한 사람, 아픔에 시달리는 사람, 괴롭고 고통받는 사람에게 힘이 되어줄 수 있기를 기원합니다." 내게는 글이 종교다. 글을 쓰기 전에 목욕재계하고 머리를 짧게 자른다. 사실, 다 쓴 뒤가 더 힘들다. "아, 이거다" 하는 생각이 들지 않으면 몇 번이든 고친다. "에너지가 충만하다" 하는 생각이 들 때까지 고친다. 고치다 보면 느낌이 온다. 그때가 탈고되는 순간이다.

하창수 선생님 작품들 가운데 개인적으로 가장 좋아하는 것은 무엇입니까?

이외수 없다. 온전히 마음에 드는 작품이 없다. 모든 게 조금씩 부족하다.

예술은 아름다움을 추구하는 행위입니다. 육안(肉眼)의 범주에만 머무는 아름다움이 아니라 영안(靈眼)의 범주에까지 닿아 사람들의 삶을 풍요롭게 하는 아름다움, 서로를 사랑하고 행복하게 하는 아름다움을 발견하고 보여주는 일입니다.

부족한 게 하나라도 보이고, 그게 계속 마음에 걸린다. 내가 계속 글을 쓰는 것은 마치 하나의 작품을 완성하기 위해 계속 퇴고를 하는 것과 같다. 다음 작품은 이전 작품들의 퇴고다.

하창수 글을 그만 썼으면 좋겠다는 생각을 한 적이 있습니까?
이외수 없다. 나는 다시 태어나도 글을 쓸 것이다. 그러면 더 순도 높은 작품을 쓸 수 있을 것 같다. 글을 쓴다는 건 참 멋있는 일이다. 나는 이생에서 최고의 직업을 선택했다. 다만 내 글이 부족해서 안타까울 뿐이다. 더 분발해야 한다는 걸 안다. 하지만 이건 내 능력의 문제일 뿐, 만물의 진실에 접근하려는 나의 태도와 우주의 본성에 닿으려는 내 노력들에는 부끄러움이 없다.

사막에서 콩나물 키우기

하창수 선생님은 강원일보 신춘문예에 당선은 되었지만 지방 신문이라 정식 등단으로 인정해주지 않는 게 당시의 관례였습니다. 그래서《세대》지 신인문학상에 당선됨으로써 비로소 작가로 등단하게 됩니다. 당시《세대》는 유일하게 중편소설을 공모한 터라 모든 작가지망생에게 선망의 대상이었죠. 당선 이후 많은 작품을 발표하지는 않았지만 써낼 때마다 내로라하는 평론가들로부터 호평을 받았습니다. 그러다가 갑자기 문예지 발표가 중단되었고, 평단으로부터도 외면당했습니다. 특별한 사유가 있었나요?

이외수 체질적으로 예의를 차리는 데 젬병이었다. 원로작가나 선배들을 찾아가 인사도 하고 얼굴도 익혀두라는 언질을 받았지만 쑥스러워서 못했다. 지면을 할애해서 내 작품에 대해 좋은 비평을 해준 분들에게 늘 고마운 마음만 간직하고 있었다. 나를 뽑아준 김동리 선생은 끝내 뵙지 못했다. 돌아가신 뒤에 마음이 아리고 후회되고 죄스러웠다. 초기 작품들에 좋은 비평을 해주신 평론가 김현 선생과 김윤식 선생께도 제대로 인사를 드리지 못했다. 나중에 어떤 자리에서 뵈었는데, 세월이 너무 많이 지나서 오히려 겸연쩍었다.

 개성이 뚜렷한 예술을 한다는 건 사막에서 콩나물을 키우는 것과 같다. 지연이나 학연을 따지는 편벽한 예술환경에서는 살아남을 수가 없는 일이다. 그렇다고 모두 죽는 건 아니다. 지극히 드물지만 사막에서 콩나물이 자라기도 한다. 그 콩나물이 진짜 예술이다.

하창수 선생님은 집필에 들어가면 집필실 문을 떼어내고 실제 감옥 문을 달아 봉쇄하는 것으로 유명합니다. 예전 춘천 교동 자택에서 사용하던 철문이 현재 감성마을 문학관에 전시되어 있는데, 그 철문을 보면서 저는 미국 작가 어니스트 헤밍웨이를 떠올렸습니다. 그는 얇은 타자용지에 연필로 글을 썼는데, 금속집게에 집혀져 있는 그 타자용지에 "이 종이는 대가를 치러야 한다"라고 새겨져 있었다고 합니다. 헤밍웨이나 선생님이나 결국 작가의 결연한 의지를 드러내는 것인데, 일종의 강박관념처럼 보이기도 합니다. 막다른 골목으로 몰아가지 않으면 글을 쓸 수 없는 건가요?

이외수 헤밍웨이는 어땠는지 모르지만, 내가 그렇게 한 것은 자신이 없어서였다. 과연 이 작품을 써낼 수 있을까, 나는 늘 그런 공포를 가지고 있었다. 쓰다가 도중하차할지도 모른다, 허세만 부리다 끝날지도 모른다, 기염을 토하며 시작은 했지만 용두사미가 되어버릴지도 모른다……. 그런 두려움 때문에 배수의 진을 친 것이다. 생사를 걸겠다, 다 쓰지 못하면 감옥으로부터 나가지 않겠다……. 그런 억압을 스스로에게 가한 것이다. 결국 나 자신에게 칼이나 총을 겨누는 일이었다.

하창수 시인 박인환은 동인지 《신시론》 2집(1949)을 만들면서 "어떻게 하여서든 팔리지 않는 잡지를 만들어야지"라고 말했습니다. "그 시대에 가장 많이 팔릴 작품은 시대에 가장 뒤떨어진 작품"이라고 했는데, 의미심장한 역설입니다. 박인환의 언설을 어떻게 생각하십니까?

이외수 중요한 얘기고, 마땅히 해야 할 말이라고 생각한다. 이상이나 박인환 같은 모더니스트에게 대중문화는 천박했다. 물질에 붙들린, 권위와 출세에 목을 매는 철학 부재의 대중문화에 대한 저항은 당연한 일이었다. 차라리 굶더라도 순수예술, 순수문학을 추구하겠다는 의지를 보여주는 말로, 세상을 조롱한 것이다. "인생은 낡은 잡지처럼 통속하거늘 한탄할 그 무엇이 두려워 우리는 떠나는 것인가?"라는 절창은 조롱 이상의 비애와 연민을 담고 있다. 동시에 '통속잡지' 속으로 기어들어가고 있던 지식인들에게 던지는 날카로운 비수이기도 했다.

양아치, 건달, 거지 같은 밑바닥 인생들과 친했던 박인환이 출판사 편집장, 신문사 사장, 주필, 국장 같은 사람들과 친했던 김수영과 종종 비교되기도 한다. 소주병을 들고 명동에 나타나 마네킹에게도 "너도 한잔해" 하며 술을 뿌려주었다는 박인환의 일화는 그의 낭만적이고 호방한 의식을 보여준다. 술집이나 카페의 마담들이 외상값을 갚으라고 하면 박인환은 "꽃이 피면"이라고 했다. 봄이라 꽃이 다 피었다고 대꾸하면 "내 가슴에 꽃이 피어야지"라고 시를 던졌다. 그는 우리보다 앞서 시를 살았다. 그는 대중문화, 대중문학 너머에 존재했던 위대한 시인이다. 그의 고향은 인제였고, 나는 인제에서 어린 시절과 청소년기를 보냈다. (웃음)

하창수 그러나 선생님은 출간하는 책마다 베스트셀러가 됐습니다. 30년이라는 오랜 기간 베스트셀러 작가의 위치를 유지해온 비결은 무엇일까요?

이외수 기운생동(氣運生動). 사람이나 그림이나 글이나 기운이 살아 꿈틀거려야 한다. 한 편의 소설에는 물질적 요소도 있고, 피도 흐르고, 온기도 있고, 정신과 영혼도 있다. 독자는 그걸 느낄 수 있다. 대장장이가 '우는 칼'을 만들겠다고 들듯이, 생명과 영혼이 깃든 글을 쓰겠다고 덤벼야 한다. 소설은 기운이 끓고 넘치는 생명이다. 작품에는 물질적 에너지와 영적 에너지, 정신적 에너지가 고루 담겨 있다.

　　　　독자들이 읽고 나서 "재미있게 읽었습니다, 잘 읽었습니다"가 아니라 "고맙습니다"라고 하게 만들어야 한다. "어려울 때 힘이 되었습니다" 하는 말을 들으면 전율이 인다. 읽은 사람의 마음이 바뀌었다는 얘기이기 때문이다. 내 작품으로 인해 주위에서 긍정적인 평가를 받는 존재가 되었다는 얘기를 듣는다면, 작가로서는 더할 나위 없는 일이다. 그런 글을 써야 한다.

하창수 무라카미 하루키는 30년 이상 계속 베스트셀러 작가로 주목을 받아왔고 또 탈정치적이라는 성향도 그렇고, 선생님과 여러 모로 유사합니다. 그런데 몇 년 전 하루키가 어느 문학상 수상소감에서 일본의 우경화를 우려하는 정치적 발언을 해서 논란이 있었습니다. 작가의 정치적 발언에 대해서는 어떻게 생각하십니까?

이외수 일본의 우경화 편향성에 대해 말하는 것은 정치적이라기보다는 작가로서 응당 해야 할 정의로운 발언이라고 생각한다. 오히려 정치적 색깔을 가진 사람들이 그런 말을 두려워하고 경계하는 측면에서 정치적 발언으로 몰고 가는 경향이 있다. 나 또한 정치적 발언을 한다고 생각한 적은 없다. 그저 작가로서 해야 할 말을 할 뿐이다.

'진보'라는 말에는 사회를 긍정적으로 발전시키겠다는 의도가 내포되어 있다. '보수'라는 말에는 그야말로 옛날부터 가지고 있던 좋은 점을 지속하려는 생각이 들어 있다. 둘 모두 나쁘지 않음에도 불구하고 서로 적대적이 된다는 건 그들이 진정한 진보도 진정한 보수도 아니기 때문일지 모른다. 배격이 아니라 화합을 위해 서로를 끌어안아야 한다. 내 발언은 그런 바탕에서 이루어진다. 정치적 해결은 글쟁이가 할 일도 아니고, 해서도 안 된다.

문학은 죽은 적이 없다

하창수 '문학의 위기'라는 말에 대해선 어떻게 생각하십니까?

이외수 나는 인정하지 않는다. '문학의 위기'는 '문학'의 위기가 아니라 '문학으로 장사하는 자'들에게 닥친 위기다. 그들에게 문학은 '잘 팔리는' 문학뿐이다. 출판사에 효자노릇 하지 못하는 문학은 문학의 범주에서 빼버리고 싶을 것이다. 그들의 행태가 문학을 위기에 빠뜨린다는 사실을 그들은 알지 못한다. 이게 진짜 문학의 위기다.

만물은 스스로 번성하고, 제 갈 길로 돌아가는 본성을 가지고 있다. 작가는 만물의 본성에 입각해 글을 쓰는 사람이다. 그 본성을 망각한 작가들이 판을 칠 때만 진정으로 문학의 위기를 말할 수 있을 뿐이다. 과연 지금이 그런 때인지 오히려 묻고 싶다. 나는 어떤 조직에도 속하지 않았고, 학연도 지연도 없이 오직 독자와의 관계만으로 40년을 작가로 지탱해왔다. 인기라는 건 한번 일었다가 스러지게 마련이다. 내가 40년을 작가로 살아올 수 있었던 것은 작가적 본성을 지키려는 안간힘을 독자들이 알아주었기 때문이다.

제발 출판사가 작가를 재단하지 말았으면 좋겠다. 이건 이래서 안 팔리고 저건 저래서 안 팔린다는 식의 자의적 판단들에 밀려난 좋은 작품들은 독자들의 손에 닿기도 전에 죽음을 맞는다. 독자들은 이 사실을 알지 못한 채 문학과 멀어져버린다.

하창수 작가가 반드시 갖추어야 할 중요한 덕목 하나를 골라주십시오.

이외수 휴머니즘. 작가는 인간을 사랑할 수 있어야 하고, 만물을 사랑할 수 있어야 한다. 사랑이 없으면 좋은 글을 쓸 수 없다. "쓰는 이의 고통이 읽는 이의 행복이 될 때까지"라는 이야기를 자주 한다. 내가 겪는 고통이 누군가의 행복이 되게 하는 것, 이것이 진정한 사랑이다.

하창수 〈지리산〉의 작가 이병주 선생은 "좋은 글, 나쁜 글이란 없다. 좋은 글로 읽느냐 나쁜 글로 읽느냐의 문제"라고 했습니다. 선생님에게 좋은 글은 무엇입니까?

이외수 좋은 영향을 주는 글이다.

하창수 선생님의 개성적 글쓰기는 어떤 작가로부터도 영향을 받지 않은 '자수성가형 소설가'의 이미지가 강합니다.

이외수 그렇지 않다. 열등감을 느낄 정도로 많은 작가의 영향을 받았다. 오스카 와일드를 읽으면 어떻게 그런 발상을 할 수 있는지 부럽고 신기했다.

하창수 또 어떤 작가들을 꼽을 수 있을까요?

이외수 막심 고리키는 나에게 그림으로 치면 고흐와 같은 존재다. 나는 그에게 쉽게 이입되었다. 그의 소설을 읽고 있으면 마치 내 이야기를 쓴 듯한 기분이 들었다. 국내 작가로는 김동인, 이상, 이제하, 김승옥으로부터 큰 자극을 받았다. 특히 1970년대에 나와 같이 활동했던 작가들은 모두 나에게 문학적 자극과 용기를 줬다. 김원우, 윤후명, 이문열, 박범신, 김성동은 좋은 벗이기도 했고, 문학적으로 좋은 영향을 미쳤다. 좋은 의미에서 경쟁자들이었다. 그들의 치열함을 보면서, 그들과 같은 시대의 작가라는 사실에 행복했다. 1970~80년대는 질과 양에서 그야말로 '소설의 시대'였다.

하창수 선생님의 문체나 서술방식, 구성 등을 감안하면 에드거 앨런 포나 보들레르가 떠오르기도 합니다.

이외수 보들레르나 로트레아몽, 그리고 포는 나에게 특별한 영향을 미친 시인이고 작가다. 그들에 대해서는 지금도 존경심을 갖고 있다. 그들의 반어(反語), 부정, 저항의식은 진실과 순수보다 더 진실하고 순수했다. 그들은 무채색 물감으로 무지개를 그려냈다. 한창 술을 많이 마실 때 로트레아몽을 만났다. 술에 대한 그의 예찬은 신에 대한 경전처럼 나를 매료시켰다. 작품과 삶이 완벽하게 일치하는 또 다른 경지를 보여주었다. 다자이 오사무 또한 빼놓을 수 없다. 그는 위대한 작가다. 무라카미 하루키에게서도 다자이 오사무가 보인다. 작가는 작품과 싸우고, 동시에 현실과 싸운다. 위대한 작가는 둘 모두에 승리한다. 대부분의 사람은 그들이 현실에 실패했다고 말하지만 그렇지 않다.

〈돈키호테〉의 작가 세르반테스의 삶을 생각하면 경외감이 든다. 우리 식으로 표현하면 겨우 초등학교를 마쳤을 학력에 수차례의 구금과

탈출, 숱한 고난과 고초 끝에 불구자가 되기까지 했다. 안데르센의 동화를 읽으면 지금도 눈물겹다. 오페라가수가 되려고 극장에서 아르바이트를 하고 목판을 팔러 다니고 신기료장수까지 한 그의 생애는 아름답다. 소설 같다. 작가의 삶과 작품은 엄밀히 말해 둘이 아니다. 그가 꾼 꿈이 글이 되고, 그 글이 많은 사람에게 꿈이 된다. 좋은 문학은 그 자체로 훌륭한 종교다.

하창수 요즘 문학은 가벼운 읽을거리로 흐르는 것 같습니다. 한편에서는 무겁지 않아 오히려 가독성이 있다고도 합니다. 하지만 쉽다는 건 그만큼 허접하다는 얘기 아닐까요?

이외수 예전에 미당 선생이 강의를 하면서 시를 한 편씩 써내라고 했더니 어떤 학생이 유행가 가사를 제출했는데, 미당 선생이 극찬을 했다는 일화가 있다. "무엇이 시고, 문학인가?" 하는 문제를 새삼스럽게 고민하게 된다. 감동만 주면 되는가, 메시지가 담겨 있어야 하나, 언어를 다루는 솜씨가 기본적으로 갖추어져야 하는가…….

문제는 창의력이 없는 글이다. 현실적인 소재만 가지고 만지작거리는 소설을 보면 어이가 없다. 조금만 고개를 돌려도 다 보이는 얘기를 왜 굳이 써야 하는가? 나름대로 의미가 없지는 않겠지만, 내 취향은 아니다. 중요한 것은 현실에서 미처 체험하지 못한 것을 체험하게 해주는 것, 새로운 삶의 의미를 깨우쳐주는 것, 우리의 의식을 더 나은 방향으로 이끌 수 있는 새로운 인간형을 창조해내는 것이 소설의 몫이라고 나는 생각한다. 그런 점에서 오히려 판타지소설이 미래의 소설로 느껴진다.

하창수 〈가지 않은 길〉을 쓴 로버트 프로스트의 시들은 쉬우면서도 깊은 영성을 느끼게 합니다. 어떤 기자가 "당신의 시는 아주 쉽다"고 지적하면서, 공부를 그리 깊게 하지 않았을 거라 짐작하고는 어느 정도 공부했냐고 물었는데, 프로스트는 "과거에서 현재에 이르는 거의 모든 책을 읽었다"고 대답했습니다. 공부를 깊이 많이 한 사람의 글은 어려워지는 게 보통인데, 프로스트는 오히려 그 반대였던 거죠.

이외수 진정으로 공부한 사람은 지적 허영을 버리게 되어 오히려 글이 쉬워진다. 현학(衒學)은 일정부분 자신의 공부를 과시하려는 욕심에서 비롯되는데, 오히려 독자들을 주눅 들게 하고 멀어지게 만든다.

'단편소설의 아버지'라고 불리는 안톤 체호프의 원고는 원고청탁을 하고 일주일 이내에 반드시 찾아가야 했다. 그러지 않으면 석 줄만 남게 된다. 계속 걷어내 버렸기 때문이다. 불필요한 치장이 소설을 어렵게 만든다. 체호프의 60세 생일에 기자가 찾아와 "작가가 되고 제일 행복했던 때가 언제였습니까?" 하고 물었다. 체호프는 어느 날 열일곱 살 소녀로부터 편지를 받았을 때라고 대답했다. 그 편지에는 "저는 선생님의 글을 읽으면서 한 번도 사전을 찾아본 적이 없습니다"라고 적혀 있었다고 한다.

쉬운 글은 문학적 가치가 없다고 하는 건 문학에 대한 비하가 아니라 문학을 아예 모르는 소치다. 쉬운 글에도 얼마든지 심오한 메시지를 담을 수 있고, 큰 감동을 줄 수 있다.

하창수 선생님의 소설을 읽는 데도 사전이 필요하지는 않을 것 같습니다. 어떻게 하면 체호프와 같은 경지에 닿을 수 있을까요?

이외수 관건은 독자의 입장이 되어야 한다는 것이다. 작가는 보통 자신의 입장에서 글을 쓴다. 작가의 입장을 고수하면 독자를 자꾸 가르치려 들게 된다. 훈계하는 태도는 독자와의 합일을 방해한다. 나는 가끔 작은아들(진일)에게 내 글을 읽혀본다. "이걸 읽다가 똥이 마려우면 놓고 갈래, 아니면 들고 갈래?" 냉정하게 "아버지, 이건 놓고 갈 겁니다"라고 하면, 다시 쓴다.

독자가 사전을 찾아봐야 할 정도라면 리듬이 끊어지는 건 자명하다. 이해하기 쉽지 않은 얘기를 쓸 때는 무릎을 치게 만드는 에피소드를 만들어 감흥이 떨어지지 않도록 하는 것도 요령이고, 비유를 통해 전달하는 방식도 유용하다. 생어(生語)와 사어(死語)를 정확하고 적절하게 사용하는 것도 필요하다. 의미를 전달하는 데는 한자어 낱말들이 좋다. 감각을 전달하는 데는 생어가 좋다. 생어는 실재하는 사물이다. 만질 수 있고, 냄새 맡을 수 있고, 귀로 들을 수 있고, 맛을 볼 수 있고, 피부로 느낄 수 있는 것들이다. 추상적인 단어들, 가령 희망이나 절망, 위기 같은 말은 실체가 없다. 이런 말들은 의미를 전달할 때 요긴하다. 그래서 생어와 사어를 섞어 써야 한다. 그저 '절망'이라고 하지 않고 '암갈색 절망'이라고 표현하는 식으로 감각을 살리는 것이다. 이렇게 하면 어려운 말을 쓰더라도 어려워 보이지 않는다.

평범도 지극하면 비범이다

하창수 선생님의 문장이 지닌 매력들 가운데 빼놓을 수 없는 것이 독특한 비유입니다. "창문이 밭은기침을 뱉어내고 있었다"(겨울나기), "안개의 복병들"(장수하늘소), "합창처럼 자욱하게 쏟아져 내리고 있는 함박눈"(붙잡혀온 남자), "잠들어 있던 실내의 모든 사물이 너도나도 눈을 뜨고 속삭이기 시작했다"(자객열전), "지하실 밖에 있는 도덕과 법률은 이제 개떡도 못 되는 것이다"(고수), "끊임없이 바다의 등가죽을 칼질하는 바람, 한 겹씩 바다의 비늘이 일어서고, 바다의 신음이 뒤채이고 더욱 쓰라린 기억의 백사장"(언젠가는 다시 만나리), "어둠의 군단들이 짙은 밀도의 긴장감을 유지한 채 도시 전역에 매복해 있었다"(장외인간) 등 헤아릴 수 없이 많습니다. 초기의 단편에서 최근 장편에 이르기까지 이 비유법은 변함이 없습니다.
　　　작법을 가르치는 사람들 중에는 생경하거나 독특한 비유에 관대하지 않아서 가능하면 비유를 사용하지 않도록 가르치는 경우도 있습니다. 그만큼 비유법은 적확하게 사용하기가 힘들다는 얘기겠죠. 선생님 소설에서 비유는 어떤 의미를 가지고 있습니까?
이외수 비유는 전시장에서 만나는 '제목 없음/무제'와 같은 기능을 한다. 제목을 정해버릴 때 생기는 의미의 한정이나 단절을 피하기 위해 '무제'

라는 제목을 택하는 것과 같이, 어떤 특별한 상황에 대한 상상의 폭을 넓히고 의미를 확장시키기 위한 방법으로 나는 비유를 택한다. 여러 각도로 보고 다양하게 해석할 수 있는 여지를 주면 의식의 확장을 경험하게 될 거라고 나는 믿는다. 내게 비유는 '제한'이나 '규정'의 반대어다.

하창수 그런데 비유를 잘못 해놓으면 전혀 엉뚱한 의미가 되어버리는 식으로 오히려 역효과가 날 수 있지 않을까요?

이외수 그래서 수사법에 능해야 한다. 수사학에서 얘기하는 원관념과 보조관념을 완전히 파악하고, 그 관계를 정확히 이해해야 한다. 가령 '(1) 비행기처럼 빠른', '(2) 비행기처럼 하늘을 나는', '(3) 비행기처럼 높은'이라는 세 가지 표현이 있다고 하자. 얼핏 모두 틀리지 않아 보이지만 비행기의 절대관념이 무엇인가를 생각하면 명확하지 않은 표현들이다.

비행기보다 더 빠른 것이 있고, 비행기가 아니고도 하늘을 나는 것이 있고, 비행기보다 더 높은 것도 있기 때문이다. 그래서 위의 세 표현은 좋은 비유가 아니다. 원관념과 보조관념이 엄밀한 관계를 가진 비유를 사용했을 때라야 무릎을 탁 치게 된다. 가령 '살얼음'은 차가운 것보다는 위태로운 것에 비유하는 게 더 맞다.

멋을 부리느라고 은유를 남발하는 경우도 많이 보는데 직유, 은유, 활유, 의인 등 갖가지 용법을 익히고 자유자재로 사용할 수 있도록 노력을 기울여야 한다. 그러지 않으면 비유는 허세가 되고 만다.

하창수 선생님의 초기 작품들부터 꾸준히 읽어온 후배 작가들은 유난히 〈고수〉라는 단편 이야기를 많이 합니다. '진짜 고수는 순수를 지키는 평범한 사람'이라는 메시지를 담고 있는데, 비범하고 특이한 캐릭터가 주조를 이루는 선생님의 소설들과 배치되지 않습니까?

이외수 아니다. 〈고수〉에서 '고수'를 데리고 다니는 삼촌이 참꾼과 야마시꾼에 대해 이야기한다. 야마시꾼은 속임수를 쓰는 사람이고, 참꾼은 육감에 의해 대상과 합일된 사람이다. 속임수를 쓰는 사람은 참꾼, 즉 합일된 일체감을 가지고 화투하는 사람을 당할 수가 없다. 이건 화투에만 아니라 세상 모든 것에 적용된다. 누구든 대상 자체에 몰입한 상태, 몰아의 경지에 이르면 아무리 능한 타짜도 능히 이겨낼 수 있음을 얘기하고 있다. 이런 순수의 경지를 지켜내는 게 쉽지 않다는 점에서, 평범도 지극하면 비범이다.

하창수 순수하다는 것, 정석을 지키는 사람은 때로 고지식하거나 융통성이 없는 사람으로 비치기도 합니다.

이외수 정석에도 하수가 생각하는 정석이 있고, 고수가 생각하는 정석이 있다. 고수의 정석은 정석을 벗어나도 정석이 되고, 하수의 정석은 정해진 정석 밖으로 나가지 못한다. 고지식하거나 융통성이 없는 건 하수의 정석이다.

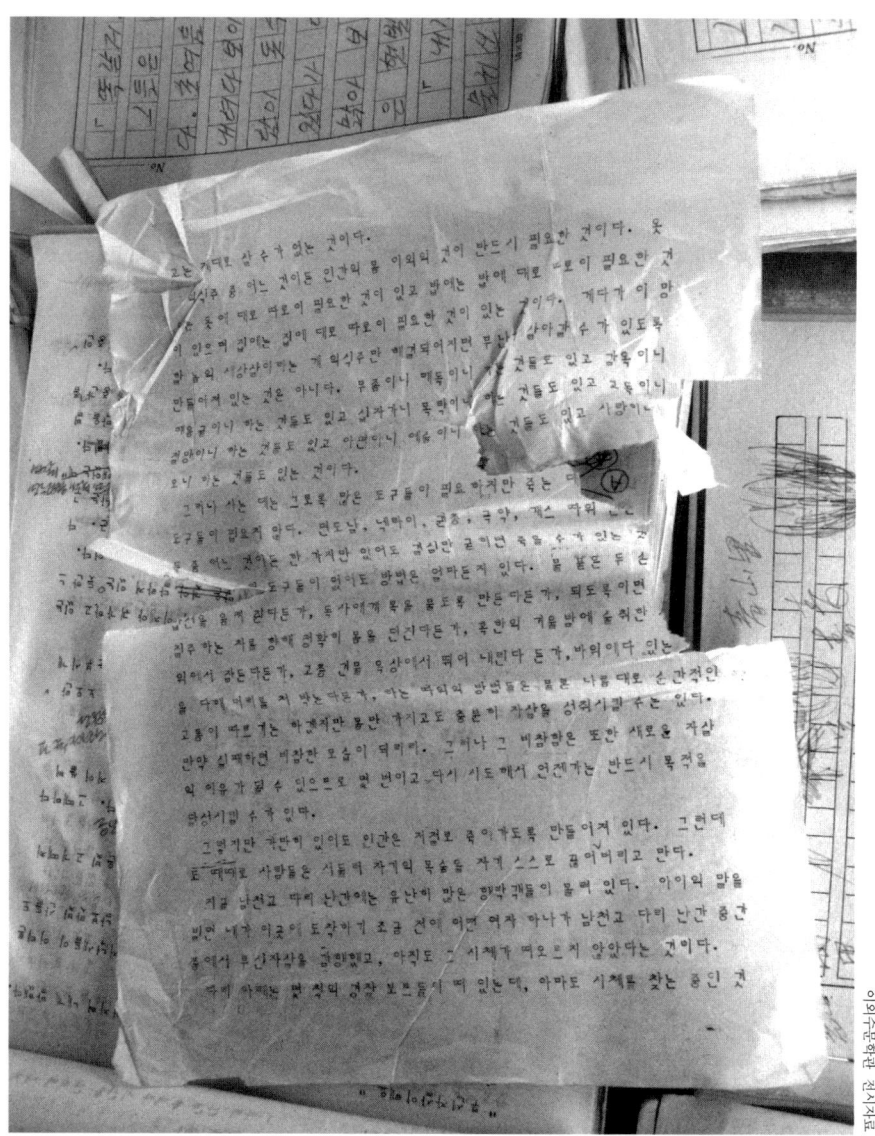

이외수문학관 전시자료

기운생동(氣運生動). 사람이나 그림이나 글이나 기운이 살아 꿈틀거려야 합니다. 한 편의 소설에는 물질적 요소도 있고, 피도 흐르고, 온기도 있고, 정신과 영혼도 있습니다. 독자는 그걸 느낄 수 있습니다. 대장장이가 '우는 칼'을 만들겠다고 들듯이, 생명과 영혼이 깃든 글을 쓰겠다고 덤벼야 합니다. 소설은 기운이 끓고 넘치는 생명입니다.

언어는 생물이다

하창수 장편 〈들개〉에서 주인공인 '나'를 쫓아다니는 '남자'라는 인물은 의도적으로 언어를 흩뜨려놓습니다. 不(부/불)이나 惡(악/오)를 뒤바꾸는 식이죠. 가령 부동산(不動産)은 '불동산'으로, 악랄(惡辣)은 '오랄'로, 증오심(憎惡心)은 '증악심'으로. 이 상황을 선생님은 지문에서 이렇게 설명합니다. "그는 이제 이 사회가 상투적인 언어로써 너무 많이 자기를 속여먹고 있다고 말했다. 언어는 믿을 것이 못 된다는 거였다." 선생님은 이 '남자'라는 인물을 통해 언어를 속임수의 용도로만 사용하고 있는 이 사회에 일종의 경고를 던지셨는데, 어떤 의미가 있는 건가요?

이외수 언어의 불완전성이다. 완벽하다면 소멸하지 않아야 한다. 하지만 언어는 끊임없이 탄생하고 소멸한다. 오래 사는 언어가 있고, 단명하는 언어가 있다. 때로는 "언어에도 생명이 있는 게 아닐까?" 하는 생각도 든다. 언어가 생물이냐 무생물이냐 물으면, 생물에 가까운 것이라고 대답할 것이다. 정확히 말하면, 물질과 비물질의 중간쯤 되는 존재라고 할 수 있다. 말과 말이 서로 영향을 미치고, 증식도 하고, 고착되기도 한다는 점에서 물질인 듯하지만, 기호(記號)나 부호(符號) 이상의 의미가 없는 비물질이기도 하기 때문이다.

　　　　소설을 쓰면서 절실히 느끼는 건데, 나와 교류가 되는 게 있고 안되는 게 있다. 심지어 〈벽오금학도〉를 쓸 때는 느낌표나 물음표 같은 기호를 아예 쓰지 않았다. 놀랍게도 나중에 주제 사라마구*의 장편 〈눈먼 자들

● Jose Saramago, 1998년 노벨문학상 수상

의 도시〉를 보았는데, 아예 따옴표까지 없었다.● 사라마구도 그랬는지 모르지만, 내게는 기호가 언어로 느껴지지 않았다. 그들과는 감정의 교류가 이루어지지 않았다. 기호나 부호는 감정이 부족할 때 쓰는 걸로 느껴졌다.

하창수 단편 〈개미귀신〉의 도입부는 "섬뜩한 것도 아름다울 수 있다"는 기묘한 미학을 보여줍니다. "파리의 양쪽 날개를 모두 떼어내고 텅 빈 운동장 복판에다 놓아둘 것. 저물녘 기어 다니는 외로움"이라든가 "삼촌은 단 한 번의 연애에는 비록 실패했었지만, 단 한 번의 자살에서 결국 성공한 사람이었다" 같은 존재에 대한 냉혹하고 비정한 허무는 "세상은 과연 살아갈 가치가 있는 것인가?" 하는 질문을 저절로 던지게 만듭니다. 이런 허무의식은 지금도 진행형인가요?

이외수 아니다. 앞에서도 언급했지만, 이런 것들은 내 무책임에서 나온 것이다. 작가가 질문을 던질 때는 대답을 준비하고 있어야 한다. 정답이 아니더라도, 작가만의 대답이 필요하다. 독자에게 질문을 던지는 건 중요한 일이다. 그 또한 작가의 몫이기 때문이다. 하지만 자신은 대답을 갖고 있지 않으면서 독자에게 대답을 강요하는 건 무책임한 일이다. 당시엔 늘 이런 강박에 시달렸다. 질문은 잘 던지는데, 답은 갖고 있지 않았던 것이다. 그래서 섬뜩함, 허무, 냉혹함에 묻혀버렸다.

　　사실 답이 준비되지 않은 건, 늘 벼랑 끝의 삶을 살고 있었기 때문이다. 죽음이 코앞에 있는 것 같았다. "현실이 이런데 좀 비정하게 살아도 되는 거 아닌가?" 하고 툭툭 던진 것이다. 이런 것들이 끊이지 않았다.

● 〈벽오금학도〉는 1992년에 초판이 발행되었고, 〈눈 먼 자들의 도시〉는 포르투갈판이 1995년에, 한국어판은 2002년에 출간되었다.

아침에 눈을 뜨면 '어찌 되었든 이제 죽는 수밖에 없구나' 하는 생각이 치밀었다. 그러니 결국 "억울하지 않아?" 하고 스스로에게 묻지 않을 수 없었다. 늘 이랬다. 그런데 내겐 능력이 없었다. 아무것도 할 수 없었다. 언제까지 계속될지 알 수가 없었다. 나아질 가능성? 전혀 없었다. 그게 당시의 내 현실이었다.

돈 보고 농사 지으면
농사 망한다

하창수 흔히 의미와 재미를 '두 마리 토끼'에 비유합니다. 둘 다 쫓으면 다 놓친다, 그러니 하나라도 제대로 잡으라고 주문합니다. 하지만 두 마리 토끼를 다 잡은 작품이 적지 않습니다. 요즘은 두 마리 토끼를 '좋은 작품'과 '잘 팔리는 작품'으로 나눕니다. "좋은 작품은 잘 팔리지 않는다"는 말이 지배적이지만, 꼭 그렇지만은 않은 것도 같습니다.

이외수 우선은 좋은 작품을 만들어야 한다. 감자를 많이 팔리면 우선 '좋은 감자'를 생산해야 한다. 감자가 잘 되면 돈은 절로 따라온다. 감자는 좋은데 경기가 좋지 않아 팔리지 않는 건 감자 탓이 아니라 경기 탓이다. 돈이 따르느냐 않느냐는 염두에 둘 일이 아니다. 돈을 지나치게 신경 쓰면서 감자농사를 지으면 감자가 잘 안 될 수도 있다. 감자가 좋지 않으면 돈이 되지 않는 건 당연한 일이다. 잘 파는 일은 출판사에 맡겨야 한다. 작가는 그런 일에 신경 쓰지 말고, 어떻게 하면 독자들에게 재미와 의미, 즐거움과 행복을 줄 것인가를 생각해야 한다. '농사'부터 잘 짓고 볼 일이다.

작가가 작품을 쓸 때 먼저 물어야 할 것은 "일반적으로 책을 읽는 세대가 갖고 있는 고민이 무엇인가? 불만이 무엇인가?"다. 그 다음이 세태의 흐름을 파악하는 것인데, 독자에 영합하라는 말이 아니다. 작가는 정의로워야 한다. 정의(正義)는 현실을 정확히 전달하는 것이다. 한나라 때 유향이 펴낸 〈설원(說苑)〉이라는 설화집을 보면 "아이들이나 제자를 가르칠 때 설득이 되지 않는 것은 정당성이 없기 때문"이라는 대목이 있다. 소설이 정의롭지 못하면 독자는 작가의 편에 서지 않는다.

카뮈는 〈이방인〉의 주인공으로 하여금 햇빛이 너무 강렬해서 살인을 하게 만들고는 "이것이 죄냐?"라고 묻는다. "이것은 죄가 아니다!"라고 작가는 말하지 않는다. 부조리한 삶의 조건을 작가가 제시하는 것이 아니라 독자가 스스로 답을 도출하도록 질문만 던지는 것이다. 영악하지만, 이것이 작가의 지혜다. 작가가 만약 "햇빛이 너무 강렬하면 살인을 할 수도 있다"라고 한다면 그는 정신병자 취급을 받을 것이다.

기술적으로 독자의 심리를 읽고 시대를 읽는 것도 중요하지만, "인류가 궁극적으로 추구해온 것, 추구해야 할 것이 무엇인가?"라는 질문을 놓쳐선 안 된다. 세상사, 인간사에 변하지 않는 한 가지가 있다. 휴머니즘이다. 인간은 이기적인 동물이다. 인간은 자신을 중심으로 사고한다. 하지만 동시에 인간은 따뜻한 사랑을 가진 존재다. 어떤 장애가 있어도 소중하고 사랑받아 마땅한 존재다. 이런 이중성을 잘 읽어내야 한다.

하창수 또 다른 두 마리 토끼는 예술성과 대중성입니다. 이 둘 역시 공유하기가 어려운데, 예술성이 너무 짙으면 대중들이 싫어하는 경향이 있고, 대중성을 지나치게 추구하다 보면 예술적 가치가 떨어지는 경향이 있습니다. 선생님은 인간의 본성 가운데 예술을 추구하는 면이 있다고 하셨는데, 대중들이 가진 예술에 대한 본성을 어떻게 끄집어낼 수 있을까요?

이외수 거부감이 생길 정도로 난해한 것은 예술성을 오히려 해친다. 머리가 아니라 가슴으로 가도록 해야 한다. 감상하게 만들어야지 해석하게 만들면 멀어질 수밖에 없다. 딱 보고 알 수 있도록 해야 한다. 머리로 궁리하게 만들면 안 된다.

예술이 난해하다고 하는 사람들의 이야기를 신중히 고민해보아야 한다. 너무 어려워서 작가가 설명하지 않으면 뭔지 모르는 경우가 많고, 작가가 자기 작품에 대해 장황하게 설명하는 우스꽝스러운 일이 벌어지고 있다. 이건 예술이 아니라 암호다. 어떤 예술가들은 이런 일에 재미를 느끼는 모양이지만, 이것은 예술의 본질과 멀어지는 일이다.

예술이나 종교나 우주의 본질은 모두 사랑으로 동일하다. 사랑을 암호로 풀어야 한다면 보편적 사랑은 있을 수 없다. 그것을 해석해낸 자만이 사랑을 누릴 수 있다면 그것은 사랑이 아니다. 예술은 아름다움으로 사랑을 드러낸다. 아름다움을 그르치는 것을 오히려 예술답다고 보는 이들도 있지만, 나는 동의하지 않는다.

아름다움을 깨뜨리는 건 조화를 깨뜨리는 것이고, 사랑을 깨뜨리는 것이다. 개인적인 능력을 여과 없이 드러내려는 오만과 자만으로 가득 찬 작품에서 나는 예술을 느끼지 못한다. 그것은 기술에 불과하다. 거듭 강조하지만 예술에는 에너지가 있다. 좋은 예술인지 아닌지는 그 에너지의 유무에서 감지된다.

잔인성의 미학

하창수 영화를 예로 들면, 김기덕 감독은 치열하게 예술성을 추구하는 작품을 만들어내는 것으로 유명합니다. 그의 예술성 추구는 때로 지나치게 자극적이고 가학적인 형태로 나타나는데, 그럼에도 불구하고 밑바닥 인생의 삶을 처절하도록 사실적으로 묘사하는 대중적 면모도 동시에 갖고 있습니다. 혹시 김기덕 감독을 만난 적이 있습니까?
이외수 두어 번 만났다.

하창수 느낌이 어떠셨나요?
이외수 외로워 보였다. (웃음)

하창수 김기덕 영화의 중요한 키워드 중 하나가 '폭력'입니다. 폭력은 인간에게 내재된 본성에 가까운데, 김기덕 감독은 인간의 폭력성을 여과 없이 드러냄으로서 폭력에 대한 거부감을 느끼도록 만듭니다. 선생님은 예술이 아름다움을 추구하고, 그 아름다움은 사랑이라고 하셨는데, 폭력과 아름다움, 폭력과 사랑은 어떤 식으로든 연결이 불가능할 것 같습니다. 어떻게 생각하십니까?

이외수 〈아리랑〉이라는 자전적인 영화를 통해 더 이상 폭력을 다루지 않을 거라고 얘기했던 것 같은데, 작년에 상영된 〈피에타〉나 최근작인 〈뫼비우스〉는 여전히 폭력이 주된 소재 또는 주제를 이루고 있다. 특히 〈뫼비우스〉는 '모자간의 성관계'라는 파격적인 설정이 있다고 들었는데, 개봉이 되기도 전에 논란이 일고 있다는 기사를 보았다. 사실 '모자/부녀의 성적 결합'은 대부분의 신화가 수용하는 에피소드다. 그런 점에서 오히려 '더 원초적으로 접근하는구나' 하는 생각이 들었다. 하지만 지금 우리의 잣대로는 '등급외 작품'으로 분류할 수밖에 없다.● 보지 않아서 평가를 하기는 힘들지만, 아름다움에 대한 외연(外延)을 넓혀갈 필요가 있다.

성이 지니고 있는 자연성이나 인간의 파괴적 본능을 드러내는 것은 중요한 예술적 작업의 하나다. 오래전 소설가 이제하 선생의 소설 〈파조압충〉을 보았을 때 나는 '자연성의 미학'을 감지했다. 새를 바위에 던져 박살내고 기어가는 벌레를 눌러 죽이는 파조압충(破鳥壓蟲)의 상황은 반드시 착한 것만이 아름다운 것이 아니며, 더 짙은 아름다움은 어쩌면 착한 것의 반대편에 있을지도 모른다는 것을 상징한다. 김기덕 감독의 경우도 유사할 것이다.

하창수 큰아드님이 영화계에 종사하고 있어서인지, 트위터에 개봉작 관람 '인증샷' 올리신 걸 많이 봤습니다. 어떤 영화를 좋아하십니까?

● 대담 이후 결국 3분가량을 삭제, 청소년 관람불가 판정을 받고서 상영이 가능하게 되었다.

이외수　스트레스 푸는 데는 액션영화가 제일이다. (웃음) 그게 아니면 작품성이 뛰어난 영화를 찾게 된다. 어중간한 건 돈이 아깝다. 최근엔 영화적 완성도나 오락적 측면이나 모두 높은 수준을 보여준 류승완의 〈베를린〉이 인상적이었다. 류승범의 연기를 보는 재미도 컸다. 큰아들(한얼)이 시나리오를 쓴 허진호 감독의 〈위험한 관계〉에서 보여준 장동건의 연기는 탄성을 자아냈다. 장동건에게 그런 면모가 있었다는 게 믿어지지 않을 정도였다. 중국어를 모르는데도 완벽하게 중국어 대사를 구사했다고 하는데, 대단한 배우라는 생각이 들었다.

하창수　소설과 영화의 관계를 어떻게 보십니까? 묘하게도 큰아드님은 시나리오를 직접 쓰고 감독 데뷔를 기다리는 입장이고, 며느님은 소설가로 활발하게 활동하고 있습니다.
이외수　영화와 소설은 호환성이 깊은 장르로, 상호보완적이다. 서로 좋은 관계를 만들어갈 수 있다.

하창수　소설가의 입장에서 영화는 외도 아닐까요?
이외수　칼국수를 끓이나 수제비를 끓이나, 그게 그거다.

하창수　선생님 작품 가운데 영화로 만들어진 것도 있고, 선생님이 실제로 영화에 출연한 적도 있습니다. 텔레비전 시트콤에도 출연했고요. 직접 경험한 그 세계는 어땠습니까?

이외수 〈꿈꾸는 식물〉이 영화로 만들어졌다. 홍콩에서 액션배우를 하다가 강단에도 섰던 사람이 찾아와 멜로영화를 만들어보는 게 평생의 소원이라며 매달려서 허락했다. 배우들 줄 돈이 부족하다고 사정을 해서 온 가족이 출연하기도 했다. 망했다. 〈난장이가 쏘아올린 작은 공〉을 만든 감독이 〈언젠가는 다시 만나리〉를 찍겠다고 나섰다. 당시만 해도 충무로는 문학성 높은 영화를 수용할 만한 바탕이 되어 있지 않았다. 신성일이 주인공을 맡았지만 역시 흥행에는 실패했다. 〈들개〉는 박철수 감독이 2년이나 들볶아서 허락을 했는데, 15일만에 다 찍었다. 말아먹었다. 주연을 맡은 정한용의 연기는 기가 막혔다.

영화에 정식으로 출연한 것은 류승완의 〈아라한 장풍 대작전〉이 처음이었다. 시트콤 〈크크섬의 비밀〉에선 제법 중요한 배역을 맡아 거의 마지막 회까지 출연했다. 연기는 어렵지 않았다. 감정만 잡히면 할만 했다. 배우들로부터 "괜찮다"는 얘기를 많이 들었다. 〈아라한 장풍 대작전〉 때 일인데, 같이 출연했던 류승범에게는 녹음실에서 "아~" 하는 간단한 대사를 300번이나 시켰다. 그런데 나는 "콜록콜록" 하는 장면을 한 번에 통과했다. 그걸 보고 아내가 "저 친구는 300번이나 하는데, 이외수는 왜 한 번만 하느냐"고 감독에게 따졌다. 감독 대답이 "그게 주연과 조연의 차이입니다"였다.

내 예술의 중심

하창수 선생님의 예술적 출발은 그림이었습니다. 선생님보다 한 살 연상인 서양화가 황효창 화백은 고교 재학시절 미술대회*에서 선생님의 그림을 보고 당연히 미술대학에 진학해서 화가가 될 것이라고 생각했다고 합니다.

이외수 그림을 그리는 게 좋았고, 열심히 했다. 당연히 미술대학을 가고 싶었지만, 학교 선생님이셨던 아버지에게 설득당하고 말았다. 춘천교대에 진학했지만, 미술실에서 살다시피 했다.

하창수 장편 〈들개〉를 비롯해 선생님의 많은 작품에 미술대학생이나 화가가 등장합니다. 선생님에게 그림은 어떤 의미입니까?

이외수 지금도 좋은 그림을 볼 때만큼 행복한 시간은 없다. 글도 그렇지만, 그림에도 에너지가 있다. 전시장 같은 데서 그림을 보다 보면 걸음을 멈추게 하는 작품이 있다. 그런 그림은 나를 끌어당긴다. 형상이나 색채만이 아니라 작가의 의식이 에너지 형태로 그 그림 안에 담겨 있는 것을 느낀다. 그 에너지는 곧바로 행복감을 가져다준다.

예술이냐 기술이냐는 그 에너지가 있느냐 없느냐의 차이다. 능란한 테크닉이 발휘된 그림에서는 에너지가 느껴지지 않는다. 좋은 그림에 담긴 에너지는 복사를 해도 사라지지 않는다. 가령 고흐의 그림들이 지닌 에너지는 화집에서도 고스란히 느낄 수 있다. 그런데 모사를 하면 사라진

● 춘천고등학교 3학년 황효창이 1등상을 받을 때 인제고등학교 2학년 이외수가 2등상을 받았다.

다. 인쇄를 해도 사라지지 않는 에너지가 똑같이 복제를 하는데 사라진다는 사실은 놀랍지만 당연한 일이다. 좋은 그림은 그 안에 담긴 모든 것이 하나의 결집된 에너지 형태로 존재하기 때문이다.

하창수 선생님은 지금도 계속 그림을 그리고, 문학관에서 트는 음악은 모두 직접 작곡하고, 스포츠도 좋아하는데, 문학까지 포함해서 한 분야만 골라 집중한다면 무엇을 고르겠습니까?
이외수 문학이다. 문학이 내게는 아직 모두 파악되지 않은 분야이기 때문이다. 무궁무진한 광맥이고, 캐내기가 쉽지 않다. 단필선화(單筆禪畵)를 해보았으니 미술은 이제 즐기는 수준이 되었다. 음악은 그야말로 취미다. 그런데 문학은 여전히 까다롭고, 어렵고, 수없이 고쳐야 하나를 만들어낼 수 있을 정도다. 소설은 장르 자체가 예민하면서도 중후하기 때문에 여전히 탐구해야 할 대상이다.

하창수 색다른 취미를 하나 가지고 싶은 게 있다면?
이외수 오토바이.

하창수 운동은 어떻습니까?
이외수 손으로 하는 운동은 그럭저럭 하는데, 발로 하는 건 '젬병'이다. 춤도 안 되고, 축구도 안 된다. 왼발잡이에 오다리다. 발에는 자신이 없다.

컴퓨터 사용기

하창수 선생님 세대에서는 물론이고 후배들보다도 훨씬 빨리 원고지에서 컴퓨터로 넘어갔습니다.

이외수 하드웨어 쪽은 아직 깜깜하지만, 소프트웨어 쪽으로는 조예가 좀 있는 편이다.

하창수 원고지를 떠나 컴퓨터로 글을 쓰게 된 특별한 계기가 있었나요?

이외수 원고지에 글을 쓸 때는 늘 엎드려서 썼는데, 허리가 너무 아팠다. 나중에는 웅크리고 썼는데 역시 허리가 좋지 않았다. 20년을 그렇게 썼다. 병원에 갔더니 자세를 고치라고 하면서 책상을 권했다. 책상을 놓고 의자에 앉았다. 한 줄도 떠오르지 않았다. 보다못한 둘째아들(진얼)이 컴퓨터를 권했다. 형편없는 기계치인데 그 복잡한 걸 어떻게 배우냐고 했더니, 일단 사면 다 하게 되어 있다고 했다. 그 말에 컴퓨터를 들였다.

양쪽 검지 하나씩을 사용해 자판을 토닥토닥 치는데 역시 한 줄도 쓰지 못했다. 간신히 한 글자씩 만들어나가는데도 오타투성이었다. 집어 던져버리고 싶었다. 머리가 하얘지는데, 눈물이 흘러내렸다. 여기서 작가 생명이 끝나는구나, 너무 허탈했다. 게다가 허리를 펴고 있으니 끊어지는 것 같았다.

어느 날 시무룩해 있는 걸 본 둘째가 채팅을 해보라고 했다. 누군가가 개설해놓은 채팅방에 들어갔다. "안녕하세요"를 치는 데 30분이 걸렸다. 일곱 페이지가 넘어가 있었다. 새파란 바탕에 하얀 글씨가 박히던, 천리안이었다. 그때 쓴 프로필이 "날개를 가진 새는 한 나무에 앉아서 꿈꾸지 않는다"였다. 그렇게 겨우 "안녕하세요"를 치면 누가 "왜 제 말을 씹으세요?" 하고 물어왔다. "뭐요?"를 치고 나면 또 두 페이지가 넘어가 있었다.

땀이 뻘뻘 나고, 방을 나가주는 게 더 이상 실례가 안 될 것 같았다. 아무 대꾸도 못하고 앉아서 "네" 한 글자를 치는 데 10여 분이 걸리니 나갈 도리밖에 없었다. 그런데 나가는 방법을 몰랐다. "어떻게 나가요?"를 한 30분 걸려서 쳤다. "슬러시큐, 하세요" 누군가 알려줬다. "슬러시큐"라고 쳤지만 나와지지 않았다. 그걸 치는 데도 한참이 걸렸는데, 다시 "안 되는데요?" 하고 물었다.

그러자 이상한 문자가 떴다. ". /q" 그제야 나는 그게 기호란 걸 알았다. 그런데 똑같이 했는데도 되지 않았다. 점(.) 때문이란 걸 알지 못했다. 내게 가르쳐준 사람은 '/q'를 치라는 거였는데, 만약 자기가 그렇게 치면 방을 나가게 되니까 점을 찍고 '슬러시큐'를 친 것이었다. 그 깊은 뜻을 알 리가 없었으니, 방을 나올 수가 없었다. 결국 안 된다고 다시 묻자 "점은 빼고"라는 답이 왔다. "점을 빼?" 그래도 무슨 소리인지 알지 못했다. 결국 코드를 뽑았다.

그렇게 컴맹시절을 보냈다. 여전히 독수리타법이지만 지금은 400타를 친다. 나중엔 내가 스스로 채팅방을 개설했다. 그때는 열 명으로 제한되어 있었다. 늘 열 명이 찼다. '초딩'들이 자주 들어왔다. 들어오면 대뜸 물었다. "외수야, 너 몇 학년이니?" 그러면 내가 대답했다. "5학년 2반." 애들은 무조건 반말이었다.

하창수   작가 이외수라는 걸 알면서도 그런 건가요?
이외수   세대가 다르니 '초딩'들은 나를 알지 못했다. 돌아다니면서 '방'을 깨는 '인터넷 양아치'들을 제외하고는 어느 정도 시간이 지나자 소설가 이외수라는 걸 알게 되었고, 선생님이란 호칭도 붙여줬다.

하창수   결국 채팅을 통해서 컴퓨터를 익히신 거군요?
이외수   차츰 허리도 편해졌다. 대신 눈이 많이 나빠졌다.

하창수   50~60대 이상 작가들 중에는 여전히 컴퓨터에 이질감을 느끼는 분들이 있습니다. 원고지에 쓸 때와 컴퓨터로 쓸 때의 글이 다르다고 얘기하는 작가도 있고요.
이외수   맛이 완전히 다르다. 컴퓨터는 즉각적이다. 책의 활자와 같은 모양이어서 책을 보는 느낌을 그대로 받아서 좋지만, 대신 심각해질 수가 없다. 특성상 컴퓨터는 심오한 감성을 잘 받아들이지 못한다. 기계라 냉정하고 싸늘하다. 깊어지려 하면 밀착이 되질 않는다. 감성적인 글들은 결국 노트에 써야 한다. 볼펜으로 쓰고 옮기는 작업을 병행한다. 심오한 문체의 작가에게 컴퓨터는 그다지 유용하지 않을 것 같다.

하창수 기계가 가진 한계인가요?

이외수 기계의 에너지가 가진 특성이다.

하창수 역시 에너지의 문제군요.

이외수 초창기에 컴퓨터 앞에 앉으면 막막했던 게, 화면에서 깜빡거리는 커서가 "빨리 쳐, 빨리 쳐"라고 말하는 것 같았기 때문이었다. 생각은 떠오르지 않고, 초조했다. 채팅을 하고, 인터넷 서핑을 하고, '야동'도 보고……. (웃음) 그러면서 컴퓨터라는 기계에 익숙해지려고 노력했다.

하창수 감성마을 문학관에 전시되어 있는 육필 원고지를 보면 에너지가 느껴집니다. 거기에 비하면 인쇄된 듯 박혀 있는 화면에서 이런 에너지를 느끼기는 힘들 거라는 얘기에 공감이 가는데요.

이외수 에너지는 밀도다. 그만큼 작가의 정신이 담겨 있다는 뜻이다. 그렇기 때문에 작품에 고스란히 배어들어가서 기운이 생기는 것이다. 그래서 프린트를 해도 그 기운이 빠져나가지 않는다.

하창수 일단 에너지가 들어가면 빠지지 않는다는 말씀인가요?

이외수 태워버리기 전에는 빠져나가지 않는다.

하창수 사체를 화장(火葬)하는 것과 유사한 건가요?

이외수 무관하지 않다. 사체에도 사체만의 기운이 있어서 물이 닿는다거나 나무뿌리에 감긴다거나 했을 때 좋지 않은 기운이 생겨난다는 이야기는 일리가 있다. 옛날 중국에서 구리로 범종을 만들었는데, 후에 광산이 무너질 때 종이 울었다고 한다. 종을 만든 구리를 캔 광산이었다.

나는 기인이 아니다

하창수 선생님의 모습이나 생활에서는 기인적인 면모가 풍깁니다. 머리와 수염, 손톱, 발톱을 자르지 않고, 자지 않고 사흘을 내리 술을 마시고, 젓가락을 던지고……. 감성마을 문학관을 둘러본 사람들은 이런 기인적 면모와 판이하게 다른 학창시절이나 머리를 많이 기르기 전 청년시절의 모습에 놀라곤 합니다. 요즘 말로 하면 '훈남'에 가까운데, 어떤 계기로 보통사람과 다른 모습이나 생활패턴을 갖게 되었습니까?

이외수 어떤 식으로든 평범해서는 작품을 쓰지 못한다는 생각이 들었다. 남들과 같은 모양, 같은 방식으로 살아간다면 남들과 똑같은 글밖에 쓸 수 없다는 생각이었다. 평범하다는 건 내게는 안일하다는 것과 같았다. 세인들은 튀고 싶어 하는 걸로 오해했지만, 나는 있는 그대로의 현실을 견뎌내기 어려웠다. 때문에 가장으로서의 의무를 다하지 못한 것에 책임을 통감한다.

하지만 예술 이외의 것을 고민하고 신경 쓰는 게 용납이 되지 않았다. 그림이 잘 안 되거나 글이 잘 써지지 않아서 화를 내거나 술을 퍼마시

나는 이생에서 최고의 직업을 선택했습니다. 다만 내 글이 부족해서 안타까울 뿐입니다. 하지만 이건 내 능력의 문제일 뿐, 만물의 진실에 접근하려는 나의 태도와 우주의 본성에 닿으려는 내 노력들에는 부끄러움이 없습니다.

긴 했어도 기분 나쁜 소리를 들었다고 술을 마시거나 화를 내진 않았다. 기분 나쁘면 그냥 싸움을 벌였다. 그러다 죽도록 맞은 적도 있었다. 후줄근한 모습으로 다니는 게 나쁜 것만은 아니었다. 〈꿈꾸는 식물〉을 쓸 때였는데, 춘천에서 구두 닦는 친구나 건달들이 너도나도 서점을 드나들기 시작했다. 자기들도 소설가가 되겠다는 거였다. "저런 인간이 소설가라는데 나라고 못 될 게 있나" 싶었던 것이다. 그들 눈에 나는 날건달이었다.

하창수 세수나 목욕, 조발(調髮)은 얼마 만에 한 번씩 하십니까?
이외수 요즘은 매일 한다. 손님을 맞아야 할 일이 많기 때문이다. 예전엔 작품에 들어갈 때는 반드시 목욕재계를 하고 머리를 짧게 잘랐다. 〈벽오금학도〉 때도 그랬고, 〈황금비늘〉을 쓸 때도 그랬고, 〈괴물〉 때까지는 늘 그랬다. 작품에 들어가면 대략 4년 정도 걸렸는데, 마치고 나면 머리가 등을 덮었다. 춘천 사람들은 "이외수는 항상 술에 절어 산다"고 오해를 하는데, 4년 동안 두문불출한 건 모르고 작품을 끝낸 후 술 마시러 다니는 것만 보았기 때문이다. 더구나 수염이나 머리가 치렁하게 긴 상태였으니 기인에 기행이라고 생각할 수밖에 없었을 것이다.

하창수 씻지 않는 걸로도 유명하셨는데, 어느 정도였습니까?
이외수 대통령 선거하러 갈 때면 목욕을 했다. 그래서 올림픽 열리는 해에 한 번씩 목욕한다는 소리를 들었다.

하창수   어린아이들이 할아버지에게 잘 가지 않으려고 하는 이유가 냄새 때문입니다. 선생님은 잘 씻지도 않는데 아이들이 선생님한테 안겨서 잘 놀곤 했던 기억이 납니다.

이외수   예전 산속에서 수도하는 사람들은 하얀 빛깔의 편편한 돌 위에 가부좌를 틀고 앉아 있었다. 그 흰 돌 위에 올라가서 씻지 않고 4년 정도 그렇게 앉아 있으면 몸에 있는 모든 먼지와 때가 아래로 내려와 발뒤꿈치로 모인다. 뒤꿈치만 씻어주면 된다. 흰 돌을 살펴보면 전혀 더러워지지 않았다는 걸 알 수 있다. 땀이 나는 겨드랑이나 사타구니도 신경 쓰지 않고 두면 땀이 때와 결합해서 살에 붙어 있다가 두껍게 딱지가 지고, 그 딱지가 떨어져나가면 어린아이 피부 같아진다. 고약한 냄새는커녕 향이 난다. 향나무에서 나는 냄새와 같다.

하창수   선생님을 화가로 가정하고 좀 가혹한 상상을 해봤습니다. 어느 독지가가 귀한 물감을 보내왔는데, 선생님은 벌써 며칠째 아무것도 먹지 못한 상태입니다. 그 물감은 선생님이 평생을 갖고 싶었던 것이고 무척 귀해서 화방에 갖고 가면 금방 돈으로 바꿀 수도 있습니다. 어떻게 하시겠습니까?

이외수   굶더라도 그림을 그리겠다. 굶는 건 견딜 수 있으니까. 그림을 그리고 싶은 충동이나 욕구는 억제하기 힘들고, 또 밥보다는 그림이 우선한다. 배고픈 건 익숙한 일이다. 한순간 배고픈 것으로 귀한 물감을 팔지는 않을 것 같다.

하창수   가족도 같이 굶고 있다면요?

이외수   (한숨) 일단 물감을 팔겠다. 그 돈으로 좀 싼 물감을 사고, 남은 걸로 먹을 걸 사겠다. 가족은 나와는 다르다.

하창수   〈아라비안나이트〉의 세헤라자데는 매일매일 목숨을 걸고 이야기를 이어갑니다. 선생님이 그 상황에 처한다면 자신 있으십니까?

이외수   자신 없다. 연재소설에 한 번도 성공해보지 못했다. 한 편을 가지고 오래 버티는 건 자신 있지만, 매일 똑같은 분량의 이야기를 지어내는 건 내 체질이 아니다. 나는 포기하고 목숨을 내놓을 것이다.

하창수   세헤라자데도 사실 천하루 동안 버텨낼 수 있을 거라는 생각은 못했을 겁니다. 어쨌든 왕이 계속 재미있어해 살아남을 수 있었는데, 재밌는 얘기라면 선생님도 충분히 가능하지 않을까요?

이외수   히틀러나 스탈린 앞이었다면 가능했을 것 같다. (웃음)

하창수   1 더하기 1은 2, 정답 맞습니까?

이외수   아닐 수도 있다. 가령 〈요한계시록〉에는 천국에 갈 수 있는 사람의 수가 144,000명으로 적혀 있다. 〈요한계시록〉이 씌어진 이후로 새로 태어나고 죽은 사람의 수는 엄청나다. 그들 중에 거짓말을 한 적도 죄를 지은 적도 없이 어린아이인 채로 죽은 수만 해도 144,000의 몇 배가 넘을 것이다. 천국에 가는 사람의 수가 144,000이라면 그 아이들 대부분은 지옥에 있다는 얘기가 된다. 신이 그렇게 가혹한 분일 리가 없다. 수는 수학에만 있는 것은 아니다. '성경의 수'가 따로 있을 것이다. 144,000에 '자비'를 플러스한다면 수는 얼마든 늘어날 수 있다. 자비의 신은 십진법의 수만 사용하지는 않는다.

하창수 떡 다섯 조각과 물고기 두 마리로 수천 명을 배불리 먹였다는 '오병이어(五餠二魚)'도 그렇게 해석하면 쉽게 풀리겠네요.
이외수 내 생각은 그렇다.

하창수 영안에 눈을 뜬 예술가의 작품에는 어떤 것이 있습니까?
이외수 고흐의 작품들은 대부분 영안이 포착한 그림들이다. 영혼이 그대로 느껴진다. 로트레크의 작품들도 그렇다.

하창수 소설이나 글 혹은 책을 꼽는다면?
이외수 고리키와 고골리의 소설, 니체의 철학서들, 헤세와 카뮈의 작품들에서는 모두 영적 기운이 느껴진다. 내 작품들은 그 정도는 아니고……. 크게 마음에 들지 않는다.

하창수 축구선수 메시의 드리블이나 김연아 선수의 스케이팅을 보면 '예술'이라는 말이 절로 나옵니다. 예술 맞습니까?
이외수 예술이다. 거기에는 어떤 극치가 있다. 극치 속에는 반드시 아름다움이 내재한다. 엄밀하게 말하면 "예술에 가깝다"고 해야겠지만, 예술이라고 표현해도 무리는 없다. 정확히 말하자면, 기술의 극치다.

하창수　미술, 문학, 음악 등은 예술의 장르입니다. 이런 장르가 아니면서도 예술이라고 할 수 있는 건 무엇이 있을까요?

이외수　요즘은 장르 파괴가 활발해서 예술이 엄청나게 너그러워졌다. 가령 쓰레기를 잔뜩 주어다가 제멋대로 제 기분에 맞게 배치해놓고 그럴 듯한 설명을 붙이면 예술 취급을 받는다. 나는 기본적으로 여기에 찬성하지 않는다. 서양의 예술사를 보면 늘 기존의 예술을 거부하거나 파괴하는 운동들이 일어났고, 그것을 곧 창조로 보았다. 문화나 예술, 철학이 일정부분 동일한 진행방식을 갖는 게 서양의 특징이다.

　　나는 동양적인 것을 고집하고 싶다. 반동이나 파괴가 아니라 조화를 통해 창조에 이르는 방식이었으면 한다. 나는 온고이지신(溫故而知新)이 헤겔의 정반합(正反合)보다 훨씬 합리적이라고 생각한다. 옛것 속에 좋은 것, 아름다운 것이 많은데, 그것을 익혀 새로운 것을 창조해내는 것이 진정한 예술의 발전이라고 생각한다. 옛것을 구닥다리나 배격의 대상으로만 보는 시선은 교정되어야 한다.

세상의 잣대를 넘어

하창수 예술가들은 자기중심적이어도 이해가 되고, 뻔뻔스럽거나 어린아이 같아도, 괴팍해도, 파괴적인 면모를 보여도 용서가 되는 경우가 있습니다. 예술가라고 특별대우를 받는 건 공평하지 않은 일 아닌가요?

이외수 거기에 상응하는 고통이 따른다면 예술을 위해 눈감아주거나 외면하는 배려도 필요하다고 생각한다. 가령 〈도둑일기〉의 작가 장 주네는 종신형을 받아야 마땅할 정도의 죄를 저질렀지만 뛰어난 소설을 썼다고 석방되었다. 프랑스였기 때문이라고 하면 그만일 수도 있지만, 예술은 때로 선악이나 정의에 대한 세상의 판단 너머에 있다.

하창수 예술로 참회하고, 그 참회를 진정한 것으로 받아들인 건가요?

이외수 예술이 미치는 영향력에 대한 이야기일 듯싶다. 장 주네가 저지른 과오와 그가 지닌 정신이나 영혼의 순수성을 단순 비교할 수는 없다. "예술가는 예술로만 평가되어야 한다"는 말은 많은 것을 시사한다. 예술가에게 지나치게 순정한 도덕성을 요구하는 건 옳지 않다.

뛰어난 예술가에 대한 평가는 완전히 엇갈릴 수 있다. 누군가는 손가락질을 하고, 누군가는 극찬을 한다. 손가락질하는 사람들은 그의 예술에 대해서는 눈감은 것이고, 극찬을 하는 사람들은 그의 예술만 보기 때문이다. 백남준을 "우리나라 사람이 아니다"라고 말하는 사람들이나, 윤이상을 정치적인 문제로 외면하는 사람들을 보는 건 참으로 슬픈 일이다. 예술은 시간과 공간을 초월하며, 국가나 이념의 잣대로 잴 수 없다.

하창수 이광수, 서정주 같은 대가들의 친일 경력도 그렇게 볼 수 있을까요?
이외수 미당 선생의 경우, 당신의 시 전체를 놓고 보면 친일 색깔을 띤 것은 극히 일부분이다. 반면에 선생은 우리 언어의 성숙에 기여했고, 놀라운 완성도를 지닌 시를 창조해냈다. 참회와 반성이 따른다면 선생이 처했던 입장도 고려해야 한다. 한때의 과오로 한 예술가의 예술세계 전체가 사라지는 것은 예술사의 손실이다.

하창수 예술에 남녀의 차이가 있을까요? 어느 쪽이 더 유리하다고 생각하십니까?
이외수 기존의 예술가들을 놓고 보면, 예술의 완성도와 성(性)은 전혀 관계가 없다. 버지니아 울프는 많은 사람의 사랑을 받는 작가인데, 여성적인 것보다 인간으로서의 아픔과 고뇌를 통해 사랑을 역설적으로 보여주었다. 서영은 작가와 오정희 작가가 치열한 언어와의 싸움에서 획득한 빛나는 문체는 남성 작가와 견줄 바가 아니다. 감성은 여성이 더 유리할 수도 있고, 이성적인 면은 남성이 우세할 수도 있지만, 예술가는 둘 모두를 갖춰야 한다는 점에서 누가 더 유리하다고 할 수 없다. 언급한 여성작가들은 물론 감성과 이성을 두루 갖췄다.

하창수 예술가에게 개성은 어떤 의미가 있을까요?

이외수 예술을 예술로 존재하게 만드는 중요한 요소 가운데 하나가 예술가들의 개성이다. 예술가들은 서로 다른 생각을 가지고 있고, 그 다른 생각을 바탕으로 만들어진 다양한 작품들이 제각기 독창적인 빛을 발하며 존재한다. 그래서 각자가 지닌 예술적 견해는 모두 존중되어야 한다. 그것은 옳고 그름의 대상이 될 수 없다. 예술은 창조로부터 출발한다. 창조력은 예술의 생명이다. 기예가 성하면 예술을 망친다.

 타이완에 갔을 때 박물관에서 도자기를 보며 시간을 보냈다. 우리 도자기와 중국 도자기는 분명히 달랐다. 기본적인 형태는 똑같다. 우리 자기가 중국의 영향을 받았다고 생각하는 학자들은 그 기본적인 형태를 근거로 제시하는데, 중요한 것은 자기에 그려진 그림과 문양이 우리만의 개성을 드러내고 있다는 사실이다. 중국 자기는 그림이나 문양이 도식적이고 개성이 없다는 점에서 기술적 성향이 강하다고 할 수 있다. 그들은 미농지처럼 얇게 빚거나 엄청나게 큰 병을 만드는 식으로 도자기의 형태에 집착하는 면이 있다.

 우리와 그들의 차이는 내면에서 나오는가 손끝에서 나오는가다. 손끝에서 나오는 정교함은 기술에 가깝고, 감정이나 기분처럼 내면의 상태를 드러내는 것은 예술에 가깝다. 우리 옹기에 쓱쓱 그려진 난, 요강에 거칠게 그려진 목단을 보면 도취에서 나왔다는 걸 금방 알 수 있는데, 중국 그릇은 실수를 하지 않으려는 조심성과 긴장감들로 가득하다. 기술적인 면에 집착하면 아무렇게나 쓱쓱 그린 듯한 그림은 조악해 보이겠지만,

흥취(興趣)는 예술의 가장 중요한 특징이다. 꼼꼼함과 자유분방은 사실 엄청난 차이다. 꼼꼼하게 만들어진 도자기는 바짝 긴장해서 감상하게 만들고, 자유분방하게 만들어진 도자기는 편안한 마음으로 구경하게 한다. 어떤 게 예술에 가까운지에 대한 판단은 각자의 몫이지만, 나에게는 후자가 예술이다.

육안이나 뇌안(腦眼)의 범주에서 보면 기술에 매료되지만, 영안이나 심안(心眼)의 범주에서는 풍류에 노니는 멋에 감탄하게 된다. 예술은 즐거이 노니는 데 있다. 백제의 우물에서 꺼냈다는 향로를 본 적이 있다. 신선들이 비파를 타는 그림이 그려진 향로에는 꼼꼼하게 공들인 흔적이 거의 보이지 않았다. 그저 손으로 주물럭거려서 만든 듯 서툴기 짝이 없는 모양새에서 아이들의 천진성이 느껴졌는데, 그곳이야말로 팔선(八仙)이 악기를 타고 선녀들이 노닐기에 합당한 공간이란 생각이 들었다. 그런데 그렇게 아무렇게나 주물럭거려놓은 듯한 거기에 기막힌 조형미가 있다는 것도 밝은 눈으로 보면 발견할 수 있다. 정교한 것은 조금만 흐트러져도 조형성이 깨진다.

선화(禪畵)에서 독보적인 경지에 올랐던 중광 스님은 자신의 그림이 가진 가장 큰 장점을 '유치찬란'이라고 하셨다. 가치관의 차이도 있겠지만, 이건 경지의 차이다. 천진으로 돌아간다는 건 힘든 일이다. 모든 기술적인 것을 다 얻고 그걸 버린 다음에야 비로소 천진난만으로 돌아갈 수 있기 때문이다.

채움과 비움

하창수 제가 선생님을 처음 뵀을 때가 1992년이 저물어가던 즈음이었습니다. 그해는 선생님의 문학에 전환점을 이루는 장편소설 〈벽오금학도〉가 세상에 나와 크게 반향을 일으킨 해이기도 합니다. 그때로부터 20년이 훌쩍 지났습니다. 제가 선생님의 소설을 읽기 시작한 때로 거슬러가면 30년이 넘는, 그야말로 강산이 세 번이나 변할 만큼의 긴 세월입니다. 그런데 제가 지켜본 선생님의 삶이나 문학에 변하지 않은 한 가지가 있습니다. 그걸 저는 '채움과 비움의 대결'이라고 표현하고 싶습니다. '채움과 비움의 대결'은 거의 매일 게재되는 트위터의 짧은 글에서도 고스란히 느껴집니다.

우선 '채움'이라는 말에는 쉼 없는 노력과 성실이라는 의미가 담겨 있고, 변화에 대한 적극적인 수용과 획득에 대한 욕망, 목표와 추구 같은 단어들이 함께 들어 있습니다. 제가 본 선생님의 삶이나 문학에는 뭔가를 이루어내기 위해 끈질기게 밀어붙이는, 역경에 대한 도전에 그치지 않고 역경을 넘어서려는 지독한 투쟁의식이 있습니다. 치열성이라는 말로 뭉뚱그릴 수도 있겠지만, 그것만으로는 뭔가 부족한, 사나흘 굶은 매나 들개의 눈빛 같은 데서 느낄 수 있는 맹렬함, 먹이를 집요하게 추적하는 끈질김에 비유할 수 있을 듯합니다. 그걸 저는 '채움'이라는 단어로 표현하는데, 유머러스한 트위터의 글 속에서도 저는 여전히 그런 '채움'을 봅니다.

이외수 일종의 몸에 밴 치열성일 것이다. 그건 어릴 때부터 늘 간직해온 것이고, 그렇게 습관이 되고 생활이 되었을 것이다. 대상과 내가 일체가 된 어떤 상태일 것 같기도 하다. 사실 그런 건 나에게만 있는 게 아니라 누구에게나 있다고 본다. 생존의 본능과도 유사하다. 하지만 살아남기 위해 무슨 짓이든 한다는 차원과는 조금 다르다. 살아남되 어떻게 살아남을 것인가를 생각하는, 인간답게 살아남기를 도모하면서 살아가는 것이라고 할까. 단순히 먹이를 구하고 얻는 차원을 넘어 어떤 형이상학적 근원을 찾아가는 것이다. 채움이라는 단어가 선택된 데는 아마도 그런 이유가 있지 않을까 싶다. 사나흘 굶은 매나 들개가 눈앞의 고깃덩어리를 버리고 보다 차원 높은 '먹이'를 구한다면 정말 멋진 일이다. (웃음)

하창수 선생님의 변하지 않은 한쪽에 '채움'이 있다면, 다른 한쪽에는 똑같은 질량과 힘을 가진 '비움'이 존재합니다. 그러니까 작가로서 선생님의 삶은 채움과 비움이 서로 당기면서 팽팽히 맞서 있습니다. '비움'이라는 말에는 도저한 허무와 슬픔, 연민, 자기 포기, 자신을 고려하지 않은 완전한 허용 같은 의미가 들어 있는데, 도(道)라고 일컬어지는 어떤 깨달음의 경지와도 상통하지 않을까 생각합니다.

이외수 저울이나 잣대의 눈금은 변하지 않아야 하는데, 이 변하지 않는 눈금의 저울이나 잣대를 인간이 가질 수 있는가에 대한 의혹이 아마도 그런 비움의 성향을 갖게 하지 않았나 싶다. 모든 것이 허무해서 다 놓아버리게 되는 상황은 완전한 절망과도 유사하지만, 오히려 그것을 통해 일체의 욕망으로부터도 놓여날 수 있게 된다. 그건 저울이나 잣대에서 눈금이 사라져버리는 것에 비유할 수 있을 것이다. 세상의 모든 사물과 사태를 엄밀하게 재는 것도 중요하지만, 재는 것 자체를 버리는 건 더 중요한 일이다.

완전한 허무나 절망의 상태와 저울이나 잣대를 버리는 것은 공통적으로 '텅 빈 상태'를 가져다주는데, 둘의 유일한 차이는 그 '텅 빈 곳을 무엇이 채우는가'다. 허무나 절망은 텅 빈 상태 그대로 남겨지는 데 반해, 저울이나 잣대를 버려서 비어버린 공간은 사랑이 채우게 된다.

나는, 어쨌든, 인간은 만물을 사랑할 수 있는 가슴을 가진 존새라고 확신한다. 모든 사랑은 아름다움에서 비롯되고, 만물은 제각각의 아름다움을 가지고 있기 때문에, 결국 인간은 만물을 아름답게 볼 수밖에 없고, 그러면 만물을 사랑할 수밖에 없다. 그런데 만물을 아름답게 보려면 저울이나 잣대를 버려야 한다. 그것들을 갖고 있는 한 그 저울과 잣대에 재어지는 것만 아름답게 보이고 그것만 사랑하게 되기 때문이다.

저울과 잣대의 눈금이 지워졌다는 건 만물이 지닌 저마다의 아름다움이 보인다는 것이다. 그런 상태라야만 만물에 대한 사랑이 가능해진다. 아름다움과 사랑에는 반대말이 없다는 것은 바로 이것을 말한다. 이것이 '도'다.

하창수   채움과 비움의 팽팽한 무게중심이 어쩌면 〈벽오금학도〉를 기점으로 비움 쪽으로 기운 듯 보입니다.

이외수   〈벽오금학도〉 이전에는 인간중심으로 사고했다. 즉, 그 시대 젊은 이들의 소외나 방황, 절망을 주제나 소재로 삼았다. 〈벽오금학도〉를 시작으로 중심이동이 일어났다. 자연이 중심이 되고, 우주적 사고를 하게 된 것이다. 하지만 이런 식의 비움의 삶은 채움의 삶과 무관하지 않다. 둘은 독립적으로 존재하지만 상호보완적 관계다. 행성들이 각기 존재하지만 인력으로 그 거리를 유지하듯이.

아마도 하 작가가 내 삶에서 '채움과 비움의 대결'을 변하지 않는 무엇으로 생각하는 데는 이런 식의 교호성(交互性)이 작용했을 것이다. 그러나 분명한 것은, 내게는 더 이상의 대결과 다툼은 존재하지 않는다는 것이다. 얼마간 존재한다 해도 크게 의미를 부여할 일은 아니다. 사랑하기에도 그리 많은 시간이 남지 않았다.

하창수 새로 구상하는 장편소설의 구조가 매우 특이하다고 들었습니다.
이외수 우리 고유의 오행(五行, 水火土木金)에 대입시킨 구성을 시도할 생각이다. 인물간의 관계만이 아니라 소설 속 사건의 발생, 진행, 결과도 모두 상생(相生)하고 상극(相剋)하는 오행의 기본 원리에 입각하려 한다. 그러면 완성도가 높은 소설이 되지 않을까 싶다. 첫 소설로 구상하고 있는 게 '불'이다. 가제를 〈미확인 보행물체〉라고 정해놓았는데, 물 위를 걷는 사람의 이야기다.

하창수 오행에 의한 구성의 장점은 무엇입니까?
이외수 자연스러움이다.

하창수 〈벽오금학도〉를 여덟 번이나 읽었다는 화가를 만난 적이 있습니다. 언젠가부터 무기력에 빠져 그림도 잘 되지 않았는데, 더 이룰 게 없을 것 같다는 생각이 들 무렵 그 소설을 만났답니다. 다 읽고 나면 또 읽고 싶고, 마지막 장을 덮으면 다시 생각나서 첫 장을 펼칠 정도였는데, 그러다가 자신의 길을 찾았다고 합니다. 아마도 거듭 말씀하신 바로 그 '에너지'가 그 화가에게 좋은 작용을 한 것이 아닌가 싶습니다. 오행에 의해 씌어질 새 작품은 책만 갖고 있어도 막힌 곳이 뚫리는 신묘한 능력을 발휘하지 않을까 기대가 됩니다. (웃음)

II

인생

사람이라는 단어와
사랑이라는 단어는
닮아 있다

인생

기도합니다. 오로지 자신의 영달만을 위해서 타인의 고통이나 슬픔을 외면하는 사람이 되지 않게 하시고, 어떤 유혹 어떤 시련에도 양심만은 지키도록 하시며, 동해 물과 백두산이 마르고 닳더라도, 우리들 가슴에서 부디 사랑만은 마르고 닳지 않게 하소서.

_이외수 트위터글, 2013년

잊을 수 없는 두 여성

하창수 선생님의 인생을 이야기할 때 빼놓을 수 없는 두 분의 여성이 있습니다. 일찍 세상을 떠나신 생모와 어린 시절을 돌봐주신 할머니, 두 분의 이야기로 '인생'을 열어볼까 합니다.

이외수 사범학교 선생님이셨던 어머니는 당시 학생이던 여섯 살 아래 아버지를 가르쳤다. 그러니까 아버지의 스승이셨다. 아버지가 일본 아이들한테 한 번도 일등을 넘겨주지 않을 정도로 영특해서 어머니가 굉장히 총애하셨다고 한다. 그렇게 나이차도 많이 나고 사제지간인 두 사람이 연애를 하고 결혼에까지 이른 것은 그야말로 일대 사건이었다. 당시 경상도에는 안동사범과 진주사범밖에 없었는데, 사제지간에 연애결혼을 한 건 아마도 처음이었을 것이다.

어머니는 비염과 축농증에 몹시 시달리셨다. 나를 출산한 뒤에도 어머니의 축농증은 여전히 심했다. 누군가 비방이라면서 수은을 태워 연기를 쐬라고 했다. 결국 생모의 직접적 사인은 중금속중독이었다. 내가 두 살 때 일이다. 어머니의 돌연한 사망은 아버지를 절망에 빠뜨렸다. 아버지는 소식 한 자 남기지 않고 집을 나갔고, 곧바로 한국전쟁이 일어났다. 집을 떠난 후 군에 입대했다는 사실을 알지 못했던 할머니는 나를 데리고 동네를 돌아다니며 동냥젖을 물리셨다. 조금 더 커서는 나도 동냥을 하며 다녔다. 대여섯 살 때로 기억하는데, 소쿠리를 들고 밥동냥을 다니던 모습이 지금도 떠오른다. 내가 목숨을 부지할 수 있었던 건 사람들의 자비심 덕분이었다.

추수가 끝난 논에서 이삭을 줍기도 했다. 낫으로 추수를 하던 시절이라 상당히 많은 양의 이삭을 주울 수가 있었다. 할머니와 내가 먹고 남을 정도의 양이었다. 어려운 사람들을 위해서 농부들이 일부러 걷어가지 않았던 것 같다. 고구마를 캐던 기억도 남아 있다. 호미목을 뒤집어서 땅을 두드리면 그 소리를 통해 땅속에 얼마큼의 고구마가 들어 있는지를 알 정도였다.

할머니는 항상 나에게 당부하셨다. 남의 것에 손대면 안 된다고. 이삭은 줍되 "쌓아놓은 낟가리의 곡식은 절대로 모감지를 자르면 안 된다"고 주의를 주곤 하셨다. 내가 아주 어렸을 때지만 할머니는 도덕의 첫 걸음을 엄격하게 가르쳐주셨다. 〈벽오금학도〉에 할머니 한 분이 등장하는데 모델이 내 할머니다. 미물에게도 소중한 목숨이 있고, 누구도 함부로 꺾어선 안 된다는 가르침을 주신 내 할머니다.

동냥이라는 처절한 방법으로 연명했지만, 당시만 해도 정이 넘쳐서 살아남기 위해 물불을 가리지 않는 험악한 시절은 아니었던 걸로 기억한다. 어려운 사람들을 보면 그야말로 측은지심이 자연스럽게 발동했다. 남의 슬픔을 내 슬픔으로 여기고, 남의 기쁨을 내 기쁨으로 알던 시절이었다.

텔레비전은 물론이고 라디오도 변변히 없었던 그 시절, 추수가 끝나면 마을로 소리꾼들이 몰려왔다. 소작인들의 노고를 달래주려고 지주가 부른 거였다. 당시 소리꾼들은 말하자면 연예인이었다. 사람들은 지줏집 큰 마당에 횃불을 들고 모여들었다. 경상남도였지만 전라도와 가까운 지역(함양)이어서 소리꾼들은 대부분 서도창을 했다. 춘향가, 흥부가를 그때 들었다.

소리꾼들은 보통 2박 3일 정도 공연을 하고 갔는데, 공연 전날 와서 온 동네를 돌아다니며 사람들 사는 사정을 살폈다. 그러고는 공연 중에 위로할 사람 위로해주고, 은근슬쩍 지주 욕도 해주고……. 마을을 떠날 때는 자기들이 받은 수고비 중 일부를 어려운 사람들한테 나눠주기도 했다. 마을 사람들이 소리꾼을 열렬히 환대한 데는 그런 연유가 있었던 것이다. 광대나 딴따라라고 비하하지만 그들은 서민들의 생활과 따로 나뉘어 살지 않았던 그야말로 예인(藝人)이었다. 오늘날 예술인들이 본으로 삼아야 할 부분이 참 많다. 자연만 아름다웠던 게 아니라 사람도 눈물겹게 아름다운 시절이었다.

하창수　몇 살 때까지 그런 생활을 하셨습니까?
이외수　초등학교 3학년 때까지로 기억한다. 내가 살던 마을은 전쟁의 피해를 직접적으로 받지 않은 곳이었지만, 모진 기억이 없지는 않다. 한국전쟁은 자연과 사람을 모두 피폐하게 만들었다. 어려운 생활 중에도 할머니는 내게 세상의 이치와 도덕, 사람답게 사는 가르침을 주셨다. 할머니는 나를 헌신적으로 키웠고, 따뜻했고, 많은 사랑을 주셨다. 하지만 할머니가 어머니를 대신할 수는 없었다. 어머니의 부재는 생각보다 깊고 컸다.

하창수 할머니는 언제까지 생존하셨나요?
이외수 원주에서 학원강사를 할 때, 그러니까 〈꿈꾸는 식물〉을 쓰기 직전까지 살아 계셨다.

하창수 인도의 성자로 불리는 오쇼 라즈니쉬의 전기를 보면 외할머니로부터 많은 영향을 받았다는 이야기가 나옵니다. "할머니의 조건 없는 허용이 세상 모든 것에 대해 사고(思考)할 수 있게 해주었다"는 대목은 의미심장한데, 만약 선생님께 할머니조차 안 계셨다면 지금쯤 어떤 사람이 되어 있을까요?
이외수 만화 〈스누피〉에 라이너스라는 사내애가 나오는데, 늘 손가락을 빨고 담요를 만지작거린다. 라이너스를 보면 내가 어렸을 때 저러지 않았을까 싶다. 나에게 할머니가 계시지 않았다면 아마 지금도 손가락을 빨고 담요를 만지작거리고 있을 것이다. (웃음)

편하고 행복한 사람은
내 글을 읽지 말라

하창수 만약 유복한 가정에서 태어나 남부럽지 않게 자랐다면 작가가 되었을까요?

이외수 글을 쓰지 않았을 것이다. 언젠가 트위터에 "편하고 행복한 사람들은 내 글을 읽을 필요가 없다"고 쓴 적이 있다. 나는 고통받고, 외롭고, 슬픈 사람들을 위해서 글을 쓴다. 내가 그런 사람이었기 때문이다. 이미 행복한 사람들은 내 글을 단 한 줄도 읽을 필요가 없다. 그런 사람들은 물론 내 글을 읽지 않겠지만.

하창수 그럼, 문학이 슬픔에 싸여 있거나 불우한 삶을 사는 이들을 위한 장르라고 보십니까?

이외수 문학은 조화를 위한 도구다. 조화가 아름다움이고, 균형이 아름다움이다. 예술은 결국 망가진 것, 상처받은 것, 부족한 것들을 고치고 치유하고 보완해서 온전한 아름다움을 갖게 하는 조화와 균형의 도구다. 슬픔에 빠진 사람들, 불우한 사람들에게 꼭 필요한 것이 문학이고 예술이다.

하창수 〈감성사전〉에서 선생님은 인생을 "인간답게 살기 위해 미래를 향해 끊임없이 걸어가야 하는 비포장도로"라고 정의했습니다. 하지만, 소수이긴 하지만, 처음부터 잘 닦인 포장도로를 가는 인생도 있습니다. 그런 호사스러운 인생은 인생이라고 볼 수 없는 건가요?

이외수 이렇게 되물어보자. 쾌락이 곧 행복인가? 쾌락은 영속하나? 행복해지기 위해서 사는 거라면 그 행복이 어떤 것인지를 생각해봐야 하는데, 그렇다면 모든 인간이 공유할 수 있는 쾌락, 모두에게 적용되는 행복이란 무엇일까? 그런 게 있을까? 이 물음들에 명쾌하게 대답할 수 있는 사람은 거의 없을 것이다.

하지만 소크라테스는 이미 3천 년 전에 명쾌한 답을 내놨다. 소크라테스는 플라톤의 입을 빌려 이렇게 말했다. "가슴 안에 사랑이 가득한 사람은 행복한 사람이다. 많은 것으로부터 사랑받을 수 있고, 많은 것을 사랑할 수 있는 가슴을 가지고 있다면 나는 행복하게 살 수 있다." 이보다 더 명쾌한 답이 있을까? 모든 현자와 성자가 이걸 강조하고 있다.

만물에서 아름다움을 발견할 수 있는 사람은 만물을 사랑하는 사람이다. "어떤 경우든 인간은 아름답지 않은 것을 사랑할 수 없다"고 소크라테스는 말했다. 예술가는 사람을 행복의 방향으로 이끄는 안내자다. 예술은 아름다움을 추구하고, 예술가는 아름다움을 발견하는 사람이다. 그래서 예술가는 인류에게 아주 중요한 존재고, 그 삶 자체가 거룩하다. 심지어 예술가는 예술을 위해 상처가 필요하다면 자기 자신에게 상처를 내는 것조차 불사한다.

덜컹거리는 버스를 타고 비포장도로를 달려보지 않은 사람이라도 "세상의 모든 길이 잘 닦아놓은 포장도로"라고 생각하지만 않는다면 가능성은 있다. 지금이라도 고급승용차에서 내려 먼지 풀풀 이는 길을 걸어가면 된다.

하창수 누가 선생님의 왼뺨을 때렸습니다. 어떻게 하시겠습니까?
이외수 그의 양쪽 뺨을 맞받아칠 것이다. 그게 내게는 자비다.

할머니는 나를 데리고 동네를 돌아다니며 동냥젖을 물리셨습니다. 조금 더 커서는 나도 동냥을 하며 다녔습니다. 대여섯 살로 기억하는데, 소쿠리를 들고 밥동냥을 다니던 모습이 지금도 떠오릅니다. 내가 목숨을 부지할 수 있었던 건 사람들의 자비심 덕분이었습니다.

하창수   예수님과는 다르네요.
이외수   다르다. 나는 외수지, 예수가 아니다.

하창수   효과가 있을까요?
이외수   한쪽 뺨을 쳤다가 자신의 양쪽 뺨을 얻어맞으면, "아, 함부로 때리면 안 되겠구나"하고 생각할 것이다. 예수님처럼 왼뺨을 맞고 나서 오른뺨을 내놓으면 요즘 사람들은 자기가 옳은 줄 안다. 대응하는 것도 시대에 따라 다르다. 예수 시대에는 오른뺨을 내미는 게 필요했고, 그걸 보고 각성했다. 하지만 지금은 아니다.

하창수   진리도 변하는군요?
이외수   예수의 언설에는 예수다운 가르침이 있다. '진짜 자비'가 있다. 사랑의 지극함, 누구도 감히 흉내 내기 어려운 자비로움이다. 나는 내 수준의 자비심을 갖고 있을 뿐이다. 예수 같은 성자들은 능히 지극한 자비로 상대를 감화시킬 수 있다. 시대를 초월하는 건 그 감화력이다. 하지만 방법은 다르다. 방법은 적용되는 것이고, 적용은 시간에 영향을 받는다. 패션이 달라지는 것처럼 말이다. 오늘날에는 사람들의 강퍅함이 도를 넘어서, 자비를 베풀면 기어오른다. 후려치는 게 오히려 자비일 수 있는 시대다.

    가령 요즘에는 자식에 대한 사랑이 오히려 자식을 망치는 경우가 많다. 똑같이 '사랑'이라는 단어를 쓰지만 그 내용이나 방법이나 실질이 옛것과 다르기 때문이다. 요즘은 '지나친 사랑'이라고 해야 맞는, 사실은 사랑이 아닌 '사랑'을 자식에게 퍼붓고 있다. 이런 시대에 왼뺨을 맞고 오른뺨을 내미는 건 '지나친 사랑'이 된다. "왼뺨을 때리면 오른뺨도 내놓아라"는 사탕처럼 달콤한 말이다. 그래서 이를 썩게 할 수도 있다.

대상에 따라 다루는 방법에 차이를 둬야 한다는 얘기도 된다. 소는 노래로 홀려서 부리고, 말은 채찍을 쳐서 달리게 한다. 소나 말에게 모두 당근을 줘서 부리면 안 된다. 내 따귀를 갈긴 자에겐 채찍을 때려서 못된 버릇을 고치게 해야 한다. 예수의 시대엔 맞은 사람이 반대편 뺨을 내밀면 때린 자는 부끄러워 돌아서거나 무릎을 꿇고 용서를 빌었지만, 지금은 그렇지 않다. 부끄러워하고 진정으로 속죄할 줄 모르는 비정하고 무지한 시대가 안타깝다.

본성을 잃은 사람은
행복하기 힘들다

하창수 요즘 대중, 특히 젊은이들 사이에서 멘토로 지칭되는 어느 분이 자신의 트위터를 통해 가장 존경하는 인물로 선생님을 거론했습니다. 각종 인기조사에서도 선생님은 늘 상위권의 한자리를 차지합니다. 선생님이 존경하는 인물은 누구인가요?

이외수 C 일보. (웃음)

삼인행필유아사(三人行必有我師)란 말이 있다. 세 명이 길을 가면 그

중에 반드시 나에게 스승이 될 사람이 있다는 뜻이다. 〈논어〉에 나오는데, 이 말에 잇따라서 "좋은 것은 본받고, 나쁜 것은 고쳐서 나를 다듬는 데 써라"라고 씌어 있다. 내가 그 신문사를 훌륭한 나의 스승으로 생각하는 것은 "나쁜 것을 고쳐 써라"는 말과 관련이 있다.

'삼인행필유악플러'란 말도 가능하다. 세 명이 길을 가면 그중에 하나는 '악플러'다. (웃음) '악플러'에게도 배울 게 있다. 동네마다 하나쯤은 꼭 몹쓸 녀석이 있게 마련이다. 하느님이 저렇게 하면 안 된다고 몸소 가르쳐주는 스승을 한 명씩 내려보낸 것이다. 그리고 동네에는 한 명쯤 꼭 바보도 있다. 우리가 바보를 보고 깨달아야 할 게 있는데, 바보는 늘 웃고 있다는 사실이다. 대학교수가 더 많이 웃고 사는가, 바보가 더 많이 웃고 사는가? 대학교수보다 바보가 몇 배나 더 많이 웃으며 산다. 머리를 많이 쓰면 행복하기 힘들다. 바보는 먹을 것만 있으면 만족한다. 어마어마한 고뇌 같은 건 없다. 그리고 다들 너무할 정도로 착하다. 내 눈에는 바보들이 현자로 보인다. 그들의 모습에서 정말 많은 걸 배운다.

춘천에 살 때 내가 살던 동네에 아주 '비범한 바보'가 한 명 있었다. 〈벽오금학도〉에도 등장한다. 그 친구는 특히 그림을 기가 막히게 잘 봤다. 어느 날 그림을 하나 보고 있기에 어떠냐고 물었더니 "아무것도 아니에요" 하고 휙 집어던졌다. 혹시나 싶어 대가들의 추상화를 화집으로 보여줬다. "이건 좋아요" 그러더라. 그래서 시험 삼아 대강 그려서 보여주니까 밀쳐버리면서 "아무것도 아니네요"라고 했다. 충격이었다.

하창수 방금 하신 얘기를 어떻게 받아들여야 합니까?

이외수 뭔가 코드가 있는 것이다. 좋은 것에 대한 공통된 코드라고 할까. 나는 그걸 본성이라고 본다. 인간의 본성은 우주의 본성과 같고, 그게 곧 아름다움이고 사랑이다. 아름다움과 사랑은 이음동의어(異音同義語)다. 우리가 볼 수 없는, 태양에너지가 닿지 않는, 빛이 전혀 비치지 않는 해저의 물고기들은 화려한 디자인과 현란한 색채를 가지고 있다. 나는 그걸 아름답고자 하는 본성, 조화의 본성이라고 생각한다. 수심에도 조화하고, 물결에도 조화하는, 빛이 닿지 않지만 그들끼리 감응하고 조화하는 코드가 있는 것이다. 아름다움에 감화되고 행복을 느낄 수 있는 코드. 인간이 이걸 읽어내려면 순수하지 않으면 안 된다. 우리가 '바보'라고 치부해버리는 사람들이 누구보다 그런 감화의 에너지를 풍부하게 갖고 있다.

하창수 결국 똑똑하다는 건 본성을 잃었다는 얘기일 수도 있겠군요.

이외수 자연중심이나 우주중심이 아니라 인간중심이 되었다는 얘기다. 그런 걸 똑똑하다는 식으로 표현하지만, 그건 '헛똑똑'이다. 심안이나 영안을 뜨지 못하고 육안에 머물러 있는, 잘 해봐야 뇌안 정도의 수준에 불과하다. 도시를 지배하는 건 뇌안의 범주에 머물러 있고, 모든 것이 인간중심으로 돌아간다. 도시에서는 자연조차도 인간중심이다. 공원은 인간이 만든 자연이다. 도시는 여간해선 자연과 조화하지 못한다. 인간의 필요에 의해 만들어놓은 설치물에 지나지 않는다. 그것이 똑똑한 인간들이 한 일이다.

하창수   세상에 태어나지 않는 게 좋았겠다는 생각을 해본 적이 있습니까?
이외수   없다. 단 한 번도 없다. 너무나 고통스러워서 자살하는 수밖에 없다고 느끼면서 하루하루를 산 적은 있다. 결국 자살을 시도하기도 했지만 그건 죽고 싶어서가 아니었다. 사실 살고 싶다는 마음을 그런 식으로 표현한 것이다. 진짜 죽고 싶어서 그랬던 건 아니다. 못 견디겠으니까 차라리 죽으면 지금보다는 낫지 않을까 하는 생각에서 그랬을 뿐이다. 그런데 그때조차 '태어나지 말걸' 하는 생각은 하지 않았다. "지금보다는 분명히 나아질 수 있다"는 희망이 있었다. 그런 기대가 있었다. 당시 내가 읽은 전기 속의 예술가들은 하나같이 고난의 연속인 삶을 살았고, 정말 불행했다. 하지만 그들은 모두 엄청난 노력과 의지로 역경을 이겨낸 사람들이었다.

    고흐는 정말 외롭고 소외된 사람이었다. 그의 평생에 팔린 그림이 단 한 점밖에 없다는 사실을 이해할 수 있는가? 지금 그의 그림이 천문학적인 금액에 팔리고 있다는 사실은 당시의 고흐에겐 아무런 상관도 없다. 중요한 건 그림값에 의해 평가되는 고흐가 아니라, 어려운 시간들을 견뎌낸 그의 의지, 정신, 도전이다. 살아서 평가받지 못한 가치를 죽어서 받는다는 식의 접근은 자본주의적 공식일 뿐이다. 지금 그의 그림에 매겨지는 값이 천문학적이라 해도 그의 붓자국 하나도 해석해내지 못한다. 그가 왜 나선형의 밤하늘을 그렸는지, 왜 귀를 잘랐고, 왜 권총자살을 시도했는지, 그런 치열한 삶이 그의 그림에 어떤 방식으로 드러나는지를 설명해주는 건 그림값이 아니다.

누군가의 호사취미를 위해 고흐가 그렇듯 힘겹게 캔버스를 마주하고 있었던 건 결코 아니다. 어두운 방 감자바구니 앞에 앉은, 등잔불에 노랗게 드러난 가난한 사람들은 고흐의 분신이다. 그걸 값으로 매길 수 없다. 예술은 거기에 있다. 그리고 고흐의 예술은 그가 '태어났기에' 존재할 수 있었다. 이 세상에 태어나지 않는 게 더 좋은 인간은 단 한 명도 없다. 모두가 각자의 의미와 가치를 지닌 소중한 인간이다.

하창수 그렇다면 "괜히 왔다 간다"는 중광 스님의 유명한 열반게송은 어떻게 해석해야 할까요? 속인의 생각으로는 "괜히 태어났어"와 그다지 다른 것 같지 않은데요.
이외수 다르다. "괜히 왔다 간다"는 건 "태어나지 말걸"이 아니다. "괜히 왔다 간다"는 말에는 '우주가 이토록 넓은데'라는 의미가 들어 있다. 일종의 역설이다.

하창수 소크라테스는 "결혼은 해도 후회하고 하지 않아도 후회한다"는 묘한 말을 했습니다. 언뜻 들으면 아주 명쾌해 보이지만, 사실 굉장히 난감한 말이기도 합니다. 그래서 어쩌자는 것인가, 결혼을 하라는 건가 말라는 건가, 그런 생각이 듭니다. 선생님은 결혼에 대해 어떻게 생각하십니까?
이외수 '결혼'을 뜻하는 영어단어 '웨딩(wedding)'은 '웨디언(weddian)'이라는 말에서 유래했다. 웨디언은 '경마에 돈을 걸다'라는 뜻이다. 결혼이 곧 도박이라는 얘기다. 만약 나한테 땄느냐 잃었느냐고 물으면, 나는 "땄다"

고 말한다. 결혼을 안 해본 사람은 결혼을 해본 사람보다 모르는 게 많다. 자식을 키워보는 것도 일단 결혼을 해야 가능한 일이고. 나는 결혼을 통해 배운 게 많다. 큰 공부를 했다고 생각한다. 똑같이 후회를 하더라도 공부를 시키는 후회가 낫다.

하창수   지금까지의 인생에서 가장 행복한 때는 언제였나요?
이외수   나는 독자들을 만날 때 큰 행복을 느낀다. 직접 얼굴을 맞대지 않더라도, 편지나 트위터에서의 만남도 나를 행복하게 한다. 그런데 내 글을 읽고 감동을 받았다는 얘기보다는, 내 글을 읽고 어려운 상황을 잘 견딜 수 있었다거나 어려움을 극복할 수 있었다, 인생이 바뀌었다는 얘기를 더 좋아한다. 그런 사람들을 만나면 가슴이 뭉클하고 콧날이 시큰해진다.

하창수   선생님은 참을 수 없이 화가 날 때 어떻게 하십니까?
이외수   화를 낸다. 그런데 화를 내고 나면 언제든 10분 이내에 화를 삭인다. 벼락같이 화를 내도 딱 10분이면 끝이 난다.

하창수   어떻게 그렇게 금방 화를 삭일 수 있죠?
이외수   상대의 좋은 점을 찾아보는 것이다. 날 화나게 만들었지만, 그 역시 분명히 좋은 점이 있게 마련이고, 그걸 찾는 데 10분이면 충분하다. 화를 내지 않을 수는 없지만, 오래 끌고 가는 것은 모두에게 손해다. 나는 물론이고, 상대에게도 그렇다.

운명과 숙명, 인륜과 천륜

하창수 인생이란 태어날 때 이미 결정되어 있다는 운명론을 의외로 많은 사람이 믿고 있습니다. 그런가 하면 운명은 스스로 개척해나가야 할 문제라고 말하는 사람도 많습니다. 선생님은 어느 쪽을 지지합니까?

이외수 늙은 원숭이가 젊은 원숭이의 손금을 보고는 그랬다고 한다. "야, 이거 최악의 손금이다. 너 인간으로 진화할지도 몰라."(웃음) 만약에 인간이었다면, 노인이 젊은이에게 그랬을 것이다. "야, 이거 최악의 손금이다. 너 침팬지로 퇴화할지도 몰라." 운명이 상대적이란 건 이젠 상식이다. 운명은 바꿀 수 있다. 김승옥 선생의 〈무진기행〉을 보면, 손금을 칼로 파고 검사가 된 이야기가 나온다. 칼로 손금을 판다는 것은 노력에 대한 일종의 패러디다.

하지만 운명과는 달리 숙명은 바꿀 수가 없다. 흔히 천륜(天倫)이라고 하는 것 말이다. 어떤 부모에게서 태어났는지, 어느 나라에 태어났는지는 바꿀 수가 없다. 내가 양녕대군의 17대손이다. 양녕대군은 태종의 장남으로, 세종의 맏형이었다. 당연히 왕위를 계승할 사람이었다. 그런데 양녕은 왕좌에 앉기를 거부했다. 세종이 왕위를 이은 후 사헌부에서 왕의 형이 궐내에 있는 게 껄끄러우니 양녕을 밖으로 내보내고 출입을 금해야 한다고 열세 번이나 상소를 했다. 그때마다 세종은 똑같이 얘기했다. "내가 왕으로 추대된 것은 인륜이다. 그러나 양녕이 왕의 형인 것은 천륜이다. 인륜으로 천륜을 바꿀 수는 없다."

하창수   중요한 건, 인류는 바꿀 수 있다는 사실이군요.
이외수   그렇다. 인류는 얼마든지 바꿀 수 있다. 그러니 운명론에 목을 매는 건 어리석은 일이다.

젊음과 영혼을 바꾸자면?

하창수   괴테의 〈파우스트〉에 나오는 메피스토펠레스가 선생님을 찾아왔습니다. "그대에게 젊음을 줄 테니 그대의 영혼을 내게 주시오." 파우스트에게 했던 것과 똑같은 제안을 한다면, 받아들이겠습니까?
이외수   먼저 물어보고 싶다. "내 영혼 가져다 어디에 쓸 거요?"

하창수   안 주시겠다는 얘기군요. 그래도 솔깃한 제안 아닙니까?
이외수   예전에 나는 밑바닥 생활을 했다. 그야말로 굶기를 밥 먹듯이 했다. 라면 한 개로 일주일을 견딘 적이 허다했다. 덕분에 물질에 대한 환상이 별로 없다. 물질적 풍요를 내 로망이라고 생각해본 적이 없다.

하창수   젊음도 물질로 보시는 겁니까?
이외수   '물질에 대한 결핍'이 낳은 '풍요에 대한 거부감'이라고 해두자. 대학생들이, 젊은 사람들이 내게 와서 묻곤 한다. "제 나이로 돌아가면 뭘 하시겠습니까?" "20대로 돌아간다면 어떤 일을 하고 싶으세요?" 그렇게 물을 때마다 난 이렇게 대답한다. "안 돌아가고 싶어." 내게 젊음은 경각에 달린 목숨을 끌어안은 채로 겨우겨우, 하루하루 살아온 시간을 의미한다. 지독함, 치열함이 어떤 건지를 늘, 생생히, 처절하게 맛보며 살았다. 그걸 다시 하라고 하면 끔찍한 일이다. 도저히 감당 못할 일이다.

하창수 인간의 특성에 빗댄 별명들이 있습니다. 두 발로 서서 다니는 특성에서 '호모 에렉투스'라는 별명이 붙었고, 놀이하는 인간의 특성을 강조하는 '호모 루덴스'도 있고, 생각하는 존재 '호모 사피엔스'도 있습니다. 불교학자 고영석은 인간에게 '호모 부디스티쿠스'라는 이름을 붙였습니다. '보살적 인간'이라는 뜻인데, 보편적 진리를 위해 자기 자신을 버리는 존재라는 의미가 담겨 있습니다. 선생님이 인류라는 종에게 별명을 하나 붙여준다면, 어떤 게 있을까요?

이외수 급조된 영장. 오랜 기획이나 궁리 없이 급하게 만들어져 스스로 만물의 영장(靈長)이라고 거들먹거리는 동물. 지구상에는 수억 권의 책이 있지만 나뭇잎 한 장이 가지고 있는 비밀조차 풀어내질 못한다. 진정으로 만물의 영장이 되기 위해, 지금이라도 엄청난 노력을 기울여야 한다.

   예전에 닭이 먼저냐 알이 먼저냐를 놓고 궁리를 한 적이 있다. 진화론적 입장에서 보면 닭은 동물의 한 종(種)이고, 알은 증식의 방법이다. 종이 증식 방법을 선택하느냐 증식 방법이 종을 선택하느냐를 놓고 보면, 당연히 종이 증식 방법을 선택하는 게 옳다. 그러니까 닭이 먼저다. 기독교의 창조론적 입장에서 봐도 신이 이것저것 만들었다는 얘기는 나오지만 어떻게 증식하라고 그 방법을 일러주었다는 얘기는 없으니, 알보다는 닭이 먼저인 게 자명하다. 노아가 홍수에 대비해 배를 만들고 온갖 짐승을 실을 때도 알 얘기는 없다. 알을 실어서 부화하면 간단한 문제였을 텐데 말이다. 한글학적으로는 계란이 먼저다. 기역(ㄱ)이니까. (웃음)

   그런데 언젠가 어떤 도인에게 이 문제를 물어봤더니, 알이 먼저라고 했다. 왜 그러냐고 물었더니 간단했다. "우주하고 닮은 게 먼저"라는 것이었다. 만약 그의 말이 옳다면, 인간보다는 세균이 우주와 더 가깝다. 우주의 본성은 음양이다. 우주는 음양만으로 무한히 변화하는 시스템을 가지고 있다. 이 기준에 비추어보면 인간은 거품을 쫘악 빼야 겨우 우주에 맞춰질 수 있다. '급조된 영장'이라는 말은 이런 뜻이다.

하창수 선생님은 성함부터 특이합니다. 바깥 외(外) 자 때문인데요, 보통은 이름에 잘 쓰지 않는 글자죠. 선생님이 국외자(局外者), 즉 '아웃사이더'의 삶을 살 걸 내다본 듯해서 흥미롭습니다. 태어날 때부터 남다른 내력이 있는 듯도 하고요.

이외수 음운학적으로 내전을 많이 겪는 나라 사람들의 이름엔 격음이 많이 쓰인다. ㅊ, ㅋ, ㅌ, ㅍ 음이 들어간 이름이 많은 나라들은 대개 끊임없는 내전의 경험을 갖고 있다. 전투적이고 공격적인 성향의 나라들은 경음을 많이 쓴다. ㄲ, ㄸ, ㅆ, ㅉ 음이 많은 나라는 호전적이다. 격음은 갈등이 심하고, 경음은 공격성이 있다는 얘기다.

   임진왜란을 겪기 전 우리말에는 '싸우다'라는 말이 없었다. '사호다'라고 했다. '싸우지' 않고 '사호면' 아무도 다치지 않을 것 같다. (웃음) '칼'이라는 말도 없었다. '갈'이라고 했다. '갈'로는 무도 베지 못할 것 같다. 소리라는 것은 그 자체로 곧 기(氣)다. 그래서 경음과 격음을 많이 듣게 되면 인성이 각박해진다. 다행스럽게도 내 이름에는 격음이나 경음이 없다. 군사정권 때 나온 아이들 과자 이름을 보라. 짱구, 빼빼로, 라면땅, 뽀빠이⋯⋯. 다 경음이다. 새우깡, 감자깡도.

하창수 그러니까 우리가 어릴 때부터 투쟁적인 기운을 먹고 살았군요.
이외수 요즘 일반적으로 사용하는 '한잔 꺾자', '밥 때렸다' 같은 말들도 각박한 의식을 은연중에 드러내는 것이다. 사실 내 이름도 '외' 자가 들어가서 그런지 사람들을 외롭게 만들지 않나 싶은 생각이 들 때가 있다. 외로움의 숙명 같은 게 있는 것 같기도 하다.

하창수 이름에 '외' 자가 붙은 별다른 사유가 있습니까?
이외수 돌림자라든가 특별한 이유가 있는 건 아니다. 그저 외가에서 태어났다고 붙여졌을 뿐이다. '수'는 항렬로 이미 정해져 있었으니, 아주 쉽게 지어진 이름이다. 별 고민 없이 지은 걸 보면 그다지 소중한 존재로 취급받지는 못했던 게 분명하다. (웃음)

하창수 누가 지었습니까?
이외수 아버지가 지으셨다.

살아남기에 바빴던 시절

하창수 예전의 선생님을 보면 항상 날이 서 있다고 할까요. 뭔가 싸움꾼의 기운이 느껴졌습니다. 젓가락을 던진다거나 하는 것도 비슷한 맥락인데, 어린 시절부터 그랬습니까?

이외수 나는 뒷줄에 앉아본 적이 없다. 키가 작아서 늘 앞줄이었고, 번호도 5번을 넘어간 적이 없다. 그러니까 스스로 방어기제를 만들 필요가 있었다.

하창수 실제로 많이 싸웠나요?

이외수 많이 맞았다. 싸웠다기보다 일방적으로 맞았다고 하는 게 옳다. 그러다 보니 내 나름대로 조치를 강구해야 했다. 뭔가 강력한 것 하나는 갖고 있어야겠다 싶었다. 젓가락을 던진 것은 공격이 아니라 방어였다.

하창수 성적은 어땠습니까?

이외수 믿을지 모르지만 늘 상위권이었다. 고등학교 때 좀 성적이 나빠지기 시작한 건 그림 때문이었다. 그래도 10위권은 유지했다.

하창수 당시 미술학도의 상징은 '홍대 미대'였습니다. 아버님께서 선생님을 홍대 미대에 보내지 못한 걸 안타까워하셨다는 얘기를 들은 적이 있습니다.

이외수   고등학교 다닐 때 나는 늘 아버지께 얘기했다. 미대 가겠다고. 그런데 아버지는 교사에 대한 미련을 갖고 계셨다. 아이들 가르치는 일의 중요성을 늘 생각하셨던 것이다. 나중에 동생들도 모두 교대에 간 건 그런 아버지의 영향 때문이었다. 나도 끝내 뿌리치지 못했다.

하창수   그래서 춘천교대로 진학했는데, 7년이라고도 하고 10년이라고도 하는 긴 세월이 지나도록 결국 졸업을 하지 못했습니다.
이외수   7년이 정확하다. 당시 교칙이 그랬다. 다니고 싶어도 다닐 수가 없었다.

하창수   당시 교육대학은 2년제였습니다. 4년제도 아니고 2년이면 졸업할 수 있는데, 7년을 끌고도 결국 졸업장을 받지 못했다는 건 쉽게 납득이 되지 않습니다. 공부할 마음이 없었다는 뜻으로 받아들여도 될까요?
이외수   가장 큰 문제는 그림을 그리고 싶다는 거였다. 실제로 춘천교대를 다니면서 거의 대부분의 시간을 보낸 곳은 강의실이 아니라 미술실이었다. 그림을 그리는 게 훨씬 행복했으니까. 강의는 늘 빼먹고 다녔지만 당시 학장님을 비롯해 교수님들은 내가 가진 그림에 대한 열정만은 인정해 주셨다. 하지만 모자란 수업일수는 어쩔 수가 없었다.
　　　　아버지는 자립을 강조하셨고, 등록금도 혼자 힘으로 벌어서 내라고 하셨는데, 그러다 보니 얼마 되지 않는 교육대학 등록금도 학기 내내 벌어야 감당할 수 있었다. 그렇게 한 학기를 벌어 다음 학기를 다니고, 또

"누가 선생님의 왼뺨을 때렸습니다. 어떻게 하시겠습니까?"
그의 양쪽 뺨을 맞받아칠 것입니다. 그게 내게는 자비입니다.
"예수님과는 다르네요."
다르지요. 나는 외수지, 예수가 아닙니다.

마음에서 마음으로

한 학기 등록금을 벌기 위해 일을 해야 했다. 그렇게 겨우겨우 다니다 보니 수업일수가 채워지지 않았다. 수업일수가 차지 않으면 시험을 칠 자격이 주어지지 않았다. 학점 미달은 당연한 일이었다.

하창수 그림 공모에 당선되어 거액의 상금을 받은 적이 있다고 들었습니다.

이외수 정말 뱃가죽이 등에 들러붙어 있던 때였다. 어느 날 학교 도서관 게시판에 공고가 붙었다. 독서의욕을 고취하는 포스터를 공모한다는 거였다. 1등 상금이 무려 5천 원. 막걸리 한 되에 30원 하던 시절이니까, 그 돈이면 몇 달은 넉넉히 버틸 수 있는 거금이었다. 2등만 해도 3천 원, 3등 상금도 1천 원이나 됐다. 한달음에 미술실로 달려갔다. 우유가 담긴 유리컵 안에 두꺼운 책 한 권을 펼쳐놓고 살이 포동포동하게 오른 어린아이가 빨대로 그 우유를 빨아먹는 장면을 그렸다. "독서가 당신의 마음을 살찌게 합니다"라는 표어도 삽입했다. 최소한 3등은 하리라 생각했다. 그런데 1등으로 뽑혔다.

　　　　　상금을 받기도 전에 친구들을 데리고 술집으로 가서 코가 비뚤어지게 외상술을 샀다. 그런데 막상 시상식 때 나는 상금을 한 푼도 받지 못했다. "이외수한테 상금을 주면 하루아침에 술값으로 날아갈 것"이니 상금만큼 그림도구를 사주라는 학장님의 특별지시가 있었던 것이다. 덕분에 그림도구가 한 보따리나 생겨서 행복하기 그지없었지만, 외상술값이 뒤통수에 묵직하게 달라붙어 있었다. 시상식이 끝나고 미술실에 있다가 학장님의 호출을 받았다. 학장님은 홀로 소파에 앉아 계셨고, 우리는 포스터 얘기를 나눴다. 잠시 후 학장님이 선물 주는 걸 잊었다며 주머니에 봉투를 하나 찔러주시고는 미술실에 가서 보라고 하셨다. 봉투에는 5천 원이 들어 있었다.

하창수 어떻게든 졸업을 하면 초등학교 교사로 부임할 수 있던 시절이었습니다. 지긋지긋한 가난으로부터 벗어날 수 있는 기회를 자의적으로 포기했다고밖에 볼 수 없는데요. 어떤 이유가 있었을 것 같습니다.

이외수 굳이 이유를 대자면, 왠지 학교일이 싫었다. 아버지가 학교 잡무를 나한테 너무 많이 맡겼던 탓도 있었을 것이다. 환경미화라든가 학생들 성적정리 같은 거, 지겨울 정도로 아버지 일을 도왔다. 당시엔 꼬박꼬박 말도 잘 들었다. 반항이란 건 생각도 못할 때였다. 집안이 철저히 유교적이었다. 지금도 고향에 가면 절하는 데만 2주가 걸린다. 그래서 잘 안 간다. (웃음) 아무튼 교사가 되어 그런 학교일에 꽁꽁 묶여 있을 생각을 하니 끔찍했다.

그래서 그림으로 도망쳤는지도 모른다. 그리는 게 너무 즐거웠다. 그림 그리는 것 말고는 행복을 느낄 수 없었다고 해도 지나치지 않다. 그런데 열심히 그림을 그리면 그릴수록 물감은 자주, 빨리 떨어졌다. 감당을 못할 지경이었다. 더구나 물감은 아주 비쌌다. 방세 낸다고 빌린 돈으로 물감을 샀다. 어느 날 갑자기 한 번도 써본 적 없는 소설을 써서 신춘문예(강원일보)에 응모를 한 건 그 돈을 갚기 위해서였다. 원고지 사용법도 몰랐고, 맞춤법도 엉망이었다. 어쨌든 당선이 되었다. 기분이 묘했다. 글은 종이하고 볼펜만 있으면 되는 일이었다. 열심히 하면 그림 그리는 데 필요한 돈도 마련할 수 있을 것 같았다. 결국 내가 된 것은 교사도 화가도 아닌 소설가였다.

양파로 지은 밥

하창수 "굶주림이란 얼마나 사람을 치사하게 만드는가. 이틀만 굶으면 비참해져서 견딜 수가 없었다. 눈에 보이는 것이 모두 먹을 것이었으면 좋겠다는 생각이 들 정도였다. 그동안은 그래도 책을 팔아서 대충 연명을 해왔었다. 날마다 이름 없는 공장의 질 나쁜 빵을 씹어왔었다. 나중에는 빵도 물려서 구역질이 나곤 했다. 그러면 양파를 까서 조금씩 소금에 찍어 먹었다." 장편〈들개〉의 한 대목입니다. 경험하지 않으면 쓰기 힘든 문장입니다. 어디까지가 실제 경험에 해당합니까?

이외수 교대 다니던 시절 강릉에 있는 후배와 자취를 한 적이 있는데, 당시 나는 복학생이었고 후배는 신입생이었다. 후배였지만 그 친구는 내게 스승과 같았다. 그는 매사에 걱정을 몰랐다. 걱정거리임에 분명한데도 그는 "뭐 어떻게 되겠지"라고 해버렸다. 아무리 처지가 곤궁하고 위기에 몰려도 그에겐 나날이 태평성대였다. 어느 날 등록금으로 술을 퍼마셨다. 그 친구 부친이 농사를 지으셨다. 넉넉지 않은 형편에 "잘리면 어떻게 하냐"

고 걱정을 하면 "어떻게 되겠지" 그 말뿐이었다. 실제로 그는 아무 걱정 없는 얼굴로 지냈다.

어느 날 쌀이 떨어져 며칠을 굶었다. 양파파동이 나서 양파 한 가마니에 20원밖에 하지 않았다. 20원 정도는 어디서든 구할 수 있는 돈이었다. 우리는 20원을 꿔서 양파 한 가마니를 샀다. 그냥 먹으니까 많이 먹으면 속이 쓰렸다. 그래서 물에다 불려서 쌀처럼 다져 밥을 하듯 삶아서 먹었다. 양파냄새가 나서 좀 역하긴 했지만, 하얀 색깔도 그렇고 다져진 탓에 진짜 쌀처럼 착시가 일어났다.

둘이 마주앉아서 그걸 퍼먹었다. 하루 세 끼 '양파밥'을 먹었다. 나중엔 구역질이 치솟았다. 비참했다. 슬퍼서 견디기 힘들었다. 후배 보는 데서 울 수가 없어 화장실 벽에다 이마를 대고 울었다. 이런 식이었다. 먹이 때문에 울었다. 그러다가 보름쯤 굶으면 수도자가 되겠지, 생각했다. 40일씩 굶는 사람도 있는데, 예술가가 종교인보다 못할 게 뭐 있나, 하는 생각이 들어서 보름쯤 도 닦듯이 굶기도 했다.

속이 비면 감각이 명료해진다. 바늘 떨어지는 소리에도 깜짝 놀랄 정도가 된다. 나흘 굶으면 그 동네에서 제일 먼저 밥 짓는 집의 밥냄새를 맡는다는 얘기가 그냥 나온 말이 아니다. 속이 비면 동물적 감각이 온전히 살아난다. 감각이 예민해지다 못해 환각증세가 일어난다. 문자 그대로 눈알이 뒤집힐 것 같았다. 눈이 내려 땅에 살짝 덮여 있는데 백설기 같았다. 칼로 오리면 땅이 백설기 크기로 떼어질 것 같았다. 배가 고파서 자기가 낳은 아이를 가마솥에 삶아먹었다는 얘기가 괜한 말이 아니다.

하창수　선생님 문체의 특징 중 하나가 감각적 문체인데, 얘기를 듣고 보니 생사를 오가는 지독한 허기가 가져다준 선물이란 생각이 듭니다. 제가 스무 살 무렵에 읽은 〈들개〉, 〈겨울나기〉 등의 소설들이 생각나는데, 추운 겨울 다리 밑에 사는 거지들이 철망에 백열전구를 넣고 그걸 담요에 싸서 끌어안고 자는 장면이 나옵니다. 실제로 그렇게 해봤다가 뜨거워서 혼이 났던 기억이 있습니다.

이외수　잘못하면 화상을 입게 된다. 그래서 담요를 씌워놓고 해야 되는데, 아무리 추운 겨울에도 땀이 뻘뻘 흐른다. 30촉짜리 전구 하나로도 충분하다.

나는 거룩한 삶을 살지 못했다

하창수　작가의 고통은 독자의 행복이라는 표현을 자주 쓰십니다. 그리고 요즘 들어서는 입버릇처럼 "나는 거룩한 삶을 살아본 적이 없다"고 하십니다. '양아치'라고 스스로를 비하하기도 하고요.

이외수　나는 거룩하게 살지 못했다. 그렇게 살고 있지도 않다.

하창수　거룩한 삶은 어떤 것이고, 그런 삶을 경멸하는 이유는 무엇입니까?

이외수　우리가 진정으로 거룩하다고 할 수 있는 건 거의 성자적인 삶이다.

자기만을 위한 삶이 아닌, 한없이 베푸는 삶이다. 테레사 수녀나 달라이 라마 같은. 굳이 종교와 관련지을 필요는 없다. 그런 삶을 실천하면 거룩하다. 사랑을 실천하는 것, 자기 자신을 위해서가 아니라 타인을 위해 실천하는 삶을 사는 것, 이것이 거룩한 삶이다. 나는 그러지 못했다. 요즘은 거룩한 삶을 살지 않으면서 거룩한 삶을 사는 듯 착각하는 무리가 너무 많다. 가끔 내가 "나는 거룩이라는 말, 싫어"라고 할 때는 그런 무리들을 빗대서 하는 말이다.

하창수 선생님과 관련해 제기된 몇 가지 논란에 대해 묻겠습니다. 혼외자 문제가 불거졌습니다. 여기에 대해서는 특정 언론이 작정을 하고 '이외수 죽이기'에 나선 것이 아닌가 하는 의견이 있을 정도로 '팩트'를 무시한 채 일방적으로 몰아붙인 면이 없지 않은데요.

이외수 내 나름의 어려움이나 힘든 상황과는 상관없이 여기에 대해 뭐라고 토를 다는 건 변명에 불과하다. 하지만 그 신문사가 제시해놓은 정황들은 명백한 오류다. 사실에 근거하지 않은 공격과 비난도 참기 힘든데, 최소한의 인격도 없는 듯 몰아붙이는 모욕적인 언사를 듣고 있으려니 분노까지 치밀었다. 낳기만 하고 거들떠 보지도 않았다거나, 양육비를 주지 않았다거나 하는 식의 자극적인 보도는 사실이 아님은 물론이고 작가로서나 한 개인으로서 너무 큰 상처였다.

하지만 나는 일절 대응하지 않았다. 조정위원회의 결과가 나오면 모든 것이 명백히 드러날 것이고 사과를 받을 수 있을 거라고 생각했다.

하지만 보도와는 전혀 다른 내용이 조정위원회로부터 적시되었는데도 해당 신문사는 단 한 마디의 사과도, 정정보도도 하지 않았다. 그 신문을 구독하는 사람들에게 이외수는 여전히 '죽일놈'이다.

하창수 '아방궁' 논란에 대해서는 어떻게 생각하십니까?
이외수 처음부터 응대할 마음이 없었다. '팩트'가 전혀 없었으니까. 특정 신문사가 내 기사만 오보를 내는 이유가 뭔지 모르겠다. 오보인지 오버인지, 늘 그런 식이면 큰일이다. 거실 소파에 붙어 있는 유리구슬 장식을 다이아몬드 20캐럿짜리라고 얘기하는 데는 웃음도 나오질 않았다. 그렇게 비싼 다이아몬드를 사람들 빈번하게 들락거리는 소파에 붙여놓고 사는 사람이 있기나 한지 묻고 싶다.

화천 군수가 말했듯, '감성마을'에 이외수 명의는 아무것도 없다. 땅도 집도 모두 화천군 소유다. 내가 화천군 다목리 주민이니까 주민들에게 도움이 될까 싶어 '이외수'라는 이름으로 도울 수 있는 게 있으면 발 벗고 나선다. 일일이 거론하고 싶지 않다. 이미 트위터와 홈페이지, 각종 기사를 통해 다 알려진 사실이다.

모 인터넷 논객은 "100억짜리 프로젝트면 10억은 이외수가 먹었을 것"이라는 뉘앙스의 말을 하던데, 그 정도로 내가 배짱이 센 놈이 못 된다. 제발 좀 근거를 가지고 얘기를 했으면 좋겠다. 억측과 엉터리 논리로 한 작가를 매장시켜야 직성이 풀리는 언론이나 논객이 있다는 게 우습고 무섭다.

독서와 사람,
예술가의 두 가지 밑천

하창수 '감성산책'이라는 부제가 붙은 《코끼리에게 날개 달아주기》를 보면 선생님의 다양하고 방대한 독서편력을 느낄 수 있습니다.

이외수 독서를 가장 왕성하게 한 때는 30대 초반이었다. 하루에 한 권 이상 읽지 않으면 잠을 자지 않았다. 아무리 만취해도 '하루 한 권 독서'의 원칙은 지켰다. 술에 취해도 책을 읽을 때는 정신이 번쩍 들었다. 많이 읽을 때는 하루에 세 권도 읽었는데, 머리에 쥐가 날 정도로 어려운 책들도 일단 펼치면 독파해냈다. 50대가 되면서 시력이 급격히 나빠졌고, 책을 읽으면 쉬 피곤해져서 예전만큼 많이 읽을 수가 없었다. 대의만 파악하거나 필요한 부분을 골라 읽는 발췌독(拔萃讀)으로 만족한다.

 이론서적 읽기는 의외로 편하다. 한번 읽어놓으면 그걸 뒤엎는 학설이 나올 때까지는 변하지 않으니, 두고두고 써먹을 수 있는 장점이 있다. 창작물은 끊임없이 읽어야 하니 시간도 많이 든다. 측근의 작가들 작품은 요즘도 당연히 읽지만, 역시 예전 같지는 않다. 자기계발서는 읽지 않는다. 나는 이미 충분히 계발되었다. (웃음)

하창수 책에 인용된 문장들을 보면 살을 아주 절묘하게 발라놓은 느낌입니다. 코멘트 역시 핵심을 잘 짚은 듯 보입니다. 책을 읽으며 따로 메모를 하십니까?

인간의 본성은 우주의 본성과 같고, 그게 곧 아름다움이고 사랑입니다. 아름다움과 사랑은 이음동의어(異音同義語)입니다. 우리가 볼 수 없는, 태양에너지가 닿지 않는, 빛이 전혀 비치지 않는 해저의 물고기들은 화려한 디자인과 현란한 색채를 가지고 있습니다. 나는 그걸 아름답고자 하는 본성, 조화의 본성이라고 생각합니다. 수심에도 조화하고, 물결에도 조화하는, 빛이 닿지 않지만 그들끼리 감응하고 조화하는 코드가 있는 것입니다. 아름다움에 감화되고 행복을 느낄 수 있는 코드. 인간이 이걸 읽어내려면 순수하지 않으면 안 됩니다.

이외수   그 자리에서 메모를 한다. 사실 책 한 권을 집약하는 인용문을 끌어내는 데는 명료한 '직관'이 필요하다. 가령 나와 의형제를 맺을 정도로 절친했던 석공예가 곡천에게 돌을 보여주면 그 돌이 어디에서 왔는지 어떤 성분을 가지고 있는지 단번에 알아낸다. 그가 살아 있을 때 마추픽추 사진을 보여주었더니, 깜짝 놀랐다. 돌과 돌 사이에 면도날 하나 들어갈 틈도 없이, 때로는 다각형을 이루며 쌓여 있는 걸 보고 놀라면서 한 말이 "시간을 계산하지 않으면 가능해"였다. 말하자면 공기(工期)를 두지 않고 거기에 몰두하면 가능하다는 얘기였다. 유용한 직관은 바로 그 '시간 잊기'가 가져다주는 선물이다.

     몰아(沒我)나 망아(忘我)는 아주 중요하다. 나를 잊어버리고 몰두하는 것, 이것은 평소보다 열 배 이상의 능률을 가져다준다. 집중해서 읽으면 직관이 발현되고 '엑기스'가 찾아진다. 시간을 초월한 상태, 나는 이걸 '시간의 옆구리'라고 표현한다. 우리는 보통 시간을 과거-현재-미래가 그려진 좌표 하나짜리 그래프로 인식하는데, 이 좌표는 1차원이다. 두 개면 2차원이고 세 개면 3차원인 듯하지만, 그걸 표현해내는 건 평면 좌표에 불과하다. 이 평면 좌표에 어떻게 시간이라는 4차원적인 개념을 표현할 수 있을까?

     여기에 필요한 것이 인식이고, 그 인식은 '갖는' 것이지만 '버릴' 수도 있다. 시간을 실제 4차원 좌표에 그리려면 평면에 표현되는 우리의 통상적인 시간을 잊어야 한다. 이것이 바로 몰아나 망아의 차원이다. 만약 시간을 구체처럼 동그랗다고 생각하면 실제로 시간을 흘려보내지 않고 묶어놓고 쓸 수 있다. 자유자재란 이런 경지를 의미한다.

하창수 선생님 주위에는 유난히 따르는 후배가 많습니다. 대부분 작가가 되기 전 시절부터 알고 지내온 사람들입니다. 보통 후배들이 잘 따르는 이유는 그만큼 잘 '퍼줬다'는 얘기인데, 선생님의 경우는 그 반대로 알고 있습니다만…….
이외수 인정한다. (웃음)

하창수 그런데도 후배들이 떠나지 않고 남아 있는 이유가 무엇이라고 생각하십니까?
이외수 그들의 의리다. 그리고 나도 그들에게 잘 맞춘다.

하창수 맞춘다는 건 무슨 뜻인가요?
이외수 눈높이를 같게 하는 것이다. 건달들은 내가 건달인 줄 안다. 그들에게 나는 건달 이상도 이하도 아니다. 그래서 내 주변엔 건달이 많다. 그들은 건달이지만 적어도 내 소설은 읽는다. 한때는 소설가가 되겠다고 설쳐대던 건달이 적지 않았다. 종교인들은 나를 종교인으로 안다. 도인들은 나를 도인으로 본다. 그들은 나를 격을 갖춰 대한다. 나도 그들을 똑같이 대한다.

하창수 그런 게 어떻게 가능합니까?

이외수   조화를 중시하면 된다.

하창수   흔히 작가로서의 삶과 개인으로서의 삶은 엄연히 다르다고들 말합니다. 작가의 삶은 어떤 것일까요?
이외수   작가도 밥은 먹어야 산다. 잠을 자고 옷도 입어야 한다. 작가에게는 글을 쓰는 것만으로도 엄청난 고역이다. 먹고사는 문제를 글쓰기보다 중요하게 생각하지만 않는다면, 그는 작가다.

세상을 훔친 세 도적

하창수   좀 전에 후배들 얘기를 하셨지만, 선생님 주위에는 다양한 개성을 가진 사람이 많습니다. 그분들 중 특별히 아낀다고 할까, 소중하게 생각하는 사람은 누굽니까?
이외수   누굴 콕 짚어 말하면 다른 분들이 삐친다. 돌아가신 분들 얘기하는 게 편할 듯싶다. 생전의 중광 스님이나 천상병 선생님과는 그야말로 죽이 잘 맞았다. 천 선생님은 천성이 아이 같았는데, 친한 사람을 만나면 꼭 200원을 달라고 하셨다. 100원은 막걸리를 사 드시고, 나머지 100원은 아이들에게 사탕을 사주셨다. 200원은 참 상징적인 액수다. 우선 부담스럽지가 않다. 한번은 시인이기도 했던 T일보 편집국장을 만났는데, 천 선생님이 예의 200원을 달라고 하셨다. 신문사 국장이 5천 원짜리를 건네자 천 선생님은 그분 면전에서 그 5천 원짜리 지폐를 박박 찢어 던지면서 "내가 아무 돈이나 다 받는 놈인 줄 아느냐? 나는 사람 돈만 받는다"며 역정을 내셨다.

중광 스님은 풍요로우면서도 단호했다. 여러 사람과 얘기하기를 즐겼다. 그런데 얘기 중에 스님이 슬그머니 사라질 때가 있다. 나중에 여쭤보면 답은 늘 똑같았다. "도(道)를 모르는 인간이라도 예술은 알아야 하는데, 둘 다 관심 없는 인간이 있어서 빠졌어." 사람을 좋아한 스님이지만 '공부'에 뜻이 없는 사람은 따끔하게 혼을 내든가 피했다. 천상병 선생님이 아무에게나 200원을 받지 않은 것과 다르지 않다.

<small>하창수</small> 그리고 보니 예전에 중광 스님, 천상병 선생님과 함께 《도적놈 셋이서》라는 문집을 출간하신 게 기억납니다. 두 '도적놈'은 세상을 떠나고 이제 혼자 남으셨는데, 세 분이 하던 '도적질'을 혼자 하려니 버겁지 않으십니까?

<small>이외수</small> 우리가 한 도적질은 철저하게 개인적인 것이었기 때문에, 셋이서 한다고 쉬운 것도 아니고 혼자 한다고 어려울 것도 없다. 하지만 두 분은 늘 내 옆에 계시는 것 같다. 단절감이 없다. 천 선생님이 먼저 돌아가신 뒤 중광 스님이 내게 오면 늘 "외수야, 상병이한테 전화 받았다. 잘 있단다", 어떤 때는 "목소리를 들어보니 생생하더라. 천천히 오래" 그러셨다. 지금도 그렇다. 항상 두 분이 날 지켜보고 있는 것 같다.

하창수 《도적놈 셋이서》는 어떤 계기로 출간했나요?

이외수 좀 아픈 사연이 있다. 책 제목에 '도적놈'이라는 말을 붙인 건 지은 죄가 많아서 일종의 면죄부를 받고 싶은 기분이 작용한 것인데, 중광 스님 생각이었다. 물론 법문(法文)이다. 세 '도적놈'이 훔치는 건 세상이고, 우주다. 실제로 《도적놈 셋이서》는 일종의 '도둑질'이기도 했다. 속임수나 사기 같은 직접적인 의미도 표제에 분명히 들어 있다.

어느 날 천상병 선생님 사모님이 운영하던 인사동 찻집 〈귀천〉이 문을 닫게 되었다는 얘기를 사모님으로부터 들었다. 어쩌다 그렇게 되었냐고 물었더니, 원래 전세금이 300만 원인데 배로 올려달라고 한다는 거였다. 그러니까 300만 원이 더 필요했는데, 마련할 길이 막막했다. 못 내면 쫓겨날 판이었다. 내가 먼저 중광 스님을 엮었다. "건물 세가 올라서 600만 원이라는데 이달 안에 못 내면 나가야 한답니다. 스님, 딱 한 번만 세상을 속여먹는 게 어떨까요?"

천 선생님은 원고를 갖고 계실 테고, 중광 스님은 그림이 있고, 나도 이것저것 끌어모으면 충분히 책 한 권을 묶어낼 수 있을 것 같았다. 세 사람 인세를 모두 사모님께 드리면 될 일이었다. 내 생각을 듣고 스님도 흔쾌히 승낙했다. 그리고 책이 나왔다. 그 인세로 인상된 전세금을 낼 수 있었다.

하루 한 끼의 식사와
버릇이 된 가난

하창수 선생님에 대한 제 첫 느낌은 '채식주의자'였습니다. 〈꿈꾸는 식물〉이라는 제목 때문일 수도 있고요. 실제로는 어떻습니까?

이외수 채식을 고집하지 않고, 거의 다 먹는다. 음식에 대한 거부감이 거의 없는데, 못 먹는 게 딱 두 가지 있다. 고추와 후추를 먹으면 어김없이 위산이 역류해서 잠을 잘 수 없을 정도로 속을 앓는다. 한번은 매운 걸 유난히 좋아하는 손님과 식당에 갔는데 유난 떨기 싫어서 그냥 먹었다가 곧바로 탈이 난 경험이 있다. 요즘은 내가 손님들보다 거의 나이가 많으니까 유난을 좀 떨 수가 있어 다행이다. (웃음) 고추나 후추만 들어 있지 않으면 모두 다 잘 먹는다.

하창수 음식은 가리지 않지만, 하루 한 끼 식사는 선생님의 오래된 습성입니다. 어떤 작가는 작품에 들어가면 일단 잉어부터 고아먹는다는데, 먹는 것이 부실하면 체력이 달리지 않습니까?

이외수 정신적 에너지는 물질적 에너지보다 몇 배나 강한 효능을 가지고 있다.

하창수 정신적 에너지를 발산시키는 것은 무엇인가요?

이외수 글을 쓴다는 것, 그 자체가 에너지를 만들어낸다. 작품에 들어가면 일부러 더 많이 굶는다.

하창수 저는 굶으면 일단 겁이 납니다. 특히 글을 쓸 때는 더 그런데……. 체력이 다해 쓰러질 거라는 걱정은 없으십니까?

이외수 없다. 나는 굶기를 밥 먹듯이 하며 살아왔기 때문이다. 그런 생활이 가져다준 소중한 경험 하나는, 굶으면 오히려 정신이 더 맑아진다는 것이다. 글을 쓰는 데는 절실히 필요한 일이다. 정신이 청명하고 명료해지면 글이 청명하고 명료해진다. 군더더기가 없어지고, 가지치기가 절로 된다.

하창수 며칠 정도 먹지 않고 그런 명료한 감각을 유지해보았요?

이외수 15일 이상은 해보지 않았다. 보름 정도 물만 먹고 버티면, 이후엔 아무거나 먹을 수도 없다. 푹 삶거나 소화가 잘 되도록 연하게 만들어서 조금씩 먹지 않으면 오히려 독이 된다. 이런 습관은 평소에도 적용해볼 필요가 있다. 생으로 굶는 것보다는 소식을 하면서 청명한 정신을 유지하는 게 더 좋을 수도 있다.

하창수 인생을 돌아보면 어떤 장면들이 떠오릅니까?

이외수 미당(서정주) 선생은 "나를 키운 건 8할이 바람이었다"고 하셨다. 이 말을 내게 적용한다면, "나를 키운 건 8할이 가난이었다". 등단작을 비롯해서 10여 년 동안 발표한 초기 작품들은 가난에서 얻어낸 이야기들, 가난으로부터 생겨난 철학들이 압도적이다. 어머니의 갑작스러운 유고, 아버지의 가출, 동냥과 이삭줍기로 연명한 유년기, 재혼한 아버지 집에서의 불편한 동거, 춘천교대 시절의 허기는 내 소설의 준령이고 평원이다.

갑작스러운 부모님의 부재로 할머니와 동냥밥을 먹으면서 살던 시절의 집은 산 밑의 움막이었다. 잠에서 깨면 할머니가 안 계셨다. 동냥밥을 얻어 돌아오실 때까지 나는 혼자 남겨져 있었다. 산 밑 움막을 나서면 온 마을이 보였다. 마을을 내려다보며 나는 가능하면 큰 소리로 울었다. 마을 어딘가에 계실 할머니가 들을 수 있도록. 혼자라는 건 견디기 힘든 공포였다. 그래서 지금도 나는 혼자 있지 못한다. 어쩌다 혼자가 되면 그때의 공포가 고스란히 밀려든다. 내 울음소리를 들으셨는지 할머니는 허겁지겁 산을 올라오셨다.

초등학교 3학년 때 아버지를 만났다. 내가 두 살 때 어머니의 갑작스러운 죽음과 함께 집을 나간 아버지는 그 길로 군에 입대했고 한국전쟁 발발로 참전한 뒤 제대해 새로 결혼을 하신 상태였다. 이미 자식도 있었다. 그때부터 강원도에서 살았다. 경상남도에서 강원도로 삶의 터전이 바뀌었지만 첩첩산골이기는 마찬가지였다. 인제에서 초등학교, 중학교, 고등학교를 다녔다. 덕분에 20년 가까이를 자연과 벗하며 지냈다. 예술적 감성에 큰 영향을 준 세월이었다. 이효석과 김유정에게 자연이 문학적 토양이었던 것과 유사하다.

하지만 당시의 나는 산골에 사는 게 너무 싫었다. 산골을 떠날 수 있기만을 바랐다. 학교 수업도 제대로 이루어지지 않았다. 중학교 때 영어 선생님은 미군부대 앞에서 세탁소를 운영하던 분이었다. 그나마 수업은 오전에만 하고 오후에는 학교 건물을 짓는 데 동원되었다. 폭격으로 교사(校舍)가 허물어져 천막 교실에서 공부하고 있었다. 교실을 짓는 사람들도 전문가는 아니었다. 군인들 중 목공을 할 줄 아는 사람이 차출되어 그야말로 뚝딱뚝딱 지었다. 학교는 나에게 전혀 교육적 혜택을 주지 못했다.

그리고 여전히 가난했다. 아버지는 초등학교 교사였지만, 월급을 온전히 가지고 들어온 적이 없었다. 도시락을 싸오지 못하는 아이들을 위해서 아버지는 도시락을 몇 개씩 싸게 했고, 술도 워낙 좋아하셨다. 나를 보면 하시는 얘기는 늘 자수성가하라는 거였다. 새어머니는 산에 가서 나무를 해왔다. 지금도 어머니는 그 말씀을 하신다. 너희 아버지란 사람은 식구들은 거들떠도 보지 않고 식구 아닌 사람들만 챙긴 위인이었다, 내가 고생고생해서 너희를 키웠다……. 동생들은 똑똑해서 모두 교육대학을 나와 교편을 잡고 있다. 막내 남동생만 금융계에 있다.

춘천교대를 다닐 때도 가난은 여전히 내 목을 죄었다. 학칙에 의해 더 이상 학교를 다닐 수 없게 되었을 때는 노숙자로 살았다. 블록공장에서 노숙을 할 때는 공장 노동자들과 가까이 지냈는데, 대부분 '양아치'였다. 거칠게 사는 친구들이었지만 의리는 있었다. 블록 한 장을 찍으면 30전인가를 받았는데, 그 돈으로 나한테 짜장면을 사주었다. 블록공장에는 모래가 있어서 그 위에 담요 한 장을 깔면 푹신한 요에서 자는 것 같았다. 그리고 블록을 대충 쌓아놓으면 제법 방 느낌이 났다.

어느 날 경찰에 끌려갔다. 동네 사람들로부터 신고가 들어왔다면서 형사가 나를 데려다가 간첩 혐의로 취조를 했다. 고문을 받았다. 7년 동안 춘천교대에 다녔다는 사실을 동네 사람들이 다 알고 있었는데 갑자기 간첩으로 신고할 리 만무했다. 아직도 이유를 모른다. 맞아서 피투성이가 된 몸으로 경찰서를 나오는데, 비가 내렸다. 입에서 코에서 흘러내린 피가 빗물에 흘러내리는데, 참 비참했다. 뒤늦게 교대 학장님이 보증을 서서 풀려났다는 걸 알았다.

이대로 살 수는 없다는 생각이 들었다. 강원일보 신춘문예에 응모하기로 했다. 방세가 6개월이나 밀려 있었다. 그걸 갚기 위해 썼다. 종이와 볼펜만 있으면 가능한 작업이었다. 그렇게 얼결에 작가가 되었다. 30대 초반에 결혼을 하고 40대 초반까지 식구들을 거의 굶겼다. 쌀이 떨어져도 사람이 떨어진 적은 없었다. "저 인간은 쌀 떨어진 줄도 모르고 술이나 퍼마시면서 사르트르가 어떠니, 카프카가 어떠니, 저희끼리 저러고 앉았다"고 아내에게 욕을 얻어먹었지만, 손님은 끊임없이 찾아왔다. 손님들이 왔다 가면 부부싸움을 했다. 그때는 내가 참 어리석었다. 아내의 자존심 '따위'를 생각하지 못했다. 소주에 안주라고는 김치 하나 달랑 얹은 술상을 내야 하는 아내의 심정을 헤아리지 못했다.

사방 20리에 외상값이 널려 있었다. 구멍가게마다 술집마다 외상을 깔아놓고도 손님이 오면 술 받아오라고 큰소리를 쳤다. 그러면서 '돈 안 되는 글'이라고 타령만 늘어놓았다. 10원짜리 멸치 한 봉지로 소주 일곱 병을 마신 적도 있다. 당시 저지른 죄를 알고부터 나는 가족들 굶기는 짓은 하지 말자고 맹세했다. 큰아들은 엄마 뱃속에서부터 굶어서 요즘도 끼니를 거르면 운다. 마흔이 다 된 녀석이 그러고 있는 걸 보면 웃으면서도 가슴이 아리다.

작가에게, 예술가에게 가난이 필수라는 말을 들으면 화가 난다. 작가나 예술가가 굶는 건 몰라도 그 가족을 굶기는 건 옳지 않다. 나는 인생의 반을 굶고 살았다. 이제 나머지 반을 잘 먹고 사는 데 대해 욕하지 말았으면 좋겠다. 체중이 불었다. 45킬로그램을 간신히 유지하던 체중이 60킬로그램을 넘어섰다. 여전히 한 끼를 먹지만 그만큼 잘 먹는다는 얘기다. 담배를 끊은 덕분이기도 하지만.

내 인생의 문장수업

하창수 강원일보 신춘문예에 당선되고 산골 분교(인제 갯골분교)의 소사로 가셨습니다. 좀 느닷없는 일이었는데, 뜻밖에 거기서 문장 공부를 했다고 들었습니다.

이외수 그때 사물하고 대화를 많이 했다. 너무 외로웠다. 그리고 방에 불을 때지 못했다. 난로가 하나 있기는 했다. 무쇠난로였는데 나무를 구해와야 하는데 세상이 온통 눈에 덮여 있었다. 땔나무를 구하려면 눈을 파서 가지를 꺾고 모아야 했다. 한번은 그렇게 해서 불을 피웠는데 너무나 행복했다. 그 순간, 맛들이면 큰일나겠다는 생각이 뇌리를 스쳤다. '차라리 굶고 버티자, 따뜻하게 지내지 말자'고 생각했다. 밥을 해서 얼린 뒤에 깨서 먹었다. '얼음밥'을 깨먹으면 정신이 번쩍 들었다. 그러고는 눈에 보이는 사물들과 얘기를 나눴다. 내 문장력을 제일 많이 키워준 건 나무들과의 대화였다.

하창수   어떤 방식으로 대화를 했나요?
이외수   "춥지? 안 춥냐? 나는 너희들이 너무 거룩해 보여." 나무들은 일언반구도 하지 않았지만, 나무가 하는 대답이 내 마음에 전달되었다. "그래, 우리도 추워. 하지만 그냥 버티는 거야." 나무와 산, 계곡의 얼음 밑을 흐르는 물……. 그런 것들과 얘기를 했다. 남들이 봤다면 영락없는 '미친놈'이었을 것이다.

      그렇게 자연과의 친화력이 생기고, 합일이 이루어졌다. 그러면서 보이지 않던 것들이 보이기 시작했다. 눈보라가 치면 천만 마리의 나비떼가 허공을 어지럽게 날아다녔다. "일천만 마리의 나비떼가 날아간다." 그렇게 써놓고 제목을 '눈보라'라고 붙이면 식상했다. '제지공장 부근에서'라고 써놓으면 정황이 완연히 달라졌다. '화장터'라고 하면 맛이 또 달랐다. 이런 식으로 단어와 문장을 실험하는 일이 끝없이 이어졌다. 말의 맛을 깨닫기 시작한 것이다. 문장을 짓는 방식은 자연과 얘기를 나누는 방식과 동일했다.

하창수   〈꿈꾸는 식물〉을 쓰는 동안 집창촌인 '장미촌' 8호집에 기거했다는 사연이 궁금합니다. 거기는 왜 들어가신 겁니까?
이외수   노숙을 할 때였는데, 너무 추우니까 노숙을 할 수가 없었다. 춘천의 혹독한 추위에 노숙은 그야말로 죽음이었다. 밤을 지내기 가장 좋은 데가 파출소였다. 난로가 있었기 때문이다. 구류까지 살게 되면 먹여도 주고 재워도 줬다. 겨울이 닥치고 참아내기 힘들 정도로 추워지면 일부러 파출소에 잡혀가려고 막 소리 지르면서 다녔다. 안 되면 유리창을 깨뜨렸다. 만만한 게 술집이었다. 나중에 대마초 사건으로 입건되었을 때 전과기록을 봤는데, 10년쯤 지나면 없어진다고 알고 있던 것들이 하나도 지워지지 않고 고스란히 남아 있었다. 재판기록이 54회였다. 대부분 추위를 피하기 위해 유리창을 깨고 다닐 때 생긴 거다.

그런데 너무 추운 날엔 방범대원들도 다니지 않았다. 한두 번도 아니고 날마다 파출소로 들어가 불 좀 쬐자고 할 수도 없었다. 그러다 흘러 들어간 게 장미촌이었다.● 연탄난로 앞에 여자들 서너 명이 옹기종기 모여 불을 쬐면서 호객행위를 했다. 상거지 차림으로 불 좀 쬐자고 그러면 여자들이 "딴 데 가서 알아보라"거나 "이 아저씨 왜 이러냐"며 대놓고 구박했다. 나는 능글맞게 "오빠가 진짜 추워서 그런다"면서 기를 쓰고 난로 곁에 자리를 잡고 불을 쬐였다. 호감을 사려고 당시 유행하던 '참새 시리즈' 같은 우스갯소리를 들려주기도 했다. 그러면 여자들이 무척 좋아했다. 그러다 친해졌다.

8호집 아주머니는 좋은 분이셨다. 다른 집 난로 앞에선 오래 붙어 있지 못했지만, 8호집 아주머니는 나를 쫓아내지 않았다. 보답 차원에서 억지를 부리는 손님이 있으면 내가 나서주었다. 꼴도 험악한데다 몇 마디 육두문자를 날려주면 어렵지 않게 해결되었다. 죽기 아니면 까무러치기로

● 춘천에는 대표적인 집창촌으로 소양로의 '장미촌'과 역전 부근의 '백합촌'이 있다.

살던 시절이라 서슬이 시퍼랬고 여차하면 젓가락을 날렸으니 공수부대원들도 함부로 덤비지 못했다. 건달이고 양아치고 나를 보면 '형님'이라고 부르곤 했다. 거기에 소설가라는 소문이 나기 시작하면서, 장미촌 여자들 사이에서도 유명인사가 되었다. 여관 같은 데서 여자를 불러 방이 비면 거기 들어가 글을 썼다. 현장감 하나는 생생했다.

〈꿈꾸는 식물〉이 출간되고 얼마 지나지 않아 8호집과 15호집, 두 곳이 문을 닫았다. 책이 나온 뒤에 고마워서 그분들을 찾아가 소설책을 전해주며 "다 큰 아이들에게 교육상 좋지 않습니다. 이제 그만두시는 게 어떻겠습니까"라고 말했는데, 그로부터 사흘 만에 장사를 접은 것이다. 나중에 우연히 만나게 되어 "요즘은 뭐 하세요?" 하고 물었더니 꽃가게를 한다고 했다. 그래서 내가 웃으며 말했다. "화대는 화대네요."

하창수   선생님은 후세에 어떤 작가로 기억되고 싶습니까?
이외수   독자를 사랑했던 작가.

하창수   '독자가 사랑한 작가'와 뭔가 다른 느낌입니다.
이외수   독자를 사랑한 작가를 독자가 사랑하지 않을 수 있겠는가? (웃음)

III
세상

아는 데 머무르지
않고 느끼는 데까지,
느끼는 데 머무르지
않고 깨닫는 데까지

세상

모든 이름들은 하나의 섬. 모든 영혼들도 하나의 섬.
모든 혹성들은 하나의 섬. 모든 성단들도 하나의 섬.
섬에서 섬으로 그리움의 바다가 흐른다. 가슴 안에 간
절한 사랑을 간직하고 있는 자들만이 섬과 섬 사이를
오갈 수 있다.

_섬, 〈감성사전〉, 1994년

내일 지구에 종말이 온다면?

하창수 내일 지구에 종말이 온다면 선생님은 무얼 하겠습니까?
이외수 하늘에 시 하나 걸어 놓고 떠날 것이다. 한 줄짜리도 좋고. 글쟁이로서 그것 외에 뭘 할 수 있겠는가?

하창수 스피노자는 사과나무를 심겠다고 했는데, 사실 쉽게 이해가 가지 않습니다. 사과나무를 어떻게 해석해야 할까요?
이외수 여유다. 모든 생명이 사멸할 때 역설적으로 생명을 가꾸겠다는 것, 대단한 여유다. 스피노자는 자신의 신념을 굽히지 않았기 때문에 생의 마지막 순간까지 모멸과 핍박을 받았다. 그는 그것을 사과나무라는 생명으로 돌려준다. 그의 사과나무는 일정한 기간이 경과하면 과실이 매달리는 나무가 아니라, 시간을 초월한 무엇이다. 그에게는 어떤 종말도 '끝'이 아니었다.

하창수 종말이란 게 과연 올까요?
이외수 옛날 도인들은 지구의 운행에 치명적인 상태를 "지축이 바로 선다"는 식으로 표현했다. 이는 매우 과학적이다. 북극과 남극을 연결하는 자전축이 공전궤도면을 기준으로 66.5도 기울어져 있는데, 이것이 바로 선다는 건 어떤 식으로든 지구가 치명타를 입는다는 걸 의미한다. 사실 직경 11킬로미터 정도의 운석만 떨어져도 그때 뿜어지는 먼지구름이 태양에너지를 가려서 빙하기가 다시 오게 될 것이고, 인류가 종말을 맞이할 가능성을 배제할 수 없다. 미리 유언을 써두는 게 유행이던데, 일리 있는 일이다. (웃음)

'트위터 대통령'

하창수 선생님 트위터 팔로어가 160만 명을 넘었습니다. 벌써 오래전에 '트위터 대통령'이라는 별명이 붙었는데, 대통령이라는 단어가 상징하는 바가 큰 것 같습니다. 마음에 드십니까?

이외수 사실 누구도 그렇게 불러준 적이 없다. 언론이 만든 말이다. 그런데 만들기만 해놓고 대우는 안 해준다. 주문만 많다. 제대로 된 주문이면 수용하겠는데, 억압 아니면 억지만 부려댄다. (웃음) 우리나라엔 세 명의 대통령이 있다. 하나는 청와대에 살고, 하나는 화천에 살고, 나머지 하나는 텔레비전에 산다. 내가 진짜 부러운 대통령은 텔레비전에 사는, 어린이들의 사랑을 받는 대통령 '뽀로로'다. 이왕 대통령 소리를 들을 바엔 사랑받는 대통령이 되고 싶다.

트위터에서 내가 늘 주장해온 건 인간답게 살자는 거였고, 부정이나 부패는 지적해야 마땅하다고 외쳐왔다. 그런데 너무도 당연한 이런 일을 일부 언론은 "너도 잘난 것 없지 않느냐?"는 식으로 예전 일까지 들춰서 공격을 한다. 나를 부도덕의 표본으로 삼으려는 것이다. "네가 부도덕하면서 부도덕한 정권을 규탄할 자격이 있느냐?"는 건데, 그럼 어릴 때 바지에 똥 싼 놈은 죽을 때까지 누구에게도 더럽단 얘기를 해선 안 되는 건가?

하창수 그럼 '트위터 대통령' 말고 어떤 별명으로 불리면 좋겠습니까?
이외수 꽃노털 오빠, 아니면 트위터의 간달프? (웃음)

나는 40년 동안 글밥만 먹었다. 앞으로도 그건 달라지지 않을 것이고, 달라질 수도 없다. 트위터가 나를 '대통령'으로 만들었지만, 트위터는 내 글밥의 연장선에 있다. 트위터는 원고지다. 나는 쉬지 않고 글을 쓰고 있는 셈이다. 행복하다. 트위터는 나와 세상을 연결하는 창이다. 난 하루 한 덩어리 혹은 몇 덩어리의 주먹밥을 만드는 기분으로 포스팅을 한다. 영양가를 고려해 좋은 재료를 쓰고 감칠맛을 더해서 맛있는 주먹밥을 만들어 사람들에게 나누어준다. 이 즐거움의 바탕에 글이 있다. 청와대에 사는 대통령이 만약 이런 식의 생각을 한다면, 국민은 그를 절대 욕하지 않을 것이다. 맛있는 밥을 차려주는 대통령에게 누가 삿대질을 하겠는가.

하창수 대통령의 권한이 선생님한테 주어진다면 뭘 하고 싶으신가요?
이외수 전혀 그럴 마음이 없다. 체질에도 안 맞고 할 수 있는 것도 아니다.

예전에 누군가로부터 "당신이 만약 한 나라의 대통령이 된다면 그 나라를 어떻게 바꿀 수 있을 것 같습니까?"라는 질문을 받은 적이 있다. 그때 내 대답은 "일주일 이내에 말아먹을 자신은 있습니다"였다. (웃음) 정치권력은 내가 머물 곳도 아니고, 숨 쉴 곳도 아니고, 내 상상력이 거할 곳도 아니다.

하창수   트위터나 페이스북 같은 소셜네트워크(SNS) 이전에도 선생님은 이미 홈페이지를 통해 활발하게 독자들과 소통을 해왔습니다.
이외수   역사가 꽤 오래됐다. PC통신 '채팅방' 시절부터 따지면 거의 30년 가까이 지속적으로 소통을 해왔다. 페이스북이나 트위터가 생겨나기 전 지금의 SNS와 유사한 '플레이톡'이라는 게 있었는데, 거기서도 내가 가장 활발히 활동한 사람 축에 들었다.

하창수   SNS는 선생님에게 무엇입니까?
이외수   우선은 좋은 습작공간이다. 트위터는 140자로 제한되어 있어서 잘 드는 칼로 살코기만 발라내는 연습을 하는 듯하다. 140자 안에 전하고자 하는 걸 담아내는 연습을 해서인지, 오랜만에 청탁받은 단편소설을 쓰는 데 일주일밖에 걸리지 않았다. 보통은 단편 하나를 쓰는 데 한 달 이상 걸렸다. 나 자신도 깜짝 놀랐다.

하창수   그때 발표한 작품이 무엇입니까?

이외수 〈완전변태〉,《문학사상》에 발표했다.

하창수 하지만 트위터를 문학이라고 하기엔 너무 협소한 공간이지 않을까요?

이외수 협소한 공간이 아니라 엄밀한 공간이다. 내밀과 집약, 함축과 절제를 공부할 수 있는 절호의 공간이다. 이 공간을 펼쳐놓으면 단편소설이 되고, 중편소설이 된다. 더 넓게 펼치면 장편소설이 될 것이다. 글자의 수만 가지고 판단하면 그만큼 의미와 가치가 제한될 뿐이다.

하창수 트위터의 소통 기능을 어느 정도로 평가하십니까?

이외수 트위터는 책을 출간하고 그걸 독자가 읽는 행위와 완전히 일치한다. 그리고 트위터에는 쪽지 기능이란 게 있는데, 나도 자주 사용한다. '맞팔' 하는 사이가 되면 둘 사이에 사적으로 쪽지를 주고받을 수 있는데, 누구 하나가 공개하지 않는 한 노출이 되지 않는다. 개인적으로 어려움을 털어놓는 사람들, 자신의 억울함을 호소하는 사람들, 비밀스러운 고민을 가진 사람들이 내게 쪽지를 보내고, 나는 거기에 답변을 한다. 책을 통해 작가와 독자가 만나는 것 이상의 소통이라고 할 수 있다.

며칠 전 치매에 걸린 노인 한 분이 행방불명되었다고 리트윗해달래서 나도 참여했는데, 많은 팔로어가 활발히 움직여줘서 노인을 찾을 수 있었다. 트위터상에서는 이런 일들이 흔히 일어난다. 희귀 혈액을 구하는 일도 상상하기 힘들 정도로 빠른 시간 안에 해결된다. 예전에 텔레비전 방

나는 40년 동안 글밥만 먹었습니다. 앞으로도 그건 달라지지 않을 것이고, 달라질 수도 없습니다. 트위터는 내 글밥의 연장선에 있습니다. 트위터는 원고지입니다. 나는 쉬지 않고 글을 쓰고 있는 셈입니다. 행복합니다. 트위터는 나와 세상을 연결하는 창입니다. 난 하루 한 덩어리 혹은 몇 덩어리의 주먹밥을 만드는 기분으로 포스팅을 합니다. 영양가를 고려해 좋은 재료를 쓰고 감칠맛을 더해서 맛있는 주먹밥을 만들어 사람들에게 나누어줍니다. 이 즐거움의 바탕에 글이 있습니다.

청와대에 사는 대통령이 만약 이런 식의 생각을 한다면, 국민은 그를 절대 욕하지 않을 것입니다. 맛있는 밥을 차려주는 대통령에게 누가 삿대질을 하겠습니까.

송 자막을 통해 이루어지던 것보다 더 효과가 있다. 이런 식으로, 사회단체에서 좋은 아이디어를 내 부탁을 하면 거의 대부분 리트윗해드린다. 정부기관 각 부처에서 부탁해도 거의 사양하지 않는다. 국민들을 위해 꼭 필요한 일이라는 생각이 들면 곧바로 리트윗하는데, 호응도도 높고 효과도 좋다. 국민들은 이렇게 서로 소통이 잘 되는데, 정부가 끼어들면 왜 소통이 더디거나 안 되는지, 그 이유를 정부는 심각하게 고민해봐야 한다. 말로만 소통을 얘기해봐야 소용이 없다.

최고의 멘토는 자연

하창수 많은 사람이 선생님을 멘토로 삼고 있는데, 선생님의 멘토는 누구인가요?

이외수 내가 어려움에 봉착하면 제일 먼저 의논하는 대상이 식구들이다. 특히 두 아들이 많은 조언을 해준다. 어려운 문제가 생겼을 때는 거의 의논해서 이상적인 쪽으로 결론을 도출하는 입장이다.

하창수 가족들 외에는 또 누가 있나요?

이외수 사실 가장 합리적인 해결법을 찾는 데는 자연만 한 게 없다. 모든 걸 자연에 대입시키면 답을 찾을 수 있다. 자연 앞에서는 저절로 반성을 하고 수정을 하게 된다. '자연스럽게'라는 말이 허투루 생긴 게 아니다. 자연은 자유를 구속하지 않는다. 자연은 모든 걸 허용한다. 내가 뭔가에 구속되어 있다는 건 내가 아직 자연과 합일되지 않았다는 말과 다르지 않다.

하창수 가족이 없는 경우라도 자연은 늘 곁에 있으니 우리는 모두 든든한 멘토를 가진 셈이군요. 그런데 자연과 상관없이 생겨난 문제를 자연이 해결해준다는 논리가 성립되나요?

이외수 자연은 쉼 없이 순환하고, 순환은 조화를 이끌어낸다. 자연은 오랜 세월을 지나오면서 문제를 수정하고 보완해서 가장 이상적인 형태의 조화를 이루고 있다. 그런 자연에 자신을 대입시키면 자신의 어떤 부분이 어그러져 있는지, 어디가 조화롭지 않은지 금방 드러난다. 그걸 발견하면 문제는 간단히 해결된다.

 자연 가운데서도 내게 최고의 멘토는 물이다. 물은 거대하면서도 미세하고, 녹아 흐르는 액체지만 딱딱하게 굳기도 한다. 처하는 장소마다 거기에 자신을 맞춘다. 그건 모든 걸 받아들인다는 얘기고, 모든 걸 좋아한다는 것이다. 물은 자기 모습을 고집하지 않는다. 기준이 자기가 아니라 남이다. 그런데도 물은 늘 자신의 고유한 성질을 잃지 않는다. 본질인 H_2O, 그건 변하지 않는다. 그러니 "물이 오염되었다"는 건 틀린 말이다. 그저 다른 것들과 섞여 있을 뿐이다. 이것이 바로 자신의 바탕을 바꾸지 않으면서도 모든 것과 융화하고 조화하는 물의 본성이다.

하창수 '오염된 물'이라고 하는 건, 물에게는 큰 모독이군요.

이외수　그렇다. 물은 그대로의 물일 뿐이다. 다른 것들과 함께 있을 뿐이다. 물은 결코 오염되지 않는다. 물은 형태만 바꿀 뿐, 정체성을 잃지는 않는다. 진정한 멘토, 스승은 이런 자연의 모습을 간직하고 있어야 한다. 난관에 봉착했을 때 자연을, 물을 보면 돌파구가 생긴다. 넘어갈 것인지, 돌아갈 것인지 대답을 준다.

삶과 죽음에 대하여

하창수　선생님과 가까우셨던 중광 스님은 "괜히 왔다 간다"는 유머러스한 열반송을 남긴 것으로 알려져 있습니다. 선생님이 미리 열반송을 남기신다면?
이외수　"서산머리 조각구름은 거처가 없다." 뭐 이 정도 되지 않을까 싶다. 가고 오는 것에 걸리지 않는다는 얘기다.

하창수　삶과 죽음에 대한 연민이 전혀 없다는 뜻으로 이해해도 되겠습니까?
이외수　거기에 연연하지 않는다. 내가 쓴 시 중에 이런 게 있다. "이백 칸 선방에 촛불 켜고 사는데 / 누가 나한테 도가 무어냐고 묻는다면 / 소매 끝을 털어 보이리라."

하창수 삶과 죽음에 대한 초연함은 선승(禪僧)들에게서 공통적으로 볼 수 있고, 꼭 불교가 아니더라도 성자들의 삶에서도 엿볼 수 있습니다. 하지만 일반인으로서는 죽음에 초연하기 무척 힘든 일입니다. 이해하기 쉽게 설명해주시겠습니까?

이외수 누에의 한살이를 생각해보라. 맨 처음은 알이다. 알은 수학적으로 1차원적인 '점'으로 존재한다. 물론 나름대로 사고하고 숨을 쉬고 생리적인 활동을 한다. 다만 영유하는 공간이 1차원적으로, 붙박여 있다. 두 번째 단계는 애벌레다. 애벌레로의 탄생은 알의 죽음이며, 죽음은 다른 삶으로의 이행이다. 그리고 차원의 이동이 발생한다. 애벌레는 점에서 면으로 옮겨 2차원의 공간에서 살아가게 된다. 석잠 자기, 넉잠 자기, 다섯잠 자기를 거쳐 번데기가 되고, 실을 토해 스스로를 고치 안에 가두는 시련을 거친 후 마침내 날개를 가진 나방이 된다. 누에의 죽음은 나방의 탄생을 불러오고, 2차원에서 3차원으로 생명의 공간을 확장시킨다.

누에의 한살이는 차원의 이동을 통해 세계를 달리한다. 세계의 변모가 삶과 죽음의 단절이 아니며, 자아는 여전히 연속성을 가진다는 것을 보여준다. 일찍이 헤르만 헤세가 소설 〈데미안〉에서 얘기한 아브락사스는 이를 상징한다. "새는 알을 깨고 나오려고 싸운다. 알은 세계다. 태어나려는 자는 하나의 세계를 파괴해야 한다. 새는 신에게 날아간다. 그 신의 이름은 아브락사스다."

누구도 죽을 때를 판단해줄 수 없다

하창수   안락사에 대해서는 어떻게 생각하십니까?
이외수   이해는 하는데, 누군가의 판단에 의해 집행된다는 느낌 때문에 용인하지는 않는다.

하창수   회생 불능의 불치병 환자를 고통에서 벗어나게 해줄 수 있지 않습니까?
이외수   문제는 '회생 불능'이라는 게 의사의 판단이라는 것이다. 판단은 언제든 바뀔 수 있다. 의학적으로 '회생 불능'이라는 판단이 내려졌지만 다른 방식으로 생존하거나 회생한 예가 없지 않다. 본질적으로 생사의 문제는 인간이 선택하거나 결정할 문제가 아니라고 생각한다.

하창수   생사에 초연한 것과 안락사 사이에 상관관계가 있지 않을까요?
이외수   안락사가 자비를 빙자한 것 같은 느낌을 지울 수 없다. 불치병에 대한 생각의 전환이 이루어졌으면 한다. 죽는 날을 기다리며 하루하루를 연명한다는 생각은 인간적 관점이다. 삶에 대한 다른 차원의 의미를 헤아려볼 필요가 있다. 인간 전체, 지구, 우주적 차원에서는 의미가 달라질 수 있다. 고통에 시달리는 것과 고통을 견디는 것은 전혀 다른 문제다. 고통스러운 삶을 연구 대상이나 고민의 대상으로 삼아서 우리의 의식을 깊고 넓게 만들어갈 수도 있다. 사람은 의학적 죽음 이후에도 수분간 이야기를 듣는다고 한다. 그래서 죽음을 맞이한 사람에게 "사랑한다", "그동안 함께 해서 행복했다" 등의 말을 해주는 건 아주 의미 있는 일이다. 삶과 죽음을 임의로 결정하는 건 옳지 않다. 생사에 초연하다는 것이 생사를 함부로 결정한다는 뜻은 아니다.

하창수 안락사를 법적으로 인정하고 있는 북유럽 국가나 스위스는 '삶의 질'과 관련해서 안락사를 이야기합니다.

이외수 '삶의 질'을 따지는 것 역시 임의적 판단에 바탕을 두고 있다. 그가 행복한지 행복하지 않은지를 타인이 결정할 수는 없다. 행복지수가 가장 높은 방글라데시나 네팔은 세계 최빈국이다. 그들의 삶의 질을 잴 수 있는 자(尺)는 무엇인가?

하창수 자살을 하는 사람들은 "현실의 삶이 견뎌낼 수 없을 정도로 고통스러워서"라는 공통된 이유를 가지고 있습니다. 자살의 경우, 판단의 주체는 자신입니다. 자살은 어떻습니까?

이외수 자살 역시 찬성하지 않는다. 얼핏 생각하면 "내 목숨 내 거니까 내 맘대로 해도 된다"고 생각할 수 있지만, 관계는 자신의 것만이 아니다. 자신이 생명을 내던짐으로써 연쇄적으로 자신과 관계되어 있는 사람의 삶에 좋지 않은 변화나 영향을 미칠 수도 있다. 나는 살면서 몇 번이나 자살을 생각했다. 지금 와 생각하면 죽지 않기를 잘했다 싶지만, 그때는 죽는 게 훨씬 더 낫다고 생각했었다. 상황은 바뀐다. 관계를 무의미하게 만들어버리는 일은 잘못된 것이다.

하창수 한국은 현재 OECD 국가 중 자살률 1위라는 오명을 안고 있습니다. 한때는 40대 남성의 자살률이 가장 높았습니다만, 지금은 노인과 청소년의 비율이 큰 폭으로 증가하고 있습니다. 선생님은 자살예방협회 홍보대사이기도 한데, 늘어나는 자살률을 낮출 수 있는 방법이 없을까요?

이외수 일본에는 자살이 많이 발생하는 장소에 팻말이 하나 있다고 한다. "하드디스크 다 지웠니?" 이런 유연한 의식이 필요하다. 현실의 각박함이 자살로 몰고 가는데, 각박한 현실을 여유로운 시선으로 바라보게 하는 방법들을 찾았으면 좋겠다. 자살을 결행하는 사람들은 혼자라는 생각에 사로잡혀 있기 마련인데, 누군가가 곁에 있다는 사실을 일깨워줄 필요가 있다. 그런 점에서 SNS는 유용한 소통공간이 될 수 있다.

우울증은 자살로 이어지는 대표적인 질병이다. 우울증은 자기 존재감의 상실에서 시작된다. 주위에서 존재감을 만들어줄 필요가 있다. "약삭빠른 고양이가 밤눈 어둡고, 어리숙한 강아지가 낮눈 밝다는 우스갯소리처럼, 당신에게도 잘 찾아보면 장점이 하나 정도는 있을 것이다. 자부심을 갖고 파이팅하자!"라는 트위터 글을 본 적이 있다. 우울증에 빠진 사람들의 존재감을 살리는 데 도움이 될 만한 메시지일 듯싶다. 심각한 것은 자살 3관왕이라는 오명에도 불구하고 정부가 전혀 위기감을 느끼지 않는다는 사실이다. 행복지수가 바닥권에 이르렀는데도 전혀 이상하게 여기지 않는 것도 참 이상한 일이다.

늘 똑같은 인생이라는 인식에 빠져들지 않았으면 좋겠다. 한 시간 뒤에 무슨 일이 일어날지 아무도 모르는 게 인생이다. 새옹지마(塞翁之馬)의 고사를 가슴에 새길 필요가 있다. 영원히 좋은 것도, 영원히 나쁜 것도 없다는 생각으로 여유를 가져보자. 세상이 들이대는 자나 저울에 자기를 올려놓고 재지 말자. 자신이 추구하는 것을 잴 수 있는 건 자신이 가진 자와 저울뿐이라는 생각을 가졌으면 좋겠다.

세 가지를 권한다.

첫째, 자연을 가까이하자. 하루 한 번씩 창문을 활짝 열고 하늘을 보았으면 좋겠다. 깡통이나 냄비에 구멍을 뚫고 흙을 담아 씨앗을 심고, 싹이 트고 꽃이 피고 열매가 맺히는 걸 지켜보고, 대화를 나누었으면 좋겠다. 그러면 가치관과 인식이 달라질 수 있다.

둘째, 예술을 자주 접하자. 예술은 아름다움을 추구하기 때문에, 예술을 가까이하면 자신도 모르는 사이에 의식이 바뀌면서 좋은 에너지가 생성된다.

셋째, 정신적으로 의지할 수 있는 종교를 갖자. 오늘의 종교계에는 워낙 사이비가 많아서 자칫 위험할 수도 있지만, 종교적 가르침을 가슴에 새기고 실천하는 삶을 사는 것은 마음의 아픔을 치유하는 좋은 방법이다.

하창수 스위스의 디그니타스(Dignitas) 병원은 자살을 원하는 사람들에게 약을 제공하는 것으로 유명합니다. 요컨대 간접적 안락사를 허용한다고 볼 수 있겠죠. 외국에서도 많은 자살자가 그곳을 찾습니다. 최근에는 여러 가지 문제가 있어서 내국인(스위스인)에게만 제한적으로 약을 공급하는 쪽으로 정책이 바뀌었다고 합니다. 디그니타스를 선진화의 사례로 보는 학자도 있고, 격렬하게 반대하는 사람도 있습니다. 선생님은 어떻게 보십니까?
이외수   한마디로, 비정하다.

하창수   그렇다면 참아내기 힘들 정도로 고통스러울 때는 어떻게 해야 합니까?
이외수   해답은 하나다. '존버!' 결국 끝까지 버티는 수밖에 없다. 우리는 독립운동을 하다 경찰에 잡혀 고초를 겪었던 분들을 알고 있다. 인두로 지지고, 손톱 밑에 대나무가시를 박는 등 무시무시한 고통을 가했지만 그분들 중 누구도 자살하지 않았다. 그분들이 어떻게 견딜 수 있었는지 깊이 생각해볼 필요가 있다.

여행을 하지 않는 이유,
집 나가면 개고생

하창수   세상공부에 여행만 한 게 없다고 하고, 실제로 많은 작가가 여행을 통해 자신의 작품세계를 풍부하게 만듭니다. 선생님은 여행, 특히 해외여행을 잘 하지 않는데, 특별한 이유가 있나요?
이외수   예나 지금이나 '집 나가면 개고생이다', 이 생각에는 변함이 없다.

내 삶이 온통 고생스러운 여행이었다. 실제로 여행 가서 즐거웠던 적이 한 번도 없다. 아버지를 찾아 할머니와 경상도에서 강원도까지 수소문하며 다닌 기억은 쓰라리고 아프다. 끼니를 이을 수가 없어 동냥밥을 얻어먹고 한뎃잠을 잘 때의 막막함, 쓸쓸함, 낯섦을 생각하면 지금도 가슴이 아리다. 해 질 무렵은 특히나 견디기 힘들었다. 해가 다 떨어진 뒤 골목을 걷는데 된장국 냄새가 확 풍겨오고 그릇 부딪치는 소리가 들리면 서럽고 아팠다.

모든 방황은 정착하기 위한 것이다. 나는 지금 그 오랜 방황, 여행으로부터 돌아와 정착하고 있다. 나는 더 이상 방황하고 싶지 않다. '집 나가면 개고생'이라는 경험은 어쨌든 내게는 결점으로 작용한다. 여행을 통해 견문을 넓힐 수 있지만, 솔직히 내게는 두려움이 먼저다.

하창수 앞으로도 갈 마음이 없습니까?

이외수 나이가 더 들면 아내와 함께 세계일주는 한번 하겠다. 나 때문에 아내가 그야말로 '집사람'이 되어버린 것 같아 미안하다. 그래도 개고생이 될 거라는 생각에는 변함이 없다. (웃음)

하창수 외국은 어디를 가보셨나요?

이외수 타이완과 베이징, 딱 두 곳이다. 타이완은 꽤 오래전에 갔었는데, 돌아오는 날 출국신고를 안 해서 비행기를 놓쳐버렸다. 그 전날 남아 있던 돈을 다 써버린 상태라 몹시 당황했다. 공항에 문의했더니 13일 후에나 같은 회사 비행기가 온다고 했다. 졸지에 공항미아가 돼버렸다. 비슷한 처지에 놓인 한국 사람이 꽤 있었는데, 아랑곳하지 않고 '고스톱'을 치고 있어서 놀랐다. 나는 기다리는 가족들 생각에 안절부절못했다.

수소문 끝에 미국 델타항공사 비행기가 한 대 있는 걸 알아냈다. 그래서 카운터 직원에게 "나는 한국의 작가인데, 외상으로 비행기를 탈 수 없겠냐?"고 물었다. 생각 밖으로 내 얘기가 먹혔다. 다만 내가 작가라는 걸 그 자리에서 입증해줄 수 있어야 한다는 단서를 붙였다. 타이완에서 선물가게를 하던 '아리랑상회' 주인이 보증을 서주었다. 그런데 특등석밖에 없어서 거기 앉아 왔다. 자리는 편했지만 마음은 불편했다.

베이징에 갔을 때는 호텔과 식당만 왔다 갔다 했다. 천안문도 구경하지 못했고, 만리장성도 못 봤다. 큰아들이 베이징에서 영화공부를 하고 있었는데, 평소 도움을 준 사람들에게 식사대접을 하느라 하루 네 끼를 먹기도 했다. 하루 한 끼를 겨우 먹는 내게는 역시 개고생이었다.

하창수 갑자기 이런 질문이 떠올랐습니다. 알라딘의 램프가 생겼습니다. 램프를 문질렀더니 지니가 나타나서 소원을 말하라고 합니다. 어떤 소원들을 빌겠습니까?
이외수 안 빌 거다. 대신 램프로 들어가지 말고 그냥 나하고 놀자고 꼬실 거다. 술이나 마시면서 노닥거리자고. 램프에 갇혀 갑갑하게 사는 지니를 구해주고 싶다.

하창수 그러고 보니 지니도 참 불쌍한 녀석이군요. (웃음)

내가 가장 커질 때는 남을 위할 때

하창수 장편 〈들개〉의 서문을 보면 이런 구절이 있습니다. "가능하면 닭과 오리를 많이 잡아먹을 것, 닭 임자가 나타나면 오리발을 내밀고 오리 임자가 나타나면 닭발을 내밀 것. 그러나 나는 처음부터 자신이 없다. 언제나 당하기만 한다. 하지만 세상은 그렇지 않다. 오리를 잃어버렸다고 하면 닭발을 내밀고 닭을 잃어버렸다고 하면 오리발을 내민다. 닭과 오리를 모두 잃었다고 하면 꿩발을 내민다. 졌다. 그러나 나는 물들지 말아야 한다. 억울하다고 생각지 말아야 한다. 모든 것이 부질없다."

이걸 읽었을 때 저는 푸시킨의 시가 떠올랐습니다. "생활이 그대를 속일지라도 노여워하거나 슬퍼하지 말라." 〈들개〉가 세상에 나온 건 1981년이었습니다. 30년이 훌쩍 지났는데, 그때와 지금, 많이 달려졌나요?

이외수 크게 달라진 건 없고, 오히려 더 악질화된 것 같다. 전에는 그저 다른 발을 내밀었지만, 지금은 천연덕스럽게 합리화를 한다. 왜 닭발을 내밀었는지, 오리발을 내밀었는지, 꿩발을 내밀었는지 조목조목 이유까지 설명한다.

강연을 할 때 가끔 록펠러 얘기를 한다. 세계 최고의 거부였던 록펠러는 54세에 암 판정을 받고 나서야 비로소 자신이 잘못 살았다는 것을 자각한다. 자신이 세상을 떠나는 걸 서운해하는 사람이 하나도 없다는 사실에 충격을 받은 것이다. 그는 사람들의 관심이 모두 자신의 돈에 쏠려 있다는 걸 알았다. 사업 파트너도, 친척도, 친구도, 가족까지도 똑같았다.

"알라딘 램프가 생겼습니다. 램프를 문질렀더니 지니가 나타나서 소원을 얘기하라고 합니다. 어떤 소원들을 빌겠습니까?"
빌지 않겠습니다. 대신 램프로 들어가지 말고 이곳에서 나하고 놀자고 지니를 꼬셔야지요. 램프에 갇혀 갑갑하게 사는 지니를 구해주고 싶습니다.
"선생님께 만약 조물주의 권능을 사용할 기회가 주어진다면 무얼 만들겠습니까?"
무얼 만드는 게 아니라 원래대로 해놓고 싶습니다. (웃음) 우주는 완전무결합니다. 무얼 더하고 뺄 필요가 없습니다.

그는 자신의 재산을 모두 정리해서 사회에 환원해버렸다. 그런데 그 순간 암이 나아버렸다. 결국 록펠러는 98세까지 살았다. 나는 록펠러가 행복을 느낀 건 엄청난 재산을 모으던 때도, 그 엄청난 부를 누리던 때도 아니라고 생각한다. 재산을 모두 정리해 환원한 다음부터 그의 행복이 시작되지 않았을까 싶다. 결국 재산을 끌어안고 사는 건 암을 끌어안고 사는 것과 같다.

오늘의 우리는 치유 불능의 종양, 암덩어리를 안은 채 살고 있다. 물질에 집착하는 만큼 불행의 종양을 안고 허황된 가치를 거기다 부여하면서 앓고 있는 것이다. 쓸데없는 열등감을 느끼지 않고, 가져서 불편하지 않을 정도만 갖고 있으면 되는데, 온갖 욕 다 얻어먹으면서 온갖 우스운 작태 다 보여주면서도 그걸 행복이라고 착각하며 살고 있다.

하창수 세상은 좋은 방향으로 나아가게 되어 있다는 낙관론자들의 진단이 맞으려면 30년 정도로는 부족하군요.
이외수 문제는 편차가 너무 커졌다는 사실이다. 좋은 쪽은 더 좋아졌지만, 나쁜 쪽은 더 나빠졌다. 희망을 가지기에는 너무 힘겨운 사회가 되어가고 있다.

'정치적 인간' 벗어나기

하창수 선거철마다 부정선거로 문제를 일으키고, 당선되고 나면 비리에 관련되고……. 각종 여론조사에서 제일 인기없는 게 국회의원들입니다. 그럼에도 불구하고 대중들은 여전히 정치 얘기를 하고 정치 소식에 귀를 기울입니다. 이 정도면 '호모 폴리티쿠스(정치적 인간)'라는 말이 맞는 것 같습니다.

이외수 '정치적 인간'의 역사는 인류의 기원과 맞닿아 있다. 특히 우리나라 사람들이 훨씬 더 뿌리 깊은 정치적 성향을 가지고 있다고 봐야 할 것이다. 우리 민족 자체가 지도자적 성향이 있다.

하창수 권력지향적이라는 뜻인가요?
이외수 권력을 누리려는 의지가 아니라, 뭔가를 선도하려는 의지다. 이건 한달음에 설명하기 힘들다.

　　인간의 뇌를 분석해보면 제일 안쪽에 파충류 뇌의 흔적이 있다. 지구적 변화를 읽는 기능을 담당한다. 파충류는 지구적 변화만 읽어내면 생명 유지와 종의 증식이 가능하다. 그 바깥은 태양을 장악하고 인식하기 시작하는 뇌가 차지하고 있다. 지구 밖의 존재, 즉 태양이 지구에 미치는 영향을 이해한다. 바람이 불고, 비가 오고, 계절이 변화하는 것이 모두 태양과 관련되어 있다는 사실을 알게 된 것이다. 여기서 종교가 생겨났다. 태양 숭배 사상이 생겨난 건 이때다. 태양을 인식하는 순간에 종교가 생기면서 태양을 숭배하기 시작했다. 맨 바깥쪽에는 호모 사피엔스의 뇌가 자리하고 있다. 이것은 태양계 바깥, 즉 우주를 인식하는 뇌다. 이 모두에 뛰어난 자가 제사장으로 추대된다. 그는 육체적인 면과 정신적인 면, 영적인 면이 모두 잘 발달되어 있다.

　　나는 선사시대의 동굴벽화가 주술적인 기능을 가지고 있다는 점에서, 정(精)·기(氣)·신(神)이 고루 발달하고 지구·태양계·우주의 기운을 두루 감지하는 능력을 가진 제사장만이 그렸을 것이라고 추정한다. 소설적으로 표현하자면, 그가 "아, 올해는 가뭄이 들겠구나. 그러면 초목이 말라 죽고 먹을 것이 없어지고 기근이 발생하겠지. 우리 부족이 먹고 살려면 사슴이 서른 마리 정도 있어야겠다"고 생각하고 그걸 그리게 된다. 작은 것 하나는 사슴 열 마리, 큰 건 스무 마리……. 이런 식으로 그림을 그리면 실제로 그만큼 포획하게 되고, 그것으로 기근을 극복한다.

　　초감각적이고 초자연적인 예지력을 지닌 제사장에게 태양은 절대적인 존재였다. 그가 이끄는 부족은 태양과 가장 가까워질 수 있는 곳, 해가 맨 처음 떠오르는 곳을 따라 계속 동쪽으로 이주하고, 결국 한반도에 이르게 된다. 이 제사장이 이룬 나라가 우리나라다. 우리 선조들이 권력쟁취의 의지가 아니라 선도의 의지를 가졌다고 한 것은 이 때문이다. 우리가 회복해야 할 것은 바로 이것이다.

　　이걸 나는 '감(感)'이라는 글자 하나에 수렴시키는데, 우리 민족은 통찰·예지·선견지명 따위를 두루 아우르는 '감'에 아주 뛰어나다. 예전의 장인들은 일일이 자로 재지 않고도 정확히 그 길이와 높이와 깊이를 헤아렸다. 건축물에 못을 사용하지 않고 끼워맞추기를 한 것은 나무가 공기와 온도의 변화에 따라 자연적으로 수축하고 팽창한다는 사실을 알았기 때문이다. 못을 사용해 인위적으로 연결하는 것은 자연적 수축과 팽창이 이루어지지 못하게 막는 꼴이 되고, 결국 뒤틀리다가 붕괴되고 만다. 이게 과학이고 논리다. 옛 제사장은 바로 이 '감'이라는 것에 뛰어났다. 오늘의 '제사장'에게 절실히 요구되는 질료(質料)다.

하창수 결국 부족을 이끄는 제사장의 원시적 DNA를 회복하는 게 급선무라는 얘기인가요?
이외수 우리의 본성을 빨리 회복해야 한다. 제사장으로서의 권위만 누릴 뿐, 모든 사람을 평화롭게 이끌어야 한다는 본분을 망각한 사람들 때문에 결국 정치가가 욕을 먹는 것이다.

하창수 '정치적 동물'이라는 말이 그리 나쁜 뜻만은 아니군요.
이외수 정치적 성향은 무리를 지어 사는 생명체에겐 반드시 있게 마련이다. 원숭이에서 개미까지 정치적이지 않은 동물은 없다. 심지어 식물에게서도 발견된다.

하창수 선생님은 그동안 정치와는 일정한 거리를 두고 지내왔는데, 트위터를 하시면서 현실정치와 아주 밀접한 관계를 가진 인물로 부각되었습니다. 정치인이 아니면서 정치에 가장 큰 영향력을 행사하는 사람으로 첫손에 꼽힙니다. 대선주자들이 모두 감성마을을 찾아오기도 했는데요, 정치인들이 선생님을 찾아오는 현상을 어떻게 보십니까?
이외수 나는 누구도 가려서 만나지 않는다. 가능하면 상대의 장점을 보려고 하고, 나한테서 뭔가 가져가길 원한다면, 내가 줄 수 있는 건 다 내준다. 이런 기본적인 마음을 읽어줘야 하는데, 그렇지 못한 경우가 적지 않았다. 가령 박근혜 후보가 여자라서 포옹을 자제했는데, 어떤 언론은 세 후보와 만나는 사진을 비교하면서 박 후보를 차별했다고 썼다. 이런 게 바로 정치놀음이다. 그리고 나는 한 가지만은 누구에게나 분명히 말했다. 문화예술에 대한 적극적인 관심과 투자, 누가 당선되든 이것만은 반드시 지켜달라고 호소했다. 내가 '정치'를 했다면, 이것 하나밖에 없다.

<small>하창수</small> 선생님 입장을 이해하는 주변 분들은 정치적 의도를 가진 사람들을 아예 만나지 말라고 조언하기도 했는데, 그렇게 할 수는 없었나요?
<small>이외수</small> 그렇게 되면 강원도나 화천의 입장이 난처해질 거라고 생각했다. 어찌되었든 나는 강원도, 그리고 화천과 관련되어 있고, 강원도와 화천의 정치적 입장을 생각하지 않을 수 없었다. 이걸 개인의 정치적 표명으로 읽으면 곤란하다. 한 작가의 의견을 자신의 정치적 목적에 끌어다 맞추는 식의 견강부회(牽强附會)를 하면 정치 발전은 요원한 일일 뿐이다.

   Y목사 같은 경우는 끊임없이 내 발언들을 물고 늘어지고, 오히려 그쪽 진영에서조차 귀를 기울이지 않는데도 계속 공격을 감행하다가 결국 불법선거운동으로 감옥에 가질 않았나. 한 해에 집행되는 문화예술 지원금이 얼만데, 그게 어떻게 나한테 집중될 수 있는지 이해할 수 없다. 와서 보면 뻔히 알 수 있는 집필실이나 문학관을 '아방궁'이라는 말로 대중들을 현혹하는 수법은 유치하기 짝이 없었다.

사실 이런 식의 터무니없는 공격으로 가장 큰 피해를 입은 사람은 화천의 군수를 비롯한 공무원들이었다. 작은 지자체가 공들여 문화예술에 투자하고 있는 사실을 악질적으로 해석해서 무슨 이득을 얻으려는 것인지 이해할 수가 없었다. 군수는 논쟁할 가치조차 없다고 오히려 나를 위로해주었다.

하창수 혹시 정치권에서 직간접적으로 선생님께 출마를 제의한 적이 있습니까?

이외수 출마라는 건 그야말로 현실정치를 얘기하는 건데, 그런 일은 없었다. 예술과 관련된 조직이나 단체가 만들어질 때, 혹은 정부의 예술 관련 부속단체 같은 데서 자리를 맡아달라거나 일을 추진하는 데 도움을 달라는 식의 제의는 있었다. 나는 일절 맡지 않았다. 체질도 아닌데다, 천성이 게을러서 맡을 수도 없다. 다만 예술과 관련이 있는 건 아니지만 내가 화천 지역에 사니까 관련 정부부처에서 위기에 처한 농촌의 분위기를 전환하고 농민들에게 힘과 용기를 불어넣기 위해 기구를 만드는 데 힘을 실어달라는 요청을 한 적이 있고, 거기에 미력을 보탰다.

하창수 '종북좌파'라는 얘기에는 어떤 생각이 드셨습니까?

이외수 사람들은 대부분 오른손잡이고, 더러 왼손잡이가 있다. 왼손잡이는 왼손으로 밥을 먹고, 왼손으로 글씨를 쓴다. 만약 "오른손으로 써야만 올바른 글을 쓸 수 있고 나라를 위한 글이 된다. 오른손으로 밥을 먹어야

나라를 위한 일꾼이 되고, 왼손으로 먹으면 김일성 추종자가 된다"는 논리를 편다면, 받아들이기 힘들다.

   내가 종북이 아닌 이유는 얼마든지 댈 수 있다. 우선, 나는 북한의 세습을 인정하지 못한다. 권력이 왕조처럼 자식들에 의해 계승된다는 것 자체가 독재라는 얘기다. 북한은 우리가 겪은 군부독재 이상으로 끔찍하다. 다음으로, 북한에서 예술은 체제 찬양의 도구 이상이 아니다. 예술이 없는 나라다. 인정할 수 없다. 그리고, 인권이 없다. 그들에게 인민은 권력의 소품에 지나지 않는다. 그런 권력을 어떻게 인정할 수 있겠는가. 마지막으로, 굶주린 사람이 너무 많다. 옛날에도 백성 굶기는 임금은 죄인으로 취급했다. 지금의 북한 권력은 최악이다. 그런 정권을 내가 따른다고 주장한다면, 이유는 세 가지 중 하나일 것이다. 자기가 그러니까 나도 그런 줄 알거나, 눈이 멀었거나, 미쳤거나.

욕망을 버리고 소망을 가져라

하창수 우리 정치에서 또 하나의 난제는 지역주의, 동서갈등입니다. 어디에서 비롯된 것일까요?

이외수 나는 지역주의, 동서갈등이 정치가들의 정치적 선동에 의해 만들어졌다고 생각한다. 표를 얻기 위해 영남과 호남을 나누고, 영동과 영서를 갈랐다. 자연은 지역에 따라 식생(植生)을 달리하지만, 그건 '다름'이지

'대결'이 아니다. 자연을 바탕으로 만들어진 문화는 이질적인 것을 끌어안고 자기를 성숙시키는 데 사용하면서 문화적 발전을 이룬다. 인위가 압도하는 문화에서 이질적인 것은 싸워서 이겨야 할 대상일 뿐이다. 이런 분위기에서는 항상 결투를 벌이고, 무찌르고, 정복하면서 자기 문화를 고수하려 한다.

오늘의 정치는 이런 인위적 문화를 끌고 가는 대단한 동력처럼 군림하고, 시민들은 끌려다닌다. 여기서 벗어나지 못하면 국민들은 영원히 정치인의 술수와 권력의 들러리가 될 뿐이다. 정치인들도 자연의 순리를 바탕으로 정치에 임해야 한다. 그러지 않으면 승리자가 되지 못할 경우 참담한 패배자가 되어야 한다. 승리도 패배도 영원하지 않다. 이런 인류는 희망이 없다.

욕망을 버리고 소망을 가져야 한다. 욕망은 나만 잘되겠다는 이기심의 발현이다. 소망은 나도 잘되고 남도 잘되기를 바라는 것이다. 영남 사람이 호남도 잘되기를 바라고 호남 사람이 영남도 잘되기를 소망한다면, 동서갈등이니 지역주의니 하는 말이 생겨나려야 생겨날 수 없다. 남쪽에서 북쪽도 잘되기를 소망하고 북쪽에서 남쪽도 잘되기를 소망하는데 어떻게 다툼이 일어나고 갈등이 불거질 수 있겠는가. 너무 간단하고 뻔한 이치를 외면하는 우리는 어리석기 그지없다.

하창수 해결책이 없을까요?
이외수 인도의 명상가 라즈니쉬가 이런 얘기를 했다. "내가 정말 지능도 떨어지고, 인간성도 나쁘고, 거짓말도 잘하고, 하늘로부터 쓸모 있다는 얘기를 듣지 못할 만큼 한심한 인간이란 생각이 들어도 아직 실망할 필요는 없다. 정치가 그대를 기다리고 있다." 그런데 이런 사람을 기다리는 또 다른 한 부류가 있다. 예술이다. 그 사람이 만약 예술을 선택한다면, 그가 가진 건 예술가의 개성으로 변한다. 예술은 정치와는 전혀 다른 쪽으로 개성을 드러내게 할 수 있다. 정치와 예술이 극명하게 다른 것은, 전자는 '개인'을 중시하고 후자는 '우리'를 중시한다는 것이다. 선거에서 '우리'를 강조하는 정치가는 당선되면 곧바로 '나'로 돌아서버린다. 유세에서 '우리'를 주어로 썼던 그들은 당선소감부터 '나'로 바꾼다.

부패한 정치, 발효된 정치

이외수 썩은 정치, 부패한 정치가 아니고 익은 정치, 발효된 정치가 필요하다. 요즘은 아무데나 '문화'라는 말을 갖다붙이는데, 정말 필요한 것이 정치문화다. 문화가 워낙 너그러워서 음주까지 문화가 되고, 심지어 퇴폐도 문화가 되는 시대지만, 어찌 보면 정치란 게 음주나 퇴폐보다 더 난잡하고 지저분한 것 같다는 생각도 든다. 정치에도 우리가 부끄럼 없이 '문화'라는 말을 붙일 수 있는 시대가 와야 한다.

정치문화란 곧 익은 정치, 숙성한 정치를 의미한다. 문화의 문은 '글〔文〕'이 아닌가. 식견과 양식이 요구되는 것이다. 정치가들이 공부하지 않으면, 글을 가까이하지 않으면, 정치문화는 요원한 일이다. 우리 정치가 반드시 풀어야 할 숙제인 지역감정과 지역주의를 깰 수 있는 길이 여기에 있다.

　　숙성된 의식만이 지역주의를 넘어서게 할 수 있다. 지연과 학연에 얽매이지 않는 정치의식이 필요하다. 표를 얻기 위해 유권자를 자극하는 짓에 부끄러움을 느낄 줄 아는 의식이 생기지 않는다면 정치란 여전히 낮은 지능, 나쁜 인간성, 거짓말쟁이, 하늘도 거두지 않는 한심한 인간들이 진흙밭에서 뒹구는 싸움질에 불과할 것이다. 국민들 수준이 높아져서 엄정하게 평가하고 비판할 수 있게 된다 하더라도 정치인들이 먼저 바뀌지 않으면 '그 나물에 그 밥'일 뿐이다.

하창수　지역감정과 관련돼서 문학하는 사람, 예술하는 사람들이 어떤 역할을 할 수 있을까요?
이외수　작품을 통해 포용과 사랑을 느끼게 하고 일깨워주는 역할을 해야 한다.

하창수　예술가가 현실정치의 일선에 뛰어드는 건 어떻게 보십니까?
이외수　나는 예술가들이 정치 일선에서 예술을 위해 목소리를 내주어야 한다고 생각한다. 예술적 가치나 문화적 가치의 중요성을 역설해줄 사람이 필요하다. 국회의원은 물론이고 온 나라가 죽은 적도 없는 경제를 살려야 한다고 줄기차게 말한다. 이런 식이라면 문화예술은 죽어도 오래전에 죽었다. 현실정치에서 예술은 늘 뒷전이었다.

하창수 예술이 죽었습니까?

이외수 경제가 죽었으니 살려야 한다고 떠드는 식이라면, 예술은 오래전에 죽었다. 그런데 살리자는 사람은 없다. 빠른 시간 안에 가치 수정을 하지 않으면 안 된다. 예술적 가치, 문화적 자긍심이 살아나지 않으면 국민 개개인의 자존심이 세워지지 않는다. 자살이 심각한 사회문제가 되고 있는 건 이 때문이다. 우리나라는 지금 자살률 3관왕이다. 국민 자살률 세계 1위, 노인 자살률 세계 1위, 청소년 자살률 세계 1위. 우리의 행복지수는 엄청나게 떨어졌다. 우리가 잘 사는데도 행복을 느끼지 못하고 차라리 죽는 게 낫다고 생각하는 요인이 어디 있는가를 분석하고 의식의 전환을 이뤄내야 한다. 그렇지 않으면 정말 불행한 나라가 된다.

하창수 문화예술인들이 문화예술을 위해서 현실정치에 들어가는 건 나쁘지 않다고 하셨는데, 같은 맥락에서 2004년 총선 때 소설가 이문열 선생이 한나라당의 공천심사위원을 맡은 건 어떻게 보시는지요?

이외수 예술이 어떻게든 혜안과 지혜를 보낼 수 있다는 건 중요한 일이고 또 필요한 일이다. 옛날 중국에는 팔대산인(八大山人) 같은, 거의 도인의 경지에서 시서예악(詩書禮樂)을 즐기는 사람들이 있었는데, 추종자가 많다 보니 자연스럽게 무리가 형성되었다. 조정에서는 그들을 경계했다. 정치적 집단으로 본 것이다. 은밀히 조사를 해보고는 정치에 참여할 뜻이 있는 게 아니라 나라를 걱정하는 거라는 결론을 내리고는, 오히려 그들에게 의견을 구하고 해법을 찾아냈다. 나중에는 조정과의 관계도 좋아졌다. 나는 이문열 작가의 경우도 그렇게 본다. 만약 그가 정치적인 뜻이 있었다면 공천심사위원직을 수락하지 않았을 것이다.

하창수 이문열 선생 얘기가 나와서 생각난 건데, 꽤 오래전 보수적 정치성향 때문에 이문열 선생이 곤욕을 치렀습니다. 배신감을 느낀 독자들이 선생의 책을 우편으로 보내거나 불태워 버리는 일까지 일어났습니다. 어떻게 생각하십니까?

이외수 책을 불태운 것은 옳지 않았다. 이문열이라는 한 작가는 어떤 식으로든 자신의 정치적 성향을 가질 권리와 자유가 있다. 그가 '진보'를 선택하든 '보수'를 선택하든 그건 개인의 의사에 관련된 것이고, 민주주의 국가에선 당연한 일이다. 정치적 성향을 문제 삼아 작가의 작품집을 불태운다는 건 민주주의 국가가 아니라 오히려 공산주의 국가에서나 일어날 일이다.

보수와 진보, 낡은 것과 새로운 것은 다 가치 있다

하창수 예술가에겐 누구나 '낡은 것을 새롭게 만든다'는 예술적 신념이 있습니다. 이게 꼭 정치적으로 해석될 필요는 없지만, 정치적 원용은 가능하지 않을까 싶습니다. 다시 말해, 예술가는 생래적으로 진보적이라는 거죠. 그래서 예술가에게서 보수적 성향이 발견되면 오히려 이상해 보입니다.

이외수 　나는 그것이 서양의 영향이라고 본다. 서양의 문예사조를 보면, 새로운 문예사조는 반드시 전 사조의 반동에 의해 태어난다. 전 사조의 반동을 서양은 진보로 해석한다. 예술도 그렇고 철학도 마찬가지다. 고전주의의 반동에 의해서 낭만주의가 태어나고, 낭만주의의 반동에 의해 사실주의가 태어나고, 사실주의의 반동에 의해서 자연주의가 태어나고, 자연주의의 반동에 의해 상징주의가 태어난다. 이런 식으로 항상 전 사조의 반동에 의해서 새 사조가 탄생하는 것이 서양의 일목요연한 사조에 대한 해석이다.

　　　그런데 동양은 그렇지 않다. 온고이지신(溫故而知新)이라는 말이 잘 설명하고 있다. 새로움이란 반드시 옛것을 바탕으로 이루어진다. 나는 동양적 해석이 더 이상적이고 합리적이라고 생각한다. 더 예술답고 문화적이다. 더 철학적이기도 하다. 우리의 의식은 서양의 분석에 기대면서 온고지신을 고답한 논리로 제쳐놓아버렸다. 옳지 않다. 옛것을 익히 알고 그 다음에 새로운 것을 만들어야 한다.

하창수 　새로움을 위한 새로움은 새로움이 아니라는 뜻인가요?
이외수 　새로운 것이라고 해서 무조건 가치가 있는 것은 아니다. 오히려 생명력이 부족할 수도 있다. 옛것, 보수적인 것은 곧 구태의연하다는 식의 천편일률적 해석을 경계해야 한다. 가령 거문고는 오늘의 세련된 서양 현악기, 특히 전자악기들과는 판이하게 다른 구닥다리 악기다. 그런데 그 악기로 연주되는 황병기 선생의 〈미궁〉 같은 음악을 들어보면 고루하기는커녕 어떤 현대적인 음악보다 현대적이다. 옛것에 대한 완전한 '익힘' 후에 비로소 진보적인 새로운 형태의 음악이 탄생하는 것이다.

  우리가 한 예술가의 성향을 '진보적이다' 또는 '보수적이다'라고 평가하는 것은 과정만을 보고 하는 말에 불과하다. 새로운 형태의 예술을 만들어내기 위해 옛것을 익히는 과정을 보고 '보수적'이라고 못박아버리는 것은 오히려 진보적이지 못한 태도다.

하창수 새 정부가 들어섰어도 남북의 긴장국면은 여전합니다. 특히 개성공단 폐쇄 과정에서 일촉즉발의 위기감이 감돌기도 했습니다. 금강산관광 재개 문제를 비롯해서 아직 풀어야 할 숙제가 많은데요, 여기에 대해 일정 부분 선생님의 역할이 있으리라 봅니다.

이외수 대선 이후 나는 정치에 대해 가타부타 일절 발언하지 않고 있다. 어떤 기대도 하지 않는다고 봐도 좋다. 실질적으로 내가 무슨 말을 하더라도 도움이 안 된다는 생각이 들었다. 민주당에도 도움이 되지 않고, 새누리당에도 도움이 안 된다. 정치권은 내 견해나 생각, 도움을 필요로 하지 않는 것 같다.

하창수 정치권에 대한 실망인가요?

이외수 엄청나게 실망했다. 정당의 목표가 정권 쟁취라는 건 정치학개론에 나오는 얘기지만, 어떻게든 정권을 차지하면 그만이라는 식의 관념에서 벗어나야 한다. 진정으로 국민을 위해 싸워야 한다. 자기 당을 지지하지 않는 국민은 국민이 아니라는 식의 생각을 가지고 있는 한 정치는 언제나 반쪽짜리에 불과하다. 새누리당이건 민주당이건 마찬가지다.

개성공단 문제는 성급히 결정할 일이 아니다. 오랜 시간을 숙고해도 지나치지 않다. 남북한 문제에는 늘 주변 국가가 직간접적으로 개입되어 있다. 개성공단 폐쇄로 누가 실익을 보는지, 그로 인한 주변 국가와의 관계는 어떻게 되는지를 항상 생각해야 한다. 무엇보다 남북간의 긴장을 해소하고 무력 충돌을 피할 수 있는 최선의 길이 어디에 있는지를 연구해야 한다.

이명박 정부나 박근혜 정부가 과거 남북 긴장 완화를 위해 애썼던 김대중 정부와 노무현 정부의 대북한 지원을 '퍼주기'라고 몰아붙이는 데는 불만이다. 남의 나라가 북한을 도우면 지원이고, 같은 민족이 도와주면 퍼주기가 되는 논리로 어떻게 미래의 후손들에게 통일된 조국을 선물할 수 있겠는가. 오히려 우리가 경색이 되면 좋아지는 건 주변 국가들 아닌가. 당연한 논리다. 어떻게든 남과 북이 화해하고 협력하고 평화롭게 지내는 걸 뜯어말리려고 한 게 그들이다. 그들에게 좋은 일 시켜놓고 이제 와서 지난 정부의 잘못이니 과오니 하면서 몰아세우는 건 논리의 비약이다.

이런 얘기를 하면 또 종북이다, 빨갱이다, 그럴 것이다. 도대체 어느 시대에 사는지를 모르겠다. 돌아가신 내 선친은 빨갱이들로부터 우리나라를 지키려고 참전한 용사였고, 나는 3년 동안 국방부 월급 받아가며 복무한 육군 병장 출신이고, 두 아들은 모두 군복무를 마쳤다. 3대가 군복

무한 빨갱이 집안이 도대체 어디 있는가.

　　언필칭 북한 전문가라고 하는 사람들, 외교 전문가라고 하는 사람들은 남북문제에 대해 결정을 내리기 전에 세 수 정도는 읽어줬으면 좋겠다. 오목을 둘 때도 그 정도 수는 내다보고 두는 법이다. 궁극은 국민에게 무엇이 이득인지를 먼저 돌아봐야 한다는 것이다. 미국이나 중국이나 일본에게 이득이 무엇인지를 살피기 전에.

하창수　예전 정주영 씨처럼 소떼를 몰고 판문점을 통과하는 것 같은, 가히 소설적이라 할 만한 퍼포먼스가 다시 필요할까요?
이외수　소떼를 몰고 간 것은, 공과를 떠나 멋진 일이었다. 거기엔 남한이 갖고 있는 여러 가지 자긍심이 배어 있었다. 경제적인 면과 정치적인 면에서 모두 당당했다. 당시 외신에도 대서특필되었지만, 굉장히 드라마틱한 장면이었다. 소 한 마리를 끌고 내려왔다가 소떼를 몰고 금의환향한 것은 정 회장 개인에게도 의미 있는 일이었지만, 남한의 위상을 보여주는 일이었다. 잘살게 된 형이 가난한 아우를 도와주는 미담처럼도 보였던 게 사실이다. 그런 분위기를 지금은 찾아볼 수가 없다.

하창수　남북관계 경색으로 인해 경제적으로 가장 큰 타격을 입은 곳이 강원도입니다.
이외수　화천에 살면서 여실히 확인하는 거지만, 김정은이 미사일을 쏘거나 실험한다는 애기가 나오면 이 지역엔 당장 비상이 걸리고, 그러면 화천

경제는 멈춰버린다. 강원도에는 군인이 주된 경제주체인 군사지역이 상당히 많다. 금강산관광이 묶여버린 뒤 고성 지역의 경제는 파탄이 나버렸다. 남북관계 경색은 강원도 경제엔 치명적이다. 내각이 구성될 때마다 강원도를 배제한 인사 때문에 강원도민들이 상처를 입지만, 정부가 남북문제를 다룰 때 강원도 경제를 한 번이라도 생각하는지 묻고 싶다.

강원도는 우리나라 젊은이 상당수가 거쳐가는 곳이다. 얼마든 화해의 분위기를 만들어나갈 수 있음에도 불구하고, 긴장관계를 유지해야만 한다는 발상은 재고되어야 한다. 시대를 앞서나가야 한다. '종북좌빨'이라는 말 자체가 얼마나 혐오스러운 단어인지를, 그런 식의 표현이 얼마나 구차한 음모인지를 알아야 한다. 북한을 다루는 다른 방식은 없는지, 국민들의 마음을 편하게 해주면서 북한과 정당하게 경쟁하고 협력하는 방법은 정말 없는지, 고민해야 한다. 정치적 우월성만이 아니라 경제적·문화적으로도 충분히 우월성을 가지고 있으면서도 늘 끌려다니는 것 같은 느낌이 드는 게 과연 '종북좌빨' 때문인가? 이런 식의 터무니없는 공작이 오히려 국민을 분열시킨다는 사실을 왜 모르고 있는지, 정말 이해가 가지 않는다.

하창수 경색되어 있는 국면을 풀 수 있는 묘안이 없을까요?

이외수 문화예술에 많은 분야가 있다. 그 분야들의 교류를 증대시키는 것도 좋은 방법이다. 대중적으로는 스포츠가 있다. 얼마 전 서울에서 열린 동아시아 여자축구대회에서 북한이 우승한 걸 보았다. 그런 일들이 자주 있었으면 좋겠다.

하창수　남북이 적극적으로 협력의 길을 모색하지 못하는 이유가 무엇이라고 생각하십니까?

이외수　주변 국가의 영향이 크다고 본다. 미국, 중국, 일본은 남북의 역학관계를 자신들의 경제에 활용한다. 남북이 자의적으로 교류를 중단하는 건 결국 그들 눈치를 본다는 얘기이기도 하다.

"당신이 평화롭지 않으면
세계가 평화롭지 않습니다"

하창수　지난해부터 화천군과 사단법인 격외문원 주최로 세계평화안보문학축전이 열리고 있습니다. 올해 두 번째 축전을 성황리에 마쳤는데요, 평화안보의 '안보'라는 말이 왠지 이념적 뉘앙스를 가지고 있는 듯합니다. 예전의 '반공'이라는 단어처럼요.

이외수　안보의식은 필요하다고 생각한다. 특히 한국전쟁은 물론이고 우리 현대사에 중요한 의미를 갖고 있는 민주화와 관련된 일련의 사건들을 경험하지 못한 젊은이들에게는 더욱 그렇다. 안보는 이념의 논리로부터 나라를 지키는 개념이다. 보수적 성향을 가진 쪽에서 정치적 견해가 다르면 무조건 '종북좌빨'로 몰아붙이는 것은 사실 안보에 반하는 행위다. 국가의 기강을 흔드는 것은 그들이 주장하는 '종북좌빨'이 아니라, 무고한 사람들을 '종북좌빨'로 몰아붙이는 그들 자신이다. 그들은 그걸 모르고 있다.

　　올해 평화안보문학축전의 캐치프레이즈는 "당신이 평화롭지 않으면 세계가 평화롭지 않습니다"였다. 어떤 이념도 그 사회나 국가나 세계를 위험에 처하게 해서는 안 된다. '안보'라는 말 앞에 '평화'를 붙인 이유가 여기에 있다. 인간을 불행과 괴로움과 고통으로부터 자유로울 수 있게 해주는 것은 평화다. 이념의 추구가 평화를 깨뜨린다면, 그 이념은 문제가 있는 것이다. 평화를 위해 노력하는 사람들에게 "너 빨갱이잖아"라고 말하는 건 평화를 깨고 불안을 조성하는 일이다. 평화를 깨는 것은 바로 그들이다.

　　평화안보문학축전의 보다 큰 개념은 '평화'다. 축전은 한국전쟁 때 우리를 도와준 국가들에게 보답하는 의미에서 참전용사의 자녀들 중 어렵게 살고 있는 사람들을 찾아가 물질적인 지원을 하고 평화의 메시지를 전하는 것이다. 전쟁이 없는 시대, 세계가 함께 평화를 도모하는 시대를 염원하는 뜻으로 기금을 모으고, 축전을 치른 이듬해에 직접 참전국을 방문해 기금을 전달한다. 이 기금은 GOP(전방관측소) 담당부대로부터 철조망을 교체할 때 버리게 되는 녹슨 철조망을 지원받아 '평화 기념품'을 만들고 그걸 판매해서 조성하고 있다. 철조망은 세계 유일의 분단국가인 우리의 상징과도 같다. 이렇게 마련한 기금으로 올해는 에티오피아에 가서 우물도 파고 학교도 지었다.

하창수　'반공'을 '반전'이라는 더 큰 의미로 승화시켰다고 볼 수 있겠군요.
이외수　'반공'은 여전히 전쟁을 염두에 두고 있지만, '반전'은 그 자체로 사랑과 평화를 담보한다. 물리적으로 '불가침조약'을 체결하는 것과 같다. 모두가 반전에 동의한다면 전쟁은 일어날 수 없고, 평화가 찾아올 것이다. 이때 안보는 저절로 이루어진다. 진정으로 국민을 위한 대통령, 국민을 위한 국회의원이라면 국민을 사랑해야 한다. 이념이 다르면 언제든 전쟁을 치를 수 있다고 생각하는 대통령이나 국회의원은 진정으로 국민을 사랑한다고 할 수 없다. 국민들로 하여금 전쟁의 불안으로부터 벗어나게 해주는 것이 진정으로 국민을 사랑하는 대통령이고 국회의원이다. 나는 국민을 사랑하는 정치인이면 그가 어떤 정당에 속하든 상관하지 않고 지지하고 지원할 것이다.

하창수 요즘 정치인은 국민보다는 돈을 더 사랑하는 것 같습니다.
이외수 "과거에는 그랬다"로 바꾸는 게 좋겠다. (웃음)

하창수 지금 우리가 가장 중요하게 생각해야 할 것은 공존, 공생, 협력, 소통이 아닌가 합니다. 결국 협력하고 공생하지 않는다면 '인류'라는 말을 굳이 사용할 필요가 없겠지요. 하지만 지금 우리의 삶을 지켜보면, 나와 남을 따지고 내 것과 남의 것을 철저하게 나눕니다. 공존과 협력을 말하면 마치 남의 것을 침해하는 듯 여기기도 합니다. 사실 '내'가 가진 것들을 '우리'의 것으로 내놓기만 하면 간단히 해결될 문제인 것 같은데, 이게 정말 불가능한 일일까요?
이외수 어느 시대에는 한자리에 앉은 수행자들 중 여덟 명이 한꺼번에 깨달음을 얻었다. 중요한 것은 무르익음이다. 깨달음·자성·자각은 한 사람의 깊은 수행으로도 얻어지지만, 공생이나 협력에 이르려면 집단적 깨달음이 일어나야 하는데, 거기에 이르기 위해서는 사회 전체가 각성에 이를 수 있는 분위기가 마련되어야 한다.

성숙한 의식을 가진 사회가 되지 않으면 간단한 문제조차 해결되지 않는다. 이기심이 웃음거리가 되고 부끄러움이 되는 세상이 와야 가능한 일이다. 공유와 공존의 아름다움을 자각하고, 나만 잘되려는 생각과 행동이 얼마나 보잘 것없는 것인지를 자각할 때만 가능하다. 안타깝지만 아직은 아니다. 여전히 이기적이고 투쟁적이다. 옳은 얘기를 해도 받아들여지지 않고 오히려 공격당하는 사회는 성숙과는 거리가 멀다.

선과 악은 한자리에서 나온다

하창수 4월 초파일이면 절에서 방생(放生)이라는 것을 합니다. 물고기를 강이나 바다에 풀어줌으로써 생명과 자유를 주는 행위인데, 방생을 하는 입장에선 선(善)이지만 곧 낚시꾼에게 잡혀서 먹히는 물고기의 입장에서는 오히려 악(惡)이 될 수 있습니다. 같은 맥락에서, 새를 새장에 가두는 건 자유를 억압하는 악한 행위지만 천적으로부터 보호해준다는 입장에서는 오히려 선일 수도 있습니다. 이렇듯 악과 선이 뒤얽혀 있는 게 자연의 이법(理法)이라면, 선악을 굳이 구별할 이유가 있습니까?

이외수 선과 악은 원래 한자리에서 나온다. 선악은 따로 있지 않다. 모든 이법이 이러하다. 구별은 무의미하다. 깨달은 사람들이 '하나'를 찾으라고 말하는 데는 이유가 있다. 가령 도를 묻는 사람에게 아무 말 없이 손가락 하나를 들어 보인 것으로 유명한 구지 선사(俱胝禪師)의 일지두선(一指頭禪)이 그렇다.

    어느 날 선사가 출타한 중에 한 신도가 찾아와 스님을 찾았다. 행자가 이유를 물었더니 도를 물어보기 위해서라고 했다. 행자는 "나도 가르쳐줄 수 있다"고 했고, 신도는 도가 무엇이냐고 물었다. 그러자 행자가 손가락 하나를 들어 보였다. 신도는 고개를 갸웃거리며 돌아갔다. 얼마 후 구지 선사가 돌아왔다. 행자는 자랑스럽게 "제가 도를 가르쳐주었습니다"라고 떠벌렸다. 어떻게 가르쳐주었냐는 선사의 물음에 행자가 손가락을 들어 올리자 선사는 지체없이 지니고 있던 날카로운 칼로 그의 손가락을 잘라버렸다. 행자는 피가 흐르는 손가락을 부여잡은 채 황급히 달아났다. 선사가 행자를 불렀고, 행자가 돌아보았다. 그때 행자의 눈에 들어온 건 구지 선사가 치켜든 손가락이었다. 그때 행자는 홀연히 깨달았다.

    선악의 종지(宗旨)는 그것이 나오는 뿌리, 근원, 본질, 본성에 있다. 인간이 선하게 태어나느냐 악하게 태어나느냐는 중요한 명제가 아니다. 길가의 돌멩이를 보고 선하다 악하다 할 수 없다. 그것으로 담을 쌓아 돌풍을 막으면 선해지고, 누군가를 치면 악한 것이 될 뿐이다. 계곡의 물에게 시끄러워서 공부에 방해가 되니 악하다고 말하는 자가 있다면 스스로 악하다는 것을 알지 못하는 자다. 본성을 깨달으면 선악을 구별하지 않게 되고, 비로소 자유가 된다.

하창수   맹자는 성선설을 말하고 순자는 성악설을 주창했습니다.

이외수   현상을 얘기했을 뿐, 본질을 말한 것은 아니다. 그걸 가지고 사람은 선하다, 사람은 악하다고 판단하는 것은 부질없는 일이다. 악하게 태어났다고 하면 선하게 되는 법을 찾고, 선하게 태어났다면 그걸 지속하는 법을 찾으면 된다. 그보다 더 중요한 것이 근원, 본질, 본성을 자각하는 것이다. 부처가 "사랑도 미움도 하지 말라"고 한 것도 마찬가지다. 우리가 말하는 사랑이나 미움은 현상일 뿐이다. 그 본성을 깨치면 사랑과 미움에 걸리지 않는다. 내 식으로 말하면 "사랑을 하라, 그러면 미움에 걸리지 않을 것이다". 본성은 사랑이다.

하창수   인류의 역사를 돌아보면 전쟁의 역사라고 해도 지나치지 않습니다. 20세기의 인류는 두 차례나 큰 전쟁을 겪었고, 앞으로의 전쟁은 인류 전체를 절멸시킬지도 모른다고 경고합니다. 지금도 세계 곳곳에서 크고 작은 전쟁이 끊이지 않고, 우리가 사는 한반도는 마치 화약고 같습니다. 전쟁은 인류에게 필연인가요?

이외수   모든 전쟁의 명분은 '평화'다. 어이없는 사기다. 말도 안 되는 사기에 인류가 휘말려들어 있다. 어떤 전쟁도 무의미하다. 지구상의 생명체 가운데 같은 종끼리 이토록 많은 목숨을 앗아가며 서로를 죽이려는 종은 인간 외에는 없다. 더구나 전쟁은 인간만이 아니라 지구를 죽이는 짓이다.

인간에겐 그럴 권리도 자유도 없다.

하창수   전쟁을 종식시킬 수 있는 방법은 없을까요?
이외수   사랑밖에 없다.

하창수   전쟁의 목적이 사랑을 이루기 위한 것이라고 주장하는 무리도 있습니다.
이외수   역시 사기다.

하창수   자신을 속이는 것과 남을 속이는 것 중 어떤 것이 더 나쁩니까?
이외수   사기꾼과 마술사의 차이다. 똑같이 속임수를 쓰지만, 마술사는 즐거움을 주고 사기꾼은 고통을 준다. 자신을 속이느냐 남을 속이느냐는 일종의 말장난이다. 속임수는 똑같다. 즐거움을 줄 것이냐, 고통을 줄 것이냐의 차이가 중요하다. 소설가는 '거짓 이야기'를 짓는 속임수를 쓰지만, 마술사가 그렇듯 즐거움을 준다.

하창수   우리가 흔히 성인 혹은 성자라고 칭하는 부처, 소크라테스, 노자, 예수는 모두 수천 년 전 사람입니다. 인간으로서는 거의 완벽한 존재로, 그들이 한 행동이나 말이 고스란히 전해지고 있습니다. 사실, 그들의 행동이나 말을 받아들이는 것만으로도 우리는 고통에서 벗어날 수 있는 방법을 가지고 있다고 해야 할 것입니다. 그럼에도 불구하고 여전히 고통에서 헤어나지 못하는 이유가 뭐라고 생각하십니까?

이외수 그들의 행동과 말, 가르침을 마음으로 받아들이지 않고 머리로 받아들이기 때문이다. 머리로 받아들인다는 건 해석한다는 것이고, 해석은 자기에게 유리한 쪽으로 맞춘다는 의미다. "사랑하라"는 가르침을 마음으로 받아들이면 자연히 '원수까지도 사랑하게' 된다. 하지만 머리로 해석하면 '나를 사랑하는 사람만 사랑하는' 쪽으로 기운다. 이런 해석들로 텍스트들이 만들어지고, 그걸 또 분석하고 연구하면서 '사랑'은 쪼개지고 나눠져버린다. 가슴으로 받아들여 지혜가 되어야 할 성인의 가르침이 머리로 해석해 지식이 되었기 때문에 유용성도 효과도 없어져버렸다. 지금의 우리가 그렇다.

생각과 마음의 차이

하창수 머리로 받아들이는 것과 마음으로 받아들이는 것, 구체적으로 어떤 차이가 있나요?

이외수 가령 "고추가 제일 매울 때가 언제냐?"는 질문을 받으면 사람들은 일단 머리로 답을 찾는다. "언제지? 빨갛게 익었을 때? 완전히 말랐을 때? 가루로 만들었을 때? 빨간색과 파란색이 섞여 있을 때?" 이런 현상적인 물음으로는 '맵다'라는 '감각'을 정확히 포착해내지 못한다. '나'와 대상이 따로 존재하기 때문이다. 누군가는 빨간 고추일 때가 제일 맵고, 또

"무엇이 생각이고, 무엇이 마음입니까?"
가령, 화천에서 부산까지 가장 빨리 갈 수 있는 방법이 무엇인가? 라고 했을 때, "네비게이션을 찍고 간다"라고 하면 생각입니다. "사랑하는 사람과 함께 간다"라고 하면 마음이 내린 답입니다. 다리가 부러진 제비를 보고 흥부가 치료를 해준 건 마음이 움직였기 때문입니다. 하지만 흥부가 다리를 고쳐줘서 부자가 됐으니 나도 고쳐주면 되겠네, 라고 하는 건 놀부의 생각입니다. 다리 부러진 제비를 만날 수가 없자 아예 제비를 잡아다가 다리를 분지르게 되는 것, 이게 바로 생각이 만들어낸 짓입니다. 대상과 내가 이분화되면 생각입니다. 대상과 내가 합일이 되면 그게 마음입니다.
생각에 의존해서 사는 삶보다 마음에 의존해서 사는 삶을 살겠다고 마음먹은 것이 내게는 구원이었습니다. 마음으로 다가가면 대상과 내가 쉽게 합일되고, 만물을 볼 때 즉각적으로 일체감이 형성됩니다. 그리고 존재의 가치나 의미가 당연시되기 때문에 의문이 일어나지 않습니다. 명료하고 명징해집니다.

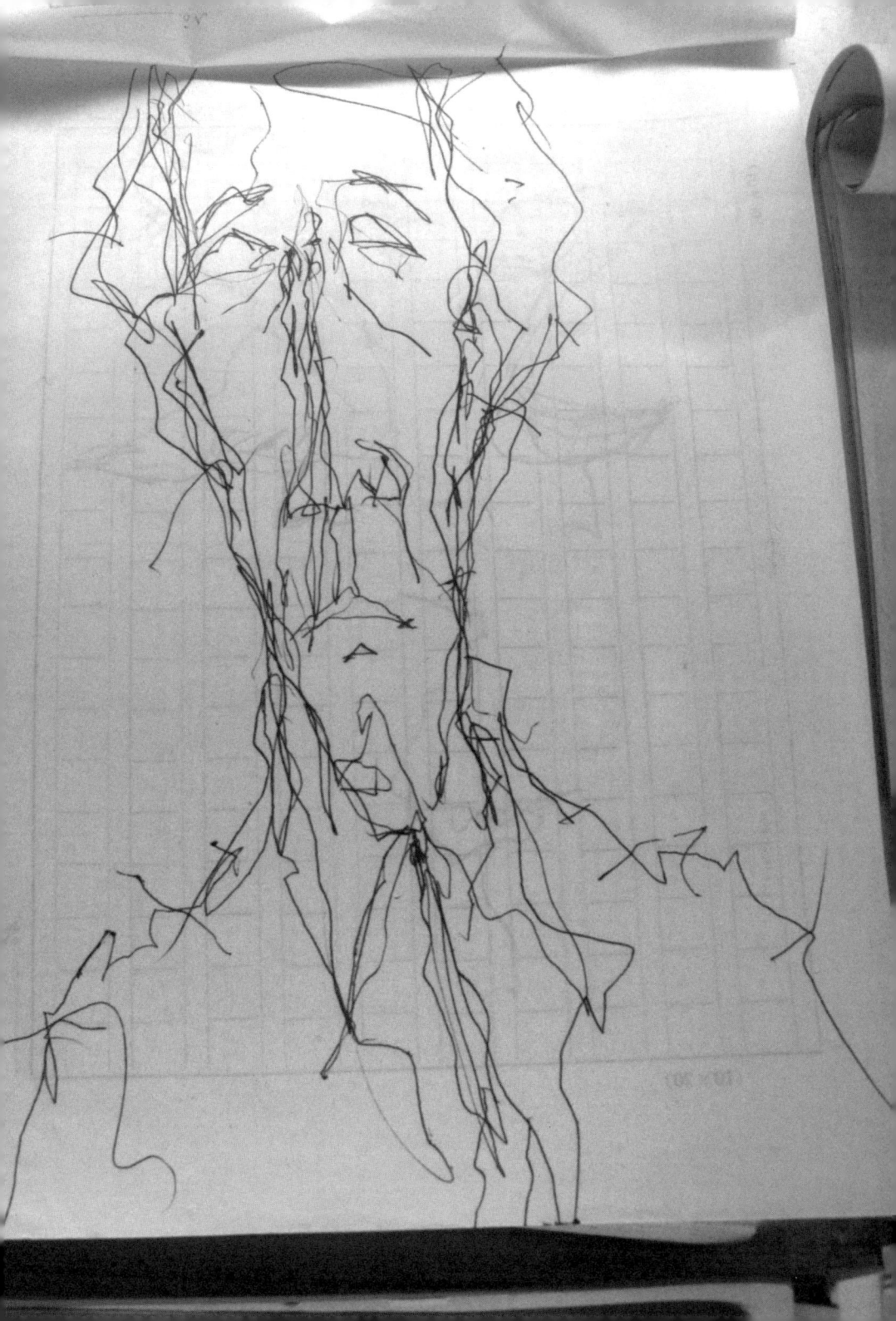

누군가는 가루로 빻았을 때 제일 매울 수 있다. 이것이 머리로 받아들인 결과다. 그런데 이 상황을 마음으로 받아들이면 '나'와 대상이 일치하고, '감각'으로서의 '맵다'라는 개념을 정확히 포착해내게 된다. "고추가 제일 매울 때는 눈에 들어갔을 때"라고 하면 자신과 상황이 합일되고, 감각을 그대로 느낄 수 있다.

견해의 일치와 공감은 다르다. 머리로 견해의 일치를 본 것은 언제든 부정될 수 있다. 하지만 마음으로 공감한 것은 누구에게나 적용된다. 고추는 내 눈에 들어가도 맵고, 오바마의 눈에 들어가도 맵다. 머리로 쓴 글은 견해의 일치를 통해 고개를 끄덕이게 하지만, 마음으로 쓴 글은 감동을 끌어내 눈물을 흘리게 만든다. 마치 고추가 눈에 들어갔을 때처럼.

하창수 무엇이 생각이고, 무엇이 마음입니까?

이외수 보통 생각과 마음의 차이를 잘 이해하지 못한다. 가령 "저녁놀이 불탄다"고 하면 생각인가 마음인가? "돈을 많이 벌면 행복해질 수 있다"라는 건 마음인가 생각인가? "사랑하는 사람과 결혼하고 싶다"는 건 생각인가 마음인가? 모호하다. 그런데 어떤 것이 마음인지 생각인지를 명료하게 알 수 있는 방법이 있다.

가령 "화천에서 부산까지 가장 빨리 갈 수 있는 방법이 무엇인가?"라고 했을 때, "내비게이션을 찍고 간다"라고 하면 생각이다. "사랑하는 사람과 함께 간다"라고 하면 마음이 내린 답이다. 다리가 부러진 제비를 보고 흥부가 치료를 해준 건 마음이 움직였기 때문이다. 하지만 "흥부가 제비 다리를 고쳐줘서 부자가 됐으니 나도 고쳐주면 되겠네"라고 하는 건 놀부의 생각이다. 다리 부러진 제비를 만날 수가 없자 아예 제비를 잡아다가 다리를 분지르는 것, 이게 바로 생각이 만들어낸 짓이다. 대상과 내가 이분되면 생각이다. 대상과 내가 합일되면 마음이다.

나의 경우, 이 원리를 터득한 다음부터 문장이 아주 좋아졌다. 무엇보다 독자들이 먼저 공감했다. 견해의 일치에 의해서 '동의'하는 것이 아니라 '공감'하는 것이다. 감동은 '생각'이 하나가 되는 데서 생겨나는 게 아니라, 같은 '마음'이 됨으로써 생겨난다. 이것이 글쟁이한테는 굉장히 중요한 발견이다. 생각에 의존해서 사는 삶보다는 마음에 의존해서 사는 삶을 살겠다고 마음먹은 것이 내게는 구원이었다. 그런 뒤부터는 하는 일마다 잘됐다. 소설의 공감대가 높아지니까 책도 더 많이 팔리고, 무엇에든 자신감이 생겼다. 마음으로 다가가면 대상과 내가 쉽게 합일되고, 만물을 볼 때 즉각적으로 일체감이 형성된다. 그리고 존재의 가치나 의미가 당연시되기 때문에 의문이 일어나지 않는다. 명료하고 명징해진다.

장자가 "현상을 탐구하지 마라. 현상은 끊임없이 변한다. 우주는 생멸의 원칙에 의해 끊임없이 나고 죽고 하는 것이다. 유한한 존재로서의 인간은 무한한 존재로서의 우주를 현상으로는 절대 탐구할 수 없다. 유한한 잣대로 무한한 것을 탐구하는 것 자체가 어리석다. 본성을 깨달으면 절로 현상을 알게 된다"고 한 이야기가 바로 이것을 의미한다. 본성은 결국 우주가 갖고 있는 원래의 모습이고, 그것은 만물이 모두 공유하고 있다. 먼지에도 있고, 우주에도 있고, 나에게도 있고, 너에게도 있는……. 그 모든 것을 하나로 수렴시키는 그 무엇이 바로 본성이다. 그것이 마음이다.

생명의 복제에 대하여

하창수 과학이 발전해서 늙지도 않고 병에 걸리지도 않고 인품까지도 완벽한 사이보그를 만들어냈다면, 유한하고 병에 취약하며 인품에도 결함이 있는 우리보다 더 나은 존재라고 할 수 있을 것 같습니다. 지구를 그들에게 맡기는 게 옳을까요?

이외수 스탠리 큐브릭의 영화로 잘 알려진 〈2001 스페이스 오디세이〉의 원작소설(아서 C. 클라크)을 보면, 달 탐사를 끝내고 화이트홀로 갔다가 귀환한 뒤 지구를 폭파시켜버리는 대목이 나온다. 완전무결한 존재의 눈으로 볼 때 지구인은 결함투성이다. 존재할 가치도 없고, 오히려 위험한 존재들이다.
　　　　소설을 보고 많은 생각을 했다. 과연 인간을 과학적 안목으로만 판단할 수 있을까? 가령 인간이 지닌 정(情)이나 연민 같은 것을 과학으로 분석해낼 수 있을까? 인간이 지닌 미묘한 감정의 변화를 모두 담아낼 수 있는 완벽한 사이보그가 정말 만들어질지도 의문이지만, 오히려 완벽하지 않다는 것이 가능성을 지닌 존재라는 증거가 될 수도 있지 않을까. 중요한 것은 변화의 가능성이다.

하창수 '완전한 인간'의 조건은 무엇일까요?

이외수 사랑이다. 사랑이 없으면 본성에 닿을 수 없다. 우주의 본성이나 인간의 본성은 똑같이 사랑이다. 사랑은 현상학적으로는 아름다움으로 나타난다. 세상에 존재하는 모든 것, 만물이 아름답다는 것은 사랑의 눈으로 보았을 때만 가능하다. 끊임없이 일어나는 변화와 작용의 근원이 되는 것이 사랑이다. 사랑을 동력으로 사랑이 지속적으로 복제된다. 이것이 우주가 존재하는 비밀이다. 사랑이 사라지면 인류도, 지구도, 우주도 사라진다. 가령 핵전쟁으로 인류가 절멸한다면, 인류를 절멸시킨 방법은 핵전쟁이지만 그 근본적인 원인은 사랑의 부재다.

하창수 생명체의 복제에 대해서는 어떻게 생각하십니까? 선생님이 돌아가신 뒤 선생님을 복제한다면 어떤 기분일까요?

이외수 흥미로운 일이다. 하지만 완벽한 복제가 가능한지 먼저 묻고 싶다. 기억까지 복제할 수 있을까? 추억이 복제될까? 인간을 이루는 정(精)·기(氣)·신(神) 세 요소가 모두 복제되어야 진짜 그 사람이 될 텐데, 아무래도 가능하지 않을 것 같다. 정(精)의 요소, 즉 물질적 에너지만 복제되어서는 복제된 인간이 어떤 일을 하게 될지 알 수 없다. 정신과 영혼이 복제되지 않는다면 형상만 이외수지 실제의 이외수는 아니다. 입력된 정보가 다르다면 실체와 다른 판단을 할 것은 자명하다. 완벽한 복제란 불가능하다는 게 내 생각이다. 점유하고 있는 시간과 공간이 같아야 완벽한 복제일 텐데, 복제가 되는 순간 이미 시간과 공간을 달리하게 된다.

하창수 생명만 단순히 복제해놓는 것은 결국 아이를 낳아서 기르는 것과 전혀 다르지 않다는 말씀이군요.
이외수 전혀 다르다. 왜냐하면 아이를 낳아 기른다는 건 그 바탕이 사랑이지만, 복제는 '생산된 물건'으로 치부되고 '언제든 생산이 가능하다'는 생각이 바탕에 깔려 있게 된다. 그래서 군사적으로 사용한다든가 노동력을 제공하는 용도로 쓰일 공산이 크다. 복제인간에 대해 도덕적으로 숙고해야 한다는 이야기는 이런 우려 때문이다.

하창수 한 번 더 상상력을 발휘해본다면, 정보는 복제될 수 없지만 지금까지 쌓인 정보를 학습을 통해 주입시키면 완전히 일치하지는 않더라도 비슷하게는 만들 수 있지 않을까요?
이외수 어항 속의 물고기를 복제해서 바다에 넣어놓으면 물고기는 자신이 있는 곳을 어항이라고 생각할까, 바다로 생각할까? 정보는 물리적 데이터 이상의 것이다. 기억은 물질적 요소와 정신적 요소와 영적 요소가 모두 결합되어 있다.

하창수 인류를 비롯해 천지만물을 창조한 '신'이 외계의 과학자라고 주장하는 종교가 있습니다. 이들은 복제를 중요하게 받아들이고, 끊임없는 복제를 통해 〈성경〉에서 얘기하는 '영원한 삶(영생)'이 가능하다고 주장합니다.
이외수 그럴듯하긴 하지만, 동의하진 않는다.

하창수 선생님에게 만약 조물주의 권능을 사용할 기회가 주어진다면 무얼 만들겠습니까?

이외수 무얼 만드는 게 아니라 원래대로 해놓고 싶다. (웃음) 우주는 완전무결하다. 무얼 더하고 뺄 필요가 없다.

하창수 기독교만이 아니라 대부분의 종교가 바다나 하늘, 땅, 세상의 모든 물질, 정신적인 것까지 모든 것을 창조해낸 '신'을 상정합니다. 그런 존재가 있다고 보십니까?

이외수 내게 신은 의식의 형태로 존재한다. 우주를 주관하는 '어떤 의식'이 있으리라 본다. 이때의 의식은 일반적으로 종교에서 말하는 신과는 다를 수도 있다.

하창수 무에서 유를 만들어낸다는 입장에서 보면 작가도 창조자의 하나 아닐까요?

이외수 예술은 창조다. 예술이 모방으로부터 출발한다고 말하지만, 모방으로부터 출발하는 것은 기술이다. 예술은 창조로부터 출발하고 창조로 귀결된다. 물론 기술을 바탕으로 기술을 극대화한 것이 예술이 되기도 한다. 하지만 그것은 예술의 역사에 해당하는 것이고, 예술과 기술은 엄밀히 구분되어야 한다. 언제부터 기술이 예술이 되었는지를 따지는 것은 중요하지 않다.

  예술은 기술이 흉내 낼 수 없는 에너지를 담고 있다. 복사를 해도 없어지지 않는 에너지가 예술작품에는 들어 있다. 그것이 사람의 영혼을 움직인다. 기술은 입을 벌리게 하거나 고개를 끄덕이게 할 수는 있지만, 눈물을 흘리게 할 수는 없다. 예술은 아름다움에 눈을 뜨게 하고, 마음을 움직여 세상을 아름답게 하는 데 기여한다. 기술은 물질계에 머물며, 예술은 정신계를 넘어 영적인 세계에 닿는다. 거기에 닿게 하는 에너지가 바로 예술을 구성하는 동력이다. 작가가 그 일을 담당한다. 그는 당연히 창조자다.

하창수 좀 전에 조물주의 권능이 주어져도 만들 게 없다고 하셨는데, 그래도 조물주가 뭘 만들어보라고 종용한다면 어떻게 하겠습니까?

이외수 없애라고 하면 없애겠지만, 만들라고 하면 조물주가 만든 것 이상은 자신이 없다. 없애라고 한다면 군대와 학교를 없애고 싶다.

하창수 군대를 없애면 나라를 지킬 수 없지 않을까요?

이외수 그렇지 않다. 오히려 군대가 없으면 나라를 더 잘 지킬 수 있다. 비무장국가를 공격하는 어리석은 국가는 없기 때문이다. 그건 여지없이 폭력이고, 침공이며, 스스로 침략국가임을 전 세계에 광고하는 짓이다. 무장하지 않는 것은 더없이 완전한 방어다. 코스타리카가 그렇게 살고 있다. 1980년대 이후 내전에 휩싸인 주변 국가들을 중재할 수 있었던 것은 그들이 군대를 가지고 있지 않았기 때문이다. 80년대 후반 코스타리카의 대통령이 노벨평화상을 받은 것으로 안다.

하창수 모든 군대가 사라진 미래 세계를 상상할 수 있을까요?

이외수 국방비에 들어갈 돈을 복지에 쓰고 교육에 투자한다면 당연히 행복지수가 높아질 것이다. 사람들 모두가 행복해지기 위해 산다면 살기 좋은 나라가 되는 건 당연한 일이다. 우리도 가치관을 수정할 때가 왔다. 싸워서 이겨야 행복해진다는 투쟁논리의 배경에는 물질적 충족을 위한 자원전쟁의 어두운 그림자가 덮여 있다.

물론 군대가 없어도 종교 때문에 전쟁이 일어날 수도 있다. 예수가 자신의 목숨을 내놓음으로써 이룩해놓은 사랑의 종교인 기독교 국가에서 전쟁이 끊임없이 일어나는 것은 이해하기 힘든 일이다. 마음이 바뀌어야 한다. 나, 내 국가, 내 학교, 내 종교라는 고립된 의식, 이기심을 버려야 한다. 조물주가 꼭 하나만 만들어내라고 부탁한다면, 영화 〈맨 인 블랙〉에 나오는 '기억을 지우는 볼펜'처럼, 불이 번쩍하면 모두가 이기심을 잊고 행복해지는 볼펜을 하나 만들고 싶다.

하창수 종교 때문에 전쟁이 일어날 수도 있다고 하셨는데, 종교의 무엇이 문제일까요?

이외수 내가 어릴 때에는 교회가 그리 크지 않았다. 그리고 예배당에 가면 늘 뭔가를 얻어먹거나 받을 수 있었다. 그래서 내 기억 속의 교회는 베풂의 장소다. 목사님들도 자비를 실천하는 사람들이었다. 종교의 본질이 사랑과 자비라는 점에서 교회나 절이나 다르지 않았다. 어릴 때 나는 그런 실천하는 모습을 보며 살았다. 그런데 지금은 그렇게 보이지 않는다. 교회는 상상할 수 없을 정도로 커졌고, 그 거대한 예배당에는 왠지 다가가기가 꺼려진다. '교세 확장'이라는 말이 저절로 떠오르고, 돈벌이를 하는 듯한 인상을 지울 수 없다. 그곳에서 이야기되는 사랑과 자비는 왠지 종교의 본질 같지가 않다.

하창수　요즘은 사람들이 큰 교회, 큰 절에 다니는 걸 자랑스럽게 생각하는 듯합니다.
이외수　내가 물어본 적이 있다. "집에서 5분도 안 걸리는 곳에 교회가 있는데, 왜 택시를 타고 30분씩 가서 기도드려야 되느냐?" 돌아온 대답은 "사업상 유리해서"였다. 인맥을 만들고, 연줄을 잡기 위해서 교회를 다니는 것이다. 신은 뒷전이거나 덤이라는 얘기다.

하창수　어떤 지도자가 나와서 "종교에 문제가 많다, 오늘부터 절과 교회에 못 간다"라고 하면 아마도 주체할 수 없는 저항이 일어날 겁니다. 그 거센 저항을 어떻게 극복할 수 있을까요?
이외수　종교인들이 이미 답을 만들어놓았다. "모든 것은 신만이 알고 있다."

하창수　앞선 질문에서 직경 11킬로미터짜리 운석만 떨어져도 인류는 종말을 맞게 될 거라고 하셨는데, 실제로 그런 일이 일어나서 선생님만 홀로 이 지구상에 남았다는 사실을 확인한다면 어떻게 하시겠습니까?

이외수 첫 마디는 "씨발, 이래도 되는 거야?"라고 할 것 같다. 어이도 없고, 막막하고……. 무엇보다 나 혼자의 삶은 의미가 없다.

하창수 어떻게 하실 것 같습니까?
이외수 결국 죽음을 택하게 되지 않을까. 고독을 감당하지 못할 것이다. 그렇지 않아도 가장 견디기 힘든 게 외로움인데, 견딜 수 없는 형벌이다.

하창수 며칠이나 견딜 수 있을까요?
이외수 '존버' 정신이 있으니까 한 달은 버틸 것 같다. (웃음)

하창수 가령 피치 못할 사정으로 무인도에 갇히게 된다면 무엇을 가지고 가시겠습니까?
이외수 아내만 있으면 된다. 이제껏 모든 어려움을 극복하게 해주었다. (웃음)

자연에서 자연으로

하창수 자연이 급속히 망가지고 있습니다. 루소는 "자연으로 돌아가라"고 했지만, 현대인들 중에서 몇 명이나 이 뜻을 실천할 수 있을까요? 지금 쓰고 있는 편리한 것들을 사용하지 않고 살아가는 상황을 상상하는 것은 마치 지옥을 상상하는 것과 같을 겁니다.

이외수 자연의 상태로 돌아갈 수 없더라도, 편리에 길들여진 자신을 자연의 상태로 되돌리기 위해 노력은 해야 한다. 지나간 시간은 되돌릴 수 없지만, 지나간 자연은 되돌릴 수 있다. 편리함은 여기서 그만 멈추고, 지금부터 되돌리는 것이다. 한꺼번에 돌아가는 것은 불가능하지만 자연을 아끼고 사랑하는 쪽으로 '정보'를 교체한다면, 자연의 회복력은 놀라운 속도로 증가할 것이다. 자연으로 돌아가는 것은 불가능한 일이 아니라 단지 우리가 하지 않는 일일 뿐이다. 한다면, 행할 마음만 있다면, 얼마든지 가능한 일이다.

하창수 인류가 이룩한 문명을 인류는 스스로 진화나 발전의 결과라고 찬양합니다. 자연의 상태, 원시의 상태로 돌아가자는 것은 진화나 발전을 거스르겠다는 얘기 아닐까요?

이외수 인간의 능력이 인간에게 해악을 끼칠 수도 있다는 생각을 해야 한다. 가령 강력한 화학 살충제인 DDT를 처음 만들었을 때, 노벨상위원회는 그 과학자에게 화학상 대신 평화상을 줘야 한다고까지 얘기했다. 해충으로부터 인간을 구제한 것으로 본 것이다. 하지만 결국 살충제는 벌레만이 아니라 인간도 해쳤다. 오히려 인간에게 더 해로워졌다.

하창수 오늘의 과학문명을 공룡에 비유하기도 합니다. 우리가 사용하는 모든 기기는 전기에 의해 움직이는데, 만약 전기를 사용하지 못하게 된다면 우리의 일상 자체가 완전히 멈출지도 모릅니다. 선생님도 당장 컴퓨터를 사용하지 못하게 될 텐데, 심심하지 않을까요? (웃음)

이외수   오히려 잘 놀 것 같다. 컴퓨터를 하지 않으면, 낚시할 시간이 늘어날 것이다.

하창수   낚시가 재밌습니까?

이외수   낚시는 많은 것을 읽어야 한다. 시간도 읽고, 물고기도 읽고, 날씨도 읽어야 한다. 기다림, 인내심, 자제력을 키우는 데는 제격이다. 옆에서는 바로바로 낚아올리는데 내 낚싯대에는 한 마리도 걸리지 않으면 부아가 치민다. 마음을 다스리는 공붓거리가 된다.

    낚시를 도(道)에 비유한 적이 있다. 낚싯대를 들었다고 모두 조사(釣士)가 아니다. 낚시가 마음공부의 출발이라고 생각하는 순간부터 조사가 된다. 낚시꾼에는 아홉 단계가 있다. 고기를 잡는 데만 열중하는 조졸(釣卒), 마마를 앓듯이 낚시를 앓는 조마(釣媽), 그 다음이 아내를 과부로 만드는 조상(釣喪)이다. 남편이 멀쩡히 살아 있는데도 항상 낚시터에 가 있는 바람에 과부신세가 돼버린 것이다.

    그렇게 낚시에 미쳐 집안은 돌보지 않고 벌이는 없고 집안은 풍비박산나는데, 이쯤 되면 낚시에 공포심을 느끼는 단계가 된다. 조포(釣怖)다. 하지만 그래도 결국 다시 하게 된다. 또 차(且) 자를 쓴 조차(釣且) 단계다. 이쯤 되면 기술적인 것은 모두 터득되어 고기를 낚고 싶으면 언제든 낚는 경지에 이른다. 세월도 낚을 줄 알고, 자연도 낚을 수가 있다. 하지만 자기 자신만은 낚을 수 없다. 그것이 다할 궁(窮) 자, 조궁(釣窮)이다.

그러고는 낚싯대를 버리는 단계에 이른다. 무간선(無竿仙), 낚싯대 없이 낚시하는 신선의 경지로, 천하를 낚을 수 있을 뿐 아니라 천하를 모두 방생할 수 있다. 그 다음이 조선(釣仙)이고, 그 다음이 조성(釣聖)이다. 조성의 단계에 이르면 고기에게 미끼를 주듯이 사람들에게 미끼를 던져주는데, 그것을 받아먹으면 병이 낫고 즐거움이 가득 찬다. 예전《낚시춘추》라는 잡지에 실었던 글이다.

<small>하창수</small>　다윈의 진화설을 거칠게 요약하면 '변화에 적응하는 종만이 살아남는다'입니다. 머리 좋은 종이 살아남는 것도 아니고, 힘이 센 종이 살아남는 것도 아니라는 얘기죠. 어쩌면 선생님이 말하는 '존버' 정신이나 '낚시론'의 조졸에서 조성으로 진화해가는 과정과도 일맥상통하는 듯합니다.

<small>이외수</small>　'버틴다'는 것은 속절없이 견디는 것이 아니라 조화를 찾으려 애쓴다는 얘기다. 조화가 곧 아름다움이다. 조화가 깨지면 불안정한 상태가 되고, 아름다움도 깨진다. 조화는 균형을 맞추는 일이다.

학자들에 따르면, 모든 종의 우수인자 7퍼센트는 진보를 담당하고, 열등인자 7퍼센트는 천적의 먹이가 되고, 나머지 86퍼센트가 종의 번식을 담당한다고 한다. 다수가 살아남는 것은 상위 7퍼센트의 노력과 하위 7퍼센트의 희생 때문에 가능하다. 우리 대부분은 바로 86퍼센트의 보편적 존재에 해당한다. 우리가 잘나서 살아 있는 게 아니다. 이걸 알지 못하면 오만에 빠지게 되고, 종의 절멸 가능성은 그만큼 높아진다.

하창수 존재하는 모든 것에 가치와 의미가 있다는 게 바로 이런 거였군요.
이외수 열등인자를 가졌다고 스스로 불행한 존재라거나 무가치하다고 생각할 필요는 없다. 우수인자들은 그들대로 열등감을 가지고 있다. 열등인자들에 대해서 오히려 "나는 왜 목숨을 바쳐서 나의 다수를 구원하지 못할까?"라고 생각하기도 한다. 우열은 물리적 능력치를 가름할 뿐, 가치의 크고 작음을 나타내는 건 아니다.

하창수 이런 생각들은 어떻게 형성된 겁니까?
이외수 명상을 통해 자각하기도 하고, 여러 가지 책을 통해서 익히기도 했다. 이런 생각들에 집중하면 필요한 사람들이 찾아와 알려주기도 하고, 필요한 자료들이 얻어졌다. 내가 자꾸 '영적인 것의 작용'에 대해 얘기하는 데는 이런 이유가 있다. 인위적인 노력만으로는 도저히 얻을 수 없는 것들을 얻게 될 때, '다른 무언가'를 생각하지 않을 수 없다. 이해하기 어렵겠지만, 사실이 그렇다.

하창수 언제 이런 것들이 이루어졌나요?
이외수 30대에는 왕성하게 들여다보고, 받아들였다. 40대는 정리 단계였다. 물론 그 후로도 공부는 계속했고, 지금도 진행형이다.

IV

우주

안이 밖이 되고
밖이 안이 되고,
시작이 끝이 되고
끝이 시작이 되는
이야기

우주

시조새는 보름달 부근에 이르자 속도를 낮추더니 유연한 곡선을 그리면서 선회하기 시작했다. 나는 심장이 환하게 밝아오는 것을 의식하면서 하늘을 향해 두 손을 모았다. 그리고 경건한 마음으로 소망을 빌었다. 하늘이시여, 비록 미욱하여 남을 위해 눈물 한 방울 흘린 적이 없는 사람이라 하더라도 부디 그 가슴까지 살피시어 오늘처럼 달빛이 충만하게 하소서.

_〈장외인간〉, 2005년

나 하나의 마음이 탁해지면 온 우주가 탁해진다.

_〈벽오금학도〉, 1992년

신비의 소설화, 소설의 신비화

하창수 〈벽오금학도〉는 선생님 작품세계에서 신비를 본격화한 소설로 볼 수 있습니다. 〈벽오금학도〉의 내용이나 등장인물들이 모두 범상치 않은데, 선생님의 실제 체험이 많이 개입된 것으로 보입니다. 어느 정도의 체험이 관련되어 있습니까?

이외수 〈벽오금학도〉가 출간되고 여러 차례 얘기할 기회가 있었는데, 대부분은 내 말을 그대로 받아들이지 않았다. 소설의 형태를 띠고 있으니 그저 '지어낸 이야기'로만 생각할 뿐이었다. 당시는 안타까웠지만, 이해할 수 있는 일이다. 나는 〈장수하늘소〉를 쓰고 〈칼〉을 거치면서 수도자적인 것이 작가에게 필요하다는 생각을 했다. 우리 방식의 깨달음, 우리 방식의 수도가 있지 않을까 싶어서 열심히 찾아보고 연구했다. 그러다 보니 거기에 관계된 사람들을 만나게 되었는데, '국선도'를 창시한 청산거사를 만난 것도 그 무렵이었다.

〈칼〉을 쓰기 전, 아내는 심각한 우울증에 빠져 있었다. 어느 날 의사로부터 전화를 받았는데, 내게 화를 냈다. "당신이 글을 얼마나 잘 쓰는지는 모르지만, 아내를 사회생활도 가정생활도 할 수 없는 지경으로 만들어놓고 무슨 작가라고 할 수 있냐"는 얘기를 듣고 정신이 번쩍 들었다. 당장 병원으로 달려갔다. 당시 정신병동은 모두 폐쇄병동이었다. 한번 갇히면 더 이상 나올 수 없을 것 같은 느낌이 들었다. 그 순간 가난에 붙들려 살던 아내의 우울증을 치료해줄 것은 '집'밖에 없다는 결론을 내렸다.

하지만 내게는 집을 살 돈이 없었다. 온갖 감언이설로 (웃음) 아는 사람들에게 돈을 꾸었다. 400만 원이 모였다. 그게 한계였다. 당시 제일 싸게 구할 수 있는 집이 1,100만 원이었다. 방 하나에 부엌 하나짜리. 400만 원을 들고 복덕방을 시도 때도 없이 들락거렸지만, 복덕방 주인으로부터 "세상물정 모르는 놈"이라는 소리만 들었다.

어느 날 복덕방 주인이 본때를 보여줄 심산으로 교동에 있는 이층집으로 데려갔다. 3,700만 원짜리였다. 거실의 천장 높이가 4미터였다. 현관문을 연 순간 아내가 한숨을 푹 내쉬며 말했다. "여보, 우리는 언제 이런 영화에 나오는 집 같은 데서 살아볼까?" 욱하는 심정이 치밀어올랐다. 명색이 사내새끼가……. 나 하나 믿고 시집을 왔는데 집 한 채를 못 사주는 게 어디 사내자식이냐 하는 생각이 들었고, 그 자리에서 계약서를 써버렸다. 갖고 있던 400만 원을 계약금으로 걸었다.

곧 허물어질 것 같은 집으로 돌아왔을 때 "계약금이 날아갔구나" 싶었다. 그때 뇌리를 스친 게 공부한 걸 써먹어야겠다는 생각이었다. "공부한 걸 딱 한 번만 써먹자"고 결심했다. 영혼을 바쳐 수도한 것을 세속적 욕망을 실현하는 데 쓴다는 게 수치스러웠지만, 정말 어쩔 수 없었다. 나 자신이 혐오스럽고 징그러웠지만, 아내에게 가혹했던 날들이 아프게 밀려

들었고, 절로 이가 악물렸다. 비열하기 짝이 없는 짓이었지만, 아내가 나을 수 있다면 나중에 달게 벌을 받겠다는 심정이었다.

생각을 현실화시키는 원리는 간단하다. 세상 모든 것은 성질이 같은 것끼리 모인다. 바위는 바위끼리, 자갈은 자갈끼리, 모래는 모래끼리, 수소는 수소끼리, 이온은 이온끼리, 낙엽은 낙엽끼리……. 산의 기운을 빌려 쓰고 싶다면 산의 성질과 같아지면 된다. 집을 사기 위해서는 돈이 필요했고, 돈이 생기려면 돈의 성질과 같아질 필요가 있었다.

1원짜리부터 만 원짜리까지 모두 방바닥에 늘어놓고 돋보기로 관찰하기 시작했다. 무엇이든 예뻐하면 사랑이 싹트고, 사랑이 싹트면 같은 성질이 된다. 사람들은 돈이 나쁜 물건인 양 여기지만 사실 그건 돈의 잘못이 아니다. 문제는 그 돈을 쓰는 인간이다. "돈아, 너는 인간의 편리에 의해 태어났는데 인간은 널 죄인 취급하고 있구나"라고 돈에게 말해주었다.

돈의 탄생에서부터 지금에 이르기까지 돈의 입장에서 돈을 생각했다. 화폐의 디자인을 자세히 들여다보았다. 단위가 올라갈수록 복잡해지는 도안은 내로라하는 디자이너들이 밤을 새워 작업한 만큼 정교하고도 아름다웠다. 돈이 예쁘지 않을 수 없었다. 1원짜리부터 만 원짜리까지 모두 나름대로의 멋과 미를 갖추고 있었다. 어느 정도 지나자 눈을 감으면 돈이 떠올랐다. 돈과 성질이 거의 같아졌다는 것을 느낄 수 있었다.

우리나라에서 가장 돈이 많은 문인이 누구인지 수소문했다. 《소설문학》 등 대여섯 개의 잡지를 발간하고 있던 김재원 선생을 찾아갔다. '여원사'로 들어섰다. 다행히 기자들이 나를 알아보았다. 〈들개〉가 출간된 뒤

였으니까 제법 알려졌을 때다. 하지만 김 선생은 내 글을 읽지 못했고, 누구인지도 알지 못했다. 사장 책상 앞에 놓인 의자에 앉았다. 김 선생이 용건을 물었고, 솔직하게 얘기했다. "저희 집 네 식구는 비가 줄줄 새는 방에서 함께 기거하고 있습니다. 이제는 환경을 바꾸고 싶습니다. 3,700만 원짜리 집을 보았는데, 어렵게 마련한 400만 원을 계약금으로 걸었습니다. 잔금을 구할 길이 없어 계약금마저 날릴 지경에 있습니다. 사장님이 제게 2천만 원만 무이자로 빌려주시면, 작가의 목숨을 걸고 1년 이내에 글을 써서 갚겠습니다." 미소와 함께 돌아온 대답은 "딱한 입장은 알겠는데, 회사 돈을 내가 함부로 유용할 수 없는 입장입니다"였다. 나는 "거절하는 뜻으로 알고 다른 분을 물색해보겠습니다"라고 말하고 사장실을 나왔다.

그런데 며칠 뒤, 김 선생이 직접 2천만 원을 가지고 춘천으로 내려오셨다. 비가 부슬부슬 오는 날 아침이었다. 방 안 여기저기 놓인 그릇에 노래를 하듯 빗물이 떨어지고 있었다. 계약서를 읽어보지도 않고 도장을 찍었다. 나중에, 청와대에까지 초청될 정도로 영험한 역술인 L씨가 김 선생에게 "출판사 열 개를 살릴 작가"라고 얘기했다는 걸 들었다. 내가 살린 출판사가 아직 열 개가 안 되니 앞날이 창창하다. (웃음)

계약서에 도장을 찍고 장편 〈칼〉을 쓰기 시작했다. 하루 두 시간만 잤다. 책이 출간되고 나서 스무 배로 갚았다. 그리고 펜을 꺾었다. 공부한 것을 세속적인 욕망에 사용한 죄책감 때문이었다. '집을 사려고 글을 쓴 놈'이라는 자괴감은 의외로 깊었다. 5년 동안 한 줄도 쓰지 않았다. 4미터짜리 천장을 가진 이층집은 아내의 우울증을 낫게 해주었지만, 나는 잘 적응이 되지 않았다. 술에 취해 집으로 돌아올 때면 대문이 아니라 담을 넘었다. 오래도록 셋방살이에 길들여진 나는 노부부에게 세준 방을 가리키며 아내에게 귓속말로 속삭였다. "주인집 아저씨, 주무시나?" 그 집에 익숙해지는 데 3년이 걸렸다.

　　　5년 동안 한 줄도 쓰지 않으니 영혼에 거미줄이 쳐져 있는 것 같았다. 〈벽오금학도〉를 쓸 결심을 하고 아내에게 말했다. "글을 쓰지 않으니까 살아 있는 것 같지가 않다. 각오 단단히 하고 다시 글을 시작하고 싶은데, 어떻게 해야 할지 모르겠다. 방에다 철문 같은 걸 달아놓으면 모를까, 필시 뛰쳐나가 술을 퍼마실 게 뻔하다." 아내는 그 길로 시내에 나가 춘천교도소에 철문을 납품하는 업자를 찾아갔다. 그래서 정말 집필실에다 철문을 달았다. 대소변을 안에서 해결하고, 문 아래 구멍으로 '사식'을 받아먹으며 〈벽오금학도〉를 쓰기 시작했다. 다 쓰는 데 5년이 걸렸다.

　　　〈벽오금학도〉를 시작한 뒤의 긴 시간 동안 수많은 믿기 힘든 일화가 있지만, 일일이 거론하고 싶지는 않다. 언젠가 모두 털어놓을 기회가 있을 것이다.

하창수　선생님과 인터뷰하는 걸 알고 〈벽오금학도〉를 읽은 제 친구가 꼭 '홍비도인' 얘기를 물어봐달라고 부탁했습니다.

이외수　춘천 교동 집 2층 집필실로 들어가는 안쪽 벽에 털북숭이 노인 한 분이 앉아 있는 그림을 그려서 걸어놓았다. 코가 빨개서 '홍비도인(紅鼻道人)'이라고 이름을 붙였는데, 〈벽오금학도〉를 쓰는 동안 실제로 코가 빨간 노인이 어떤 메시지를 건네준 것을 기념해서 그린 것이었다. 어느 날 전위예술가 무세중 선생이 집에 놀러 오셨다. 2층 집필실로 올라오던 선생이 벽에 붙은 그림을 보고는 갑자기 대성통곡을 하면서 제를 올려야 한다고 했다. 그림 앞에 상을 차려놓고 제를 올릴 때까지 아무 설명이 없었다.

하창수 무세중 선생이 왜 제를 지내라고 한 겁니까?
이외수 우리의 전통사상이 그 그림 안에 있다고 했다. 무속에도 밝은 무세중 선생이 그걸 읽었는데, 예를 올리지 않고 그냥 걸어놓아선 안 된다는 거였다.

하창수 '홍비도인'이 전해주셨다는 메시지가 혹시 "물치에서 한계령을 넘어 인제에 다다른다"는 그 수수께끼 같은 거였습니까?
이외수 그렇다. 알면 살고, 모르면 죽는.

하창수 〈벽오금학도〉가 출간된 뒤에도 여전히 여러 가지 '작용'이 일어났던 걸로 알고 있습니다. 제가 춘천으로 이사 온 게 그 무렵이라 저도 실제로 몇 번 목격했는데, 정말 보고도 믿어지지 않는 게 사실입니다. 우리는 왜 이런 걸 터무니없다고 외면해버리는 걸까요?
이외수 비현실적이라는 믿음은 의외로 깊고 견고하다. "이해가 가지 않는다" 정도만 되어도 다행인데, 아예 외면을 해버리니까 더 이상 접근이 불가능하다.

〈칼〉을 쓴 이후로 가까이 지내게 된 역술인 L씨가 어느 날 "집에 불이 날 수 있으니 조심하라"고 넌지시 일러주었는데, 그러고 나서 어느 날부턴가 집안에 계속 조그만 화재가 일어나기 시작했다. 어느 날은 커튼이 타들어가고, 어느 날은 새로 구입한 가스레인지 밸브를 초보 기사가 거꾸로 달아놓는 바람에 불이 나기도 했다. 그때 아내가 당황해서 불을 끄려고 물을 끼얹었다가 불똥이 튀어 목에 화상을 입었다. 어느 날 작품이 가득 들어 있던 집필실 창고에서 연기가 새나왔을 때는 "올 게 왔구나" 싶었다. 미처 끄지 않고 놔둔 담뱃불이 옮겨붙어 본격적으로 타기 직전에 발견한 게 천만다행이었다. 그림만이 아니라 유화 붓을 씻어낼 때 쓰는 시너까지 있었으니 정말 큰일날 뻔했다.

그 무렵 집으로 두 남자가 찾아왔다. 한눈에도 도인처럼 느껴졌다. 그 중 한 분이 목아박물관 관장이신 인간문화재 박찬수 선생이었다. 그분한테 불 얘기를 했더니, 두말없이 바랑에서 손가락 세 개 정도 크기의 나무로 깎은 호신불(護身佛) 두 개를 꺼내놓으셨다. 하나는 문수보살이 작은 나무에 정교하기 이를 데 없이 조각되어 있었는데, 칼을 든 모습이었다. 다른 하나는 막대 모양의 불상인데 훨씬 정교했다. 아내와 내가 각각 하나씩 지녔다. 이후로 더 이상 불이 나지 않았다. 재미난 것은 〈벽오금학도〉가 출간되고 조선일보에 박스기사가 났었는데, 나란히 실린 기사의 주인공이 바로 목아박물관 관장님이었다.

하창수 부처는 세상 만물에 모두 부처의 성품이 있다고 했습니다. 이 논리로 얘기하면 흉악범도 부처고, 파렴치한 정치인도 부처고, 국민을 우습게 아는 권력자도 부처가 됩니다. 이 아이러니를 어떻게 받아들여야 합니까?

이외수 기독교 교리와도 크게 다르지 않다. 세상에 존재하는 것 가운데 하느님의 입김이 들어 있지 않은 것은 없다고 했다. 신은 자비와 사랑으로 만물을 만드셨으니, 그것이 결여된 것이 있을 수 없다. 자비와 사랑으로 바라보면 의문의 여지가 없는 말이다.

하창수 귀신이 있다고 생각하십니까?
이외수 있다고 생각한다.

하창수 그런데 왜 사람들 눈에는 잘 보이지 않습니까?
이외수 보통은 사람의 기가 귀신의 기보다 더 세다. 사람의 기가 허할 때 귀신이 보일 수 있다. 기가 빠져나가서 헛것이 보인다고 하지 않는가.

하창수 귀신을 보지 못하는 게 나쁜 건 아니군요?
이외수 당연하다. 건강하다는 얘기다.

하창수 '무한'을 어떻게 이해할 수 있을까요?
이외수 보통 수학적으로는 '뫼비우스의 띠'로 설명할 수 있다. 안이 밖이 되고 밖이 안이 되고, 시작이 끝이 되고 끝이 시작이 되는 연속성, 순환성이 곧 무한이다. 동양에서는 설명 방식이 좀 다르다. 동양에서는 모든 것이 우주다. 먼지는 먼지라는 이름의 우주고, 사람은 사람이라는 이름의 우주다. 작은 것은 작은 것 쪽으로 한없고, 큰 것은 큰 쪽으로 한이 없다.

하창수 인도의 영성가 U. G. 크리슈나무르티는 《깨달음은 없다》라는 책을 통해 "깨달음이란 없다. 해탈도 없다. 한낱 환각일 뿐이다"라고 폭탄선언을 했습니다. 진지하고 치열한 수행 끝에 내린 그의 결론은 명상계와 종교계에 큰 파문을 일으켰는데요, U. G. 크리슈나무르티의 최종 결론을 어떻게 생각하십니까?
이외수 그는 그렇게 깨달은 것이다.

하창수 잘못 깨달았다는 말씀입니까?
이외수 아니다. 그 정도의 경지라면 그의 내면이 그렇게 규정한 것이다. 그에게는 그의 판단이 옳다. 누구도 그르다, 그르지 않다고 얘기할 수 없다.

한 사람의 깨달음은
한 사람에게만 머물지 않는다

하창수 공부한 것을 속세의 욕망을 실현하는 데 사용해서는 안 된다는 말씀을 많이 하십니다. 그렇다면 공부한 것을 어디에 어떻게 써야 합니까?
이외수 '나'를 위해 쓰면 안 된다. 공부의 본래 뜻에는 세상을 위해서, 우리를 위해서, 사회를 위해서, 우주를 위해서라는 의미가 담겨 있다. 나무를 심어 크게 자라나면 그늘이 드리우는데, 나만 그 그늘에서 쉬는 건 하찮은 일이고, 무의미하며, 무가치하다.

하창수 한 수행자의 깨달음은 그 사회에, 나아가 우주에 어떤 의미를 가집니까?

이외수 한 사람의 깨달음은 한 사람에게만 머물지 않는다. 그의 깨달음의 힘은 전파처럼 퍼져나가고, 누군가의 깨달음에 도움을 주게 된다. 깨달은 자의 수가 늘어나면 상층계의 상태가 변한다. 공자가 말한 홍도(弘道)와 같다. 도(道)가 인간을 넓혀주는 것이 아니라, 인간이 수행함으로 도가 넓어진다.

하창수 우리는 누구나 시간의 흐름에 묶여 있다고 할 수 있습니다. 윤회 역시 현재에서 미래로 흘러가는 시간의 흐름과 무관하지 않아 보이는데, 이런 식의 '시간의 직진'에 갇혀 있는 한 우리가 과거로 돌아간다는 것은 불가능한 일처럼 여겨집니다. 이런 점에서 '타임머신'은 그저 공상과학에 불과합니다. 어떻게 생각하십니까?

이외수 시간이 과거-현재-미래로 이어진다고 생각하는 것은 좌표 하나짜리 1차원적인 해석이다. 1차원 좌표를 떠나지 않는 한 시간이 멀리 퍼져 있거나 쌓이는 3차원 좌표 위의 시간 개념을 이해할 수 없다. 아인슈타인의 이론에 입각하면, 시간을 이해하기 위해서는 4차원 공간이 필요하다.

공부한 것은 '나'를 위해 쓰면 안 됩니다. 공부의 본래 뜻은 세상을 위해서, 우리를 위해서, 사회를 위해서, 우주를 위해서라는 의미가 담겨 있습니다. 나무를 심어 크게 자라나면 그늘이 드리워지는데 나만 그 그늘에서 쉬는 건 하찮은 일이고, 무의미하며, 무가치합니다.

과거-현재-미래로 흐른다고 생각하는 1차원적 개념으로 시간을 파악하는 것은 '시계'의 움직임을 '시간'으로 파악하는 것과 같다. 이때의 시간은 지구가 태양궤도를 한 바퀴 도는 것을 365일이라고 하고, 지구가 스스로 한 바퀴 도는 것을 하루라고 해서 그것을 24시간으로 쪼갠 것에 불과하다. 그 사이에 일어나는 모든 변화를 '시간'이라고 이름 지어놓은 '어떤 것'에 묻어버린다. 이런 식으로 진짜 시간을 파악하기란 불가능하다.

하창수 그렇다면 물리적으로 시간이 거꾸로 가는 것을 경험한 적이 있습니까?

이외수 시간이 빨리 흐르는 것 같다거나, 시간이 흐르지 않는 것 같다는 느낌을 받는 경우는 드물지 않다. 누군가를 기다릴 때, 그 대상에 따라 시간이 정말 빨리 가는 경우도 있고 아주 더디게 흐르는 경우도 있는데, 그런 경험은 우리가 수없이 겪은 것이다. 하지만 그때에도 여전히 일정한 속도로 시간이 흐르고 있다는 확신을 가지고 있는 것은 시계가 그렇게 흐르는 것을 자각하기 때문이다. 만약 시계를 이 세상에서 없애버린다면 시간이 빨리 가는 것 같다거나 흐르지 않는 것 같다는 느낌은 더욱 확연해질 것이다.

하창수 '평행우주론'을 주장하는 천체물리학자들은 우주 안에 지구와 똑같은 행성이 존재할 거라고 확신합니다. 그들의 생각이 틀리지 않다면, 그 행성에는 선생님과 똑같은 사람도 존재할 것입니다. 이런 상상에 대해서는 어떻게 생각하십니까?

이외수　가능성이 아주 높다고 본다. 우주에는 엄청나게 많은 행성이 존재하니까, 그중에 우리와 거의 유사한 조건을 가진 행성이 없다고 보기는 어렵다. 똑같지는 않다 하더라도 조건이 거의 유사할 가능성은 충분히 있다고 본다.

하창수　상상을 조금 더 넓혀보면, 윤회-환생의 패턴은 평행우주론 속의 그 행성과 어떤 관계가 있지 않을까요? 지구에서 살다가 죽으면 그 행성에서 다시 태어나는 식으로.

이외수　거기에 대해서는 자신 있게 말할 수 없지만, 우주에서의 '의식여행'은 충분히 가능하다고 생각한다. 똑같은 조건의 행성이 아니더라도 우리가 다른 행성에서 살던 의식체였을 가능성은 충분하다. 어차피 우주에서의 이동은 의식으로 하는 것이 가장 빠르고 안전하다. 아무리 정교하고 튼튼한 우주선이 있다 하더라도 그걸 타고 가는 것은 우리이고, 우리는 '유한한 존재'다. 윤회-환생 시스템은 의식이라는 '에너지'로서의 이동으로 설명될 수밖에 없다.

육안과 뇌안을 닫고
심안과 영안을 떠라

하창수　'한 소식한' 도인들은 입을 모아 "보이는 것은 모두 허상"이라고 말합니다. 이 세상이 허상입니까?

이외수 육안의 범주에서 포착되는 '현상'은 늘 변하기 때문에 실재가 아니다.

하창수 눈에 보이지만 '허상'이라는 얘깁니까?

이외수 그렇다. 허상이다. 어느 날 설봉 선사가 제자인 조주 스님에게 "밥은 먹었느냐?"고 물었다. "네 먹었습니다" 하고 조주 스님이 대답하자, 설봉 스님이 말했다. "그럼 바릿대를 씻어라." 이 대화는 밥을 먹었으니 밥그릇을 씻으라는 평범한 얘기처럼 보이지만, 실은 도(道)의 깨침과 관련된 선문답이다. 밥을 먹었는가 묻는 것은 뭔가 깨친 것이 있느냐는 물음이다. 우리나라 사람은 일상적으로 누군가를 만나면 "식사하셨습니까?"라고 묻는다. 지금은 눈치채는 사람이 거의 없지만, 이 평범한 일상적 대화 속에 도와 깊은 관련이 있는 우리의 민족성이 숨어 있다. 이것과 유사한 물음들이 모두 그렇다. "어디서 왔느냐?"라든가 "어디로 가느냐?"가 모두 도를 묻는 질문이다. 불교가 성했던 고려 때 민간에까지 두루 전해진 것이라 짐작한다.

 "깨달음을 얻었느냐?" 이 물음에 담긴 핵심은 진정한 것을 얻었느냐는 것이다. 현상에 머무르지 않는 무엇, 현상 너머의 무엇, 변하지 않는 무엇. 즉, 본성, 본질을 이야기하는 것이다. 이것을 보통 수행자들은 '마음자리'라고 부른다. 머리로 만들어내는 생각이 끊긴 자리, 곧 본성을 보는 것을 '관(觀)'이라고 한다. 허상인 현상을 보는 것은 '견(見)'이다. '관'

한다는 것은 우주의 본성을 보는 것이다. "'견'하지 마라, '견'하는 데 묶이지 말고 '관'하라"라고 하는 것은 이런 뜻이다.

하창수 평소에 누구나 하는 말이 의미를 달리해 화두(話頭)가 되는 게 놀랍군요. 화두에는 어떤 가치가 있습니까?

이외수 화두를 잡는 것은 하나에 묶이지 않기 위해서다. 화두는 설명이나 해석으로부터 벗어나기 위한 수행법이다. 설명이나 이해는 머리로 하는 것이다. 본성에 닿으려면 이해가 아니라 가슴으로 느껴야 한다. 선문답은 하나의 정답이 아니라 무수한 경우의 수를 제공한다. 머리로는 닿을 수 없다.

하창수 도와 관련된 텍스트로 흔히 〈장자〉를 많이 거론합니다. 소설집처럼 수많은 이야기로 구성되어 있는 〈장자〉를 보면, 얼핏 우리가 흔히 '뻥'이라고 표현하는 과장스러운 이야기로 가득 차 있는 듯 보이기도 합니다. 가령 첫머리부터 날갯짓 한 번에 구만리장천을 날아가는 대붕(大鵬)의 이야기가 나오는데, 마치 직접 눈으로 본 듯이 묘사되어 있습니다. 믿어도 될까요?

이외수 모든 의심은 머리로 하는 것이다. 도인의 경지에 들면 그런 새를 볼 수 있다는 믿음은 머리가 아니라 가슴에 간직된다. 나는 아직 그런 경지에 들지 못해 보지 못할 뿐, 없다고 믿지 않는다.

하창수 대붕은 막연히 '아주 큰 것'을 상징적으로 표현한 것 아닐까요?

이외수 그렇지 않을 수도 있다. 우리의 오감은 명확한 한계를 가지고 있어서 아주 큰 소리도 듣지 못하고 아주 작은 소리도 듣지 못한다. 너무 큰 것도 보지 못하고 너무 작은 것도 보지 못한다. 너무 빠른 것도 보지 못하고 너무 느린 것도 보지 못한다. 대붕은 보통사람이 포착할 수 있는 영역의 것이 아니다.

"어딘가에 가면 300년을 산 진인이 있는데, 발뒤꿈치로 숨을 쉬고 피부는 어린아이의 그것과 같다"는 표현이 '소요유(逍遙遊)'에 나온다. 이것이 보통사람들에겐 있을 수 없는 일이니 그저 상징일 거라고 생각하기 쉽지만, 수련이 깊은 사람은 실제로 발뒤꿈치로 호흡을 한다. 예전에 내가 수행한 경험에 비추면, 숨을 쉬는 방법도 다양하고, 깊어지면 보통사람으로서는 상상할 수 없는 방식으로 숨을 쉬게 된다. 대붕의 경지는 범인의 머리로는 이해할 수 없다. "참새가 어찌 봉황의 뜻을 알랴"라는 말에 비춘다면, 우린 그저 참새에 불과하다.

하창수 종교마다 믿기 힘든 이적(異蹟)들을 기록하고 있습니다. 기독교인들은 예수가 행한 여러 가지 기적을 받아들입니다. 가령 십자가에 못 박혀 죽은 예수가 다시 살아나서 40일 동안 활동했다는 이야기가 〈성경〉에 씌어 있습니다. 이런 이야기들을 선생님은 사실로 믿으십니까?

이외수 나는 기독교인이 아니지만, 믿는다. 능히 그럴 수 있는 존재들이 있다. 수행을 깊이 하신 분들 중에는 인간의 한계를 뛰어넘은 분이 많이 있다. 실제로 보았다.

하창수 죽었다가 살아나는 것은 어떻게 이해해야 합니까?

이외수 이런 분들은 신과 통하는, 인간과 신의 매개자로 봐야 한다. 생물학적 한계를 초월한 존재다. 쉽게 볼 수 없다는 이유로 그런 존재를 부정할 수는 없다. 선도(仙道) 수련자들 가운데는 숨을 끊었다가 다시 잇는 능력을 가진 사람도 있고, 하루 동안 들이쉬고 하루 동안 내쉬는 조식(調息) 능력을 가진 사람도 있다. 예수가 그런 능력이 있는 사람이었을 수도 있고, 실제로 죽었다가 신의 영적 능력에 의해 되살아났을 수도 있다. 생물학적으로 그리 놀라운 일만은 아니다. 보통사람들 중에도 죽어서 관에 넣어졌다가 며칠 뒤 살아난 경우도 있다.

그런데 우리가 주목해야 할 것은, 예수가 행한 여러 가지 기적이 아니라 그 기적들에 붙어 있는 단서다. 앉은뱅이를 일으켜 세우고, 장님의 눈을 뜨게 하고, 문둥병 환자를 깨끗이 치유할 때마다 예수는 '그를 불쌍히 여겨'라는 단서를 붙인다. 이런 기적들이 불쌍히 여김, 곧 지극한 사랑에 의해 이루어진 것이다. 모든 기적적 치유의 근본에 사랑이 있다는 사실을 우리는 알아야 한다. 그의 능력이 곧 '사랑'이라는 사실을 놓쳐선 안 된다.

무한의 우주를
어떻게 이해할 것인가?

하창수 "우주는 무한하다", "우주는 끝이 없다"고들 합니다. 알 수 없을 뿐, 실제로는 끝이 있는 게 아닐까요?

이외수 우리나라에서 가장 오래된 경전인 〈천부경(天符經)〉은 '일시무시일(一始無始一)'로 시작해 '일종무종일(一終無終一)'로 끝난다. "모든 것은 하나로부터 시작되었지만 그 시작됨이 없다"로 시작해, "모든 것은 하나로 끝나되 그 끝남이 없다"로 끝난다. 시작도 없고 끝남도 없다는 것이다. 이것은 '무엇인가로 꽉 차 있는 무(無)'를 이야기하는 것이고, 결국 끝이 없다는 뜻이다.

하창수 과학자들이 물질의 최소단위를 원자로 확정했지만, 원자 안에 쿼크(quark)라는 게 있고, 그 쿼크 안에도 공간이 있으며, 그 공간도 뭔가로 꽉 차 있다고 말하는 것과 유사합니다. 결국 무, 혹은 '없다'라고 표현할 수밖에 없는 거군요.

이외수 그렇다. 극소와 극대 모두 한정할 수 없다. 이렇게 생각하면 납득이 갈 것이다. "우주는 무한하다. 인간은 유한하다. 유한으로 무한을 탐구할 수는 없다."

하창수 노자는 말이 많으면 쓸 말이 부족하다고 했고, 부처는 진리를 말로 세울 수 없다는 뜻의 불립문자(不立文字)를 설했습니다. 작가는 운명적으로 '말'과 '문자'로 평생을 살아야 합니다. 노자와 부처의 견해에 따르면, 결국 작가는 쓸데없는 말을 하는 존재이고, 진리를 이야기할 수 없는 존재가 됩니다.

이외수 그렇지 않다. 노자의 말이 작가를 능가할 수 없고, 부처의 말이 작가를 능가할 수 없다. 작가는 창조하는 존재이기 때문에 노자가 될 수도 있고 부처가 될 수도 있다. 또한 노자와 부처가 한 '말'이나 '문자'와 작가가 쓰고 있는 '말'과 '문자'는 다르다. 작가가 하는 것은 단순한 '말 짓기'나 '문자 만들기'가 아니라 예술이다. 얼마든 쓸 데 있는 말을 만들 수 있고, 얼마든 진리를 설파할 수 있다.

하창수 인간은 만물의 영장이라고 생각하십니까?
이외수 인간은 만물의 영장이다. 단, 전제가 있다. 만물을 사랑할 수 있는 가슴을 가지고 있다면. 그런 가슴이 없다면 만물의 영장은 어림도 없는 얘기다. 모든 인간이 만물의 영장인 것은 아니다. 만물을 사랑하는 가슴을 가지고 있는 자만이 만물의 영장이다.

하창수 최근 미국의 저명한 과학자와 철학자 두 사람이 완전히 상반된 견해를 담은 흥미로운 책 두 권을 각각 출간해서 세계인의 이목을 끌고 있습니다. 그중 하나인 이븐 알렉산더의 《나는 천국을 보았다》는, 뇌를 연구하는 하버드대 의학자로서 박테리아성 뇌막염이라는 희귀질환에 걸려 일주일 동안 뇌사 상태에 빠졌다가 기적적으로 깨어나 자신이 겪은 '임사체험'을 기술한 것입니다. 재미난 것은 이전의 그는 임사체험을 철저히 부정하던 회의주의 과학자였다는 사실입니다. 임사체험자들이 공통적으로 기술하는, 죽음 직전에 빛의 터널을 통과하는 현상을 뇌의 화학적 작용이 일으키는 환각에 불과하다고 확언했었죠. 자신이 뇌사 상태에 있던 동안의 의학적 데이터를 확인한 뒤 그때의 뇌 상태가 화학적 작용을 일으킬 수 없는 상태에 놓여 있었다는 사실을 알게 되면서 그는 임사체험에 대한 생각을 바꾸게 되었습니다.

이외수 오리엔테이션을 받고, 영계를 관광하고 온 것이다.

하창수 다른 하나는 예일대 철학 교수 셸리 케이건이 쓴 《죽음이란 무엇인가》입니다. 그는 자신의 철학적 사유와 추론을 바탕으로 "영혼은 없다. 다시 말하면, 죽으면 끝이다"라고 주장합니다. 이 주제로 책을 쓰고 순회강연을 하면서 많은 사람의 반향을 불러일으키고 있습니다. 물론 케이건이 말하려는 것은 영혼의 부재나 삶의 일회성으로 인해 오히려 생명의 존엄과 인생의 의미가 더욱 중요해진다는 것인데, 어쨌든 이븐 알렉산더의 견해와는 완전히 대척되는 게 사실입니다. 이 두 견해에 대해서 어떻게 생각하십니까?

이외수 두 사람의 사례는 영혼이나 사후세계를 바라보는 인간의 두 가지 견해를 보여준다. 영혼이나 사후세계의 존재 여부는 명확히 입증할 수 있는 것이 아니다. 이븐 알렉산더처럼 체험을 통해 자신이 견지해왔던 부정의 믿음을 다시 부정하게 되었다고 해서 사후세계의 존재가 입증된 것은 아니다. 윤회, 영혼, 초자연현상은 입증 너머의 진실이며, 그래서 환각이나 환상이라는 비난으로부터 자유롭지 못하다. 비록 그는 자신의 체험을 사실로 받아들이지만 셸리 케이건이라는 철학자의 이성적이고 논리적인 추론에 반박할 근거가 되지는 못한다. "생명은 일회성이다, 끝이다, 죽으면 아무것도 없다"라는 결론을 뒤집을 수 있는 것은 많은 사람들이 환각이나 환상으로 치부하는 '특별한 체험'뿐인데 우리의 상식은 아직 이를 받아들이지 못하고 있다. 이 둘은 어쩌면 영원히 대척지점에 놓인 두 개의 견해로 남겨질는지도 모른다.

하창수 만약 선생님이 셸리 케이건의 강의를 들었다면 어떤 질문을 하시겠습니까?

이외수 내가 묻고 싶은 것은 한 가지밖에 없다. "의식이나 정신, 영혼이라고 말하여지는 것이 물질적 존재의 부산물이거나 화학적 작용에 불과하다고 말하기에는 너무도 정교하게 만들어지고 작동하는 것 같습니다. 물질과 비물질이 나누어지는 어떤 경계가 있지 않을까요?"

하창수 선생님이라면 그 질문에 어떻게 대답하시겠습니까?

이외수 "분명한 경계가 있습니다. 나는 압니다."

하창수 보충설명을 좀 해주시지요.

이외수 가령 아인슈타인은 에너지를 물질로 바꿀 수 있고 물질은 에너지로 바뀔 수 있다고 했다. 아인슈타인이 이야기하는 에너지는 비물질로서의 힘을 말한다. 빛은 보통의 물질이 가지는 특성과 전혀 다른 특성을 가지고 있다는 점에서 비물질적 에너지다. 따라서 빛은 물질로 바뀔 수 있다. 이는 비물질적 요소와 물질적 요소의 결합을 의미한다.

사실 우리가 지금 그런 상태로 존재하고 있다. 생각이나 마음이라는 비물질이 몸이라는 물질과 결합해 있다. 그렇다면 몸이라는 물질이 소멸할 때 비물질인 마음이나 생각이나 정신은 어디로 가는가? 공기 중에 흩어져버리나? 살아 있을 때도 마찬가지다. 우리 몸의 기관이 형성되는 데 필요한 것이 세포의 자살이다. 세포가 적절한 시점에서 스스로 죽음을 선택하지 못하면 우리는 온전한 사람으로서 모양을 갖출 수 없다. 이때 세포로 하여금 자살을 선택하게 하는 '의지'는 어디서 생겨나는가? 그것 역시 화학적 작용에 의해 생성되는 '물질'에 불과한가? 그렇다면 의식, 마음, 정신, 기억, 환각, 꿈, 용기, 사랑, 질투, 슬픔이 모두 물질에 의한 작용이 되어야 하는데, 그렇게 믿기에는 내가 너무 순진하지 못하다.

하창수 전기로 작동하는 기계를 예로 들면, 플러그를 콘센트에 꽂는 순간 작동이 되고 플러그를 뽑으면 작동이 멈춥니다. 생명과 죽음의 관계가 그런 시스템처럼 작동되는 것 아닐까요? 전기가 공급되면 생명장치가 작동하고, 생명장치가 작동하면 의식과 영혼이 만들어지는 것일 수도 있지 않을까요?

이외수 문제는 기계가 아무리 정교하게 작동한다 하더라도 그 안의 무엇을 우리의 의식, 정신, 마음, 생각, 영혼 같은 것들과 비교할 수 있는가 하는 것이다. 컴퓨터가 아무리 정교하게 발달된다 하더라도 인간의 의식이나 마음을 만들어낼 수 있을까? 오히려 기계적 인간에서 의식이나 마음이

제거된 듯한 예를 보는 게 훨씬 가능성 있는 일이다. 모든 에너지는 결코 소멸되지 않는다. 다른 형태로 바뀔 뿐이다. 변화를 소멸로 보는 유물론적이고 기계적인 논리가 바뀌지 않는 한, 마음의 존재에 대한 어떤 엄밀한 설명도 귀에 들어오지 않을 것이다.

하창수 과학자들 중에는 뇌를 안테나에 비유하는 사람이 있습니다. 온갖 정보를 뇌라는 안테나가 수신하게 되는데, 만약 뇌를 다치면 안테나가 기능을 하지 못하기 때문에 더 이상 정보를 받아들이지 못한다는 거죠. 결국 죽음이라는 건 뇌가 안테나 구실을 못하게 되는 상태를 말합니다. 그들의 얘기는 결국 우리의 의식이라는 건 뇌가 살아 있을 때만 가능한 어떤 것일 뿐, 우리의 의식이나 영혼이 따로 있는 게 아니라는 겁니다. 비유를 하자면, 우리는 안테나가 달린 텔레비전이고, 방송국에서 송출하는 전파를 받아서 채널을 맞춰 정보를 흡수하는 장치에 불과하다는 거죠.

이외수 양초에 비유해보자. 초의 몸을 구성하는 파라핀 덩어리는 물질적 요소다. 초의 기능을 수행하기 위해서는 심지에 불을 붙여야 하는데, 이때 심지는 의지에 해당한다. 그리고 초에 불을 붙였을 때 생겨나는 불꽃은 영적 에너지다. 초를 물질적 에너지와 정신적 에너지, 그리고 영적 에너지의 삼합체라고 보았을 때, 인간의 에너지적 특성에 비유할 수 있다. 초가 타들어갈 때 우리는 타들어간 만큼 '소멸되었다', '사라져버렸다', '없어져버렸다'고 판단한다. 그러나 그것은 소멸이 아니라 다른 물질적 요소로 바뀐 것이다. 우리는 그 변화를 눈으로 확인할 수 없기 때문에, 편의상 없어졌다고 간주할 뿐이다. 모든 물질에 기(氣)가 존재한다는 기학(氣學)은 물질조차 기의 덩어리로 보고, 그것조차 소멸되는 것이 아니라고 주장한다.

  모든 형상적인 것은 지구(흙)에서 생겨났다. 이 모든 것이 지구의 에너지다. 죽음은 생겨난 것으로 되돌려지는 절차를 수행한다. "흙에서 난 것은 모두 흙으로 돌아간다"는 것은 물질적 순환을 설명한다. 정신적 요소나 영적 요소는 지구의 것이 아니다. 그것은 우주적 에너지에 속한다. 지구적 에너지와 우주적 에너지의 결합에 의해 인간으로 태어나 한생을 살고, 그 여행이 끝났을 때 우주적 에너지는 다시 우주로 돌아가게 되는 건 자명하다. 지구에서 온 것은 지구로 돌아가고, 우주에서 온 것은 우주로 돌아간다. 이 신비로운 여행을 통해 인간은 영적으로 진화하고, 더 이상 여행이 필요 없을 때 비로소 '가득 찬 무(無)'의 상태에 이르러 여행을 마치게 된다. 이것을 '해탈'이라 부르든, '열반'이라 부르든, '최종적 소멸'이라 부르든 무슨 상관이겠는가.

하창수 아인슈타인은 "내가 궁금한 건 신이 어떻게 이 우주를 만들었는가 하는 것이다. 나머지는 지엽적이다"라고 말했습니다. 신 혹은 우주에 대해서 선생님이 궁금한 건 무엇인가요?

이외수 내가 궁금한 것은 신의 전지전능함이다. 과연 전지전능할까? 전지전능이라 함은 어느 정도를 말하는 것일까? 우주를 완벽하게 관장하는 존재라면, 왜 수많은 삐걱거림을 삐걱거리도록 그냥 놔두는 걸까? 이브를 왜 사탄의 유혹에 빠지도록 그냥 놔두어서 인간으로 하여금 두고두고 원

죄에 시달리게 만들었을까? 전지전능한 존재이긴 하지만 자비롭지는 않은 것일까? 뭐 이런 것이다.

초월적 신비현상,
어떻게 받아들일 것인가?

하창수 선생님은 천리안이나 타심통, 공중부양, 유체이탈 같은 신비로운 초자연현상에 대해 자주 이야기합니다. 실제로 작품화하기도 하고요. 하지만 일반인들은 이런 것들을 경험하기도 어렵고, 실재한다는 믿음 또한 갖기 힘듭니다. 이런 신비현상과 가까워지기 위한 방법이 없을까요?

이외수 금식을 한다든가, 명상을 한다든가, 호흡 수련을 하다 보면 이에 상응하는 현상들과 만나게 된다. 하지만 이런 현상들은 현상들일 뿐이므로 지속성을 갖지 못한다. 이는 마치 배가 지나갈 때 물결이 이는 것과 같다. 배가 지나가고 나면 수면은 다시 잔잔해진다. 물결에 취해버리면 배가 가야 할 길을 잃어버린다. 물결을 보려고 배는 계속 제자리를 맴돌게 될 뿐이다. 공부를 많이 한 스승들이 경계하는 것이 바로 이것이다. 끊임없이 물결을 일으키기 위해 배가 가야 할 곳으로 가지 않으면 술사(術士)에 머물게 될 뿐이다.

경허 선사는 제자인 만공 스님에게 "비록 깨달음을 얻었다 하더라도 술법만 쓰려 한다면 그를 도인으로 생각하지 말라"고 가르쳤다. 그러고는 덧붙였다. "그러나 300년 뒤에나 그 효험이 발생되는 것이라면 써도 된다." 생전에는 도법 따위를 쓰지 말라고 에두른 이야기였다.

하창수 천리안, 타심통, 공중부양, 유체이탈은 한낱 술법에 불과한가요?
이외수 어떤 의도로 쓰느냐에 따라 술법이 될 수 있다. 가령 숭산 스님은 생전에 미국 LA에서 부처의 법을 전하던 초기에 언어가 통하지 않아 외국인들 앞에서 잠시 몸을 공중에 띄워 보였다고 한다. 이 얘기가 사실이라고 가정할 때, 숭산 스님은 공중부양을 가르치려 한 것이 아니다. 다른 가르침의 방편으로 보여준 부양술은 술법이 아니다. 예수가 물 위를 걸어 보였지만, 예수는 물 위를 걷는 법을 가르친 적이 없다. 사랑과 자비를 가르치기 위해 물 위를 걸었으므로, 그 역시 술법이 아니다.

하창수 선생님은 이들 중 어떤 걸 경험해보셨습니까?
이외수 타심통, 천리안, 유체이탈 정도다.

하창수 천리안이라면 어디까지 보셨습니까?
이외수 춘천에서 인제 정도는 본 적이 있다. 문하생들이 어느 날 시험하려고 "인제 서화 천도리에 사는 곡천 선생님이 뭘 하시는지 맞혀보라"고 해서 "이상하군, 곡천은 돌을 만지는 석공예가인데 어째 나무를 만지고 있네?"라고 했더니, 문하생 하나가 당장 전화를 걸어서 곡천에게 뭘 하고 있느냐고 물었다. 곡천은 "상다리가 부러져서 고치고 있다"고 했다. 이런 것들은 "되는구나" 하고 알면 곧 잊어버리고 빠져나와야 한다. 그렇지 않으면 엮여들고 만다.

하창수 　그런 능력은 타고나는 겁니까?
이외수 　공부를 하다 보면 절로 일어나는 현상일 뿐이다. 누구에게나 똑같이 일어난다.

하창수 　'작가의 작가'라고 불리는 아르헨티나의 호르헤 루이스 보르헤스는 자신의 작품에 신비주의적 현상들을 자연스럽게 녹여냈고, 그런 소재나 주제를 다룬 다른 작가의 작품들을 찾아내 소개한 것으로 유명했습니다. 19세기 중후반과 20세기 초반 영미문학을 대표하는 헨리 제임스의 경우, 대표작인 〈나사못 회전〉 같은 장편소설은 물론이고 수많은 작품에서 초월적이고 신비로운 현상들을 여과 없이 다뤘습니다. 특히 〈친구 중의 친구〉라는 단편소설에서 여주인공은 그림 구경을 하고 있던 전시장에서 아버지를 만나는데, 실제의 아버지는 수백 킬로미터나 떨어진 곳에서 세상을 떠나기 직전이었습니다.

　　헨리 제임스만이 아니라 18~19세기와 20세기 초반의 작가들은 대부분 초자연현상을 자연스럽게 작품에 녹여냈습니다. 20세기 중반을 넘어서면서 이런 유형의 작품들은 거의 찾아볼 수가 없고, 특히 우리 문학은 초자연적 소재를 다루는 것 자체를 금기시하는 듯한 분위기까지 느껴집니다. 이런 점에서 선생님은 거의 예외적이라 할 수 있는데, 이런 현상을 어떻게 보십니까?

이외수   얼마든 흔히 일어날 수 있고, 실제로 적지 않게 일어나는 일인데도 '믿기 어렵다'는 이유만으로 경원하고 무시하는 태도 때문에 일어난 현상이다. 부정하는 태도를 가지면 실제로 잘 일어나지도 않지만, 일어나는 걸 보고 경험하더라도 수긍하지 않게 되고, 현상을 왜곡하게 되며 한낱 이상 증상으로 치부해버리고 만다. 그런 상황에서 문학적 수용은 엄두도 내지 못하고, 그런 얘기를 잘못 했다가 비난을 받을까 두려워 결국 쓰지 않게 된다. 이런 이야기를 쓰려면 확신만이 아니라 용기가 필요하다.

하창수   깨달음에 이르는 데는 스승이 필요한가요?
이외수   "중이 제 머리 못 깎는다"는 말은 스승의 중요성을 이른다. 그러나 스승이 제자에게 깨달음을 가르쳐주는 것은 아니다. 제자의 깨달음이 진정한 것인지를 확인해주는 것이 스승의 역할이다. 말장난 같은 선문답(禪問答)을 통해서.

하창수   선생님은 본인이 정상인이라고 생각하십니까?
이외수   가끔 의심스럽다. 나는 지극히 정상인 것 같은데, 악플러들이 주장하는 바에 의하면 나는 비정상이다. (웃음)

하창수   제가 보기에 '보통사람'은 아닌 것 같습니다.
이외수   아니다. 나는 지극히 보통사람이다. 얼마 전에 크게 술에 취해서

주사를 부린 적이 있다. 그걸 트위터에다 그대로 올렸더니 "기분 좋다", "보통사람을 보는 것 같다"는 반응이 많았다. 한두 가지 다른 점이 있겠지만, 그 정도로 보통사람이 아니라고 할 수는 없다.

하창수 선생님은 지구 밖 우주의 기운으로부터 영향을 받습니까?

이외수 영향을 받는 것은 확실한데, 체감을 하지는 못한다. 변화가 일어나는 건 분명히 알겠는데, 그것이 무엇인지, 무엇 때문인지를 명확히 알지 못한다.

만물은 모두
기(氣)를 가지고 있다

하창수 정신과 물질은 우리를 이루는 중요한 두 가지 요소지만 늘 상충하는 듯 보입니다. 물질보다는 정신이 더 우위에 있다는 생각이 지배적이긴 하지만, 물질의 문제를 과연 정신이 극복하게 해주느냐도 항상 문제가 됩니다. 물질과 정신의 조화로운 결합은 가능할까요?

이외수 가령 청산거사 같은 분은 물질의 상식적인 범주를 뛰어넘은 사람이었다. 그가 보통사람이었다면 화상을 입을 만큼의 뜨거운 불에 견디거나 피부호흡을 통해 20분 가까이 물 속에 잠겨 있었던 것은 물리학의 법칙을 넘어서는 일이다. 결국 정신으로 물질을 극복한 것이라고 볼 수밖에 없다. 그가 그런 견고한 '육체'를 가질 수 있기까지의 수련 과정에서 오직 물리적인 고통만을 견뎌냈을까 생각해볼 필요가 있다. 물질과 정신의 조화로운 결합이 이루어진 결과 아닐까?

하창수 사물은 보통 살아 있지 않은 것, 즉 무생물로 분류합니다. 그런데 선생님은 사물/무생물이라고 규정하는 것들에도 의식이 있다고 말씀하십니다. 사물과의 대화도 가능하다고 하고요. 이를 두고 회의주의자(skeptic)들은 "사물에 투영된 '나'와 나누는 대화, 즉 독백에 불과하다"고 비판합니다. 사물/무생물이 갖는 의식, 그들과의 대화를 어떻게 받아들여야 합니까?

이외수 19세기 인도 벵골 출신의 자가디스 찬드라 보스(Jagadis Chandra Bose)라는 과학자는 우연히 무선송신기의 금속판을 조사하다가, 오래 쓰면 성능이 떨어지는데 조금 쉬게 해준 뒤에 다시 쓰면 성능을 회복한다는 사실을 발견했다. "이 친구도 피로감을 느끼나?" 하고 생각한 그는 여러 가지 자극을 주고 반응을 살피며 데이터를 쌓아나갔는데, 결국 생물과 무생물 사이에 차이가 없다는 결론에 도달했다. 그는 "금속도 생각한다"는 이론을 발표했다. 무생물이 기억체계와 사고체계를 가지고 있다는 그의 주장은 영국 왕립과학회의 강력한 반발에 부딪혔고, 그는 과학자로서의 생명에 치명타를 입었다. 하지만 훗날 그의 이론은 실제 생활에 활용되었다. 형상기억합금은 그의 이론에 입각해 개발된 것이다.

어쩌면 찬드라 보스가 만물에 영성이 깃들어 있다는 생각을 보편적으로 갖고 있는 인도인이었기 때문에 그런 발상이 가능했을지도 모른다. 어떤 물체나 물질이 가지고 있는 자신의 원래 형상에 대한 기억은 '의지'라는 용어로 환원할 수 있다. 그 '의지'는 원래의 형상에 대한 변형에 저항하고 반발할 것이다. 우리가 지닌 의식이나 의지와 다를 바 없다. 하지만 이것은 입증이 까다롭고, 입증했다 하더라도 수긍을 받기까지는 지난한 과정을 거쳐야 한다. 분자간의 인력이나 분자가 지닌 성질은 결국 '물질'만으로는 입증하기 어렵기 때문이다.

하창수 우리의 기학은 "만물은 모두 기(氣)를 가지고 있다"고 표현합니다. 기학으로 접근하면 문제가 쉽게 풀릴 것도 같습니다.
이외수 모든 물질에는 기가 있고 의식이 있다. 그런데 물질과 결합하지 않고 의식만으로 존재하는 경우도 있다. 동양적 사고로는 바다나 산과 같이 거대한 물질의 덩어리도 그들대로 의식을 가지고 있다고 본다.

하창수 선생님은 우주 안에서 어떤 존재라고 생각하십니까?
이외수 여행을 싫어하는 여행자? (웃음)

하창수 설명을 좀 더 해주신다면?
이외수 알고 보면 내 의지로 되는 것은 아무것도 없다. 그래서 끊임없이 가고 온다. 떠나기 싫다고 해서 떠나지 않을 수 있는 것도 아니고, 머물러 있고 싶다고 머물 수 있는 것만도 아니다. 가고 옴도 내 의지에 의한 것은 아니다. 그렇게 늘 떠도는 존재다. 많은 존재가 그렇다. 나도 그렇다. 집 나가면 개고생이듯, 지구를 떠나면 개고생일 것 같다.

하창수   왜 떠돌아야 하나요?
이외수   공부를 위해서. 의식의 최종적 정착을 위해서. 의식의 최종적 소멸을 위해서.

하창수   최종적 정착, 최종적 소멸은 이를테면 해탈인가요?
이외수   그렇다.

하창수   우리는 보통 우리와 우주가 아무런 관계가 없는 것처럼 생각합니다. 왜 그럴까요?
이외수   시스템을 인식하지 못하기 때문이다. 그런 것들을 알려주기 위한 여러 가지 장치가 있다. 프랙탈*이라든가 나비효과 같은 이론들은 우리와 우주가 아무런 관련이 없는 것처럼 보여도 실은 정교하게 관계를 맺고 있다는 사실을 가르쳐준다. 하지만 이들은 그저 하나의 상상적 이론, 터무니없는 공상으로 취급될 뿐이다. 우리 주변에서 쉽게 볼 수 있는 거미줄만 봐도 사람의 인연, 우주와 '나'의 관계가 무수한 그물코로 짜여서 연결되어 있다는 사실을 생각할 수도 있는데, 우리는 현실에 너무 큰 가치를 두고 그런 것들은 방관하거나 무시한다. 현실에 붙박여 여유가 없다.

● fractal. 작은 구조가 전체 구조와 비슷한 형태로 끝없이 되풀이되는 구조

하창수　'전지전능하다'고 할 때의 '전지'는 전체, 즉 모든 것을 안다는 뜻입니다. 우리가 가진 것과 신이 가진 앎의 시스템이 동일할까요?

이외수　'안다'는 것은 뇌로써 어떤 대상을 파악하는 것이다. '전지(全知)'는 모든 것을 뇌로써 파악하는 것인데, 신에게 과연 머리가 있을까? 우리처럼 뇌나 머리가 존재하지 않는다면, 결국 신은 인간의 방식으로 '아는' 것은 아닐 것이다. 뇌로 아는 것이 아니라면 무엇으로 아는가? 신이라는 존재가 인간처럼 물질적인 에너지와 정신적 에너지, 영적 에너지만으로 구성되어 있을까? 아니면 더 다양한 기능을 가지고 있을까? 전지에 전능(全能)한 존재라면 우리와는 달라야 할 것이다. 신적인 기능, 신다운 기능은 무엇일까? 결국 인간으로서는 추론이 불가능하다.

하창수　결국 뇌안(腦眼)의 범주에서 추론하는 거지만, 전지전능한 존재라면 인간세상에서 일어나는 것들은 얼마든 바꿀 수 있을 것 같은데, 결과적으로 그렇게 하지 않는 것은 그럴 마음이 없다는 것이고, 그럴 마음이 없다는 것은 내버려둔다는 얘기인데, 인간을 고통 속에 그대로 내버려둔다는 것은 둘 중 하나 아닐까요? 자비롭지 못하거나, 인간이 스스로 해결하기를 기다리거나.

이외수　그럴 마음이 없을 거라고 생각하는 것은 우리가 편하기 위한 것일 수도 있다. 그렇게 생각하면 더 이상 매달리지 않아도 되니 말이다. 그런데 우리가 왜 신에게 사랑 이상의 것을 찾으려고 하는가에 대해 고민해봐야 한다. 과연 신에 대한 우리의 태도는 타당한가? 사랑 외에 신에게 바랄 것이 무엇인가? 전지전능은 어쩌면 수만 가지가 아니라 전체를 꿰는 '하나'를 말하는지도 모른다. 그 하나가 사랑이다. 인간을 고통 속에 그대로 두는 것이나, 스스로 해결하도록 내버려두는 것이나, 모두 사랑일 '수' 있다. 사랑이면 모든 것이 해결된다.

마음의 고통은
무엇으로부터 오는가?

하창수 마음의 고통을 겪으면 정신과 의사를 찾아가는 게 낫습니까, 아니면 명상가를 찾아가는 게 낫습니까?
이외수 가장 좋은 것은 아기나 꽃을 들여다보는 것이다.

하창수 아기와 꽃에서 무엇을 찾을 수 있습니까?
이외수 나 이전의 것. 지금의 내가 되기 이전의 것이 그 안에 다 들어 있다.

하창수 '나 이전의 것'을 볼 수 있다면 마음의 고통이 씻은 듯이 사라질 것 같습니다. 그런데 마음을 다쳤을 때 우리는 왜 아기와 꽃을 볼 생각을 하지 못할까요?
이외수 아상(我相) 때문이다. 아상은 잘못된 자신의 모습이다. 본디 자신의 모습이 아니다. 그것은 왜곡되고 일그러진, 비정상적인 자신의 모습이다.

잘못 알고 있는 나의 모습에 가려져서 진짜 나, 아기와 같은 나, 꽃과 같은 내가 보이지 않는다. 부처가 꽃을 들어 보였을 때 가섭이 미소를 지었다. 부처가 꽃을 들어 보인 것은 "예쁘지 않느냐?"고 물은 것이다. 이에 가섭은 미소로써 "예, 예쁩니다"라고 대답한 것이다.

꽃은 아름다운 것이고, 아름다운 것은 사랑을 간직하고 있다. 예쁜 것 속에 사랑이 있음은 우주의 원리이고 법칙이다. 이것은 모든 것에 통한다. 꽃 한 송이가 만 세상을 통하는 도(道)다. "온 천하가 아름답고, 너 또한 아름다운 것이다"라고 하면 "맞습니다" 하면 된다. 꽃을 들어 보였는데 우리는 머리를 쥐어짜며 생각을 모은다. 그냥 보고 "아름답구나" 하고 느끼면 통하는 도를 참으로 멀리 돌아가고 있다. 염화시중(拈華示衆)의 미소가 답이다.

하창수 "꽃을 왜 들었을까?" 생각하는 순간 끝나는군요?
이외수 머리로 가버리면 '도로아미타불'이다.

하창수 초월적 현상들은 누구나 경험할 수 있다고 생각하십니까?
이외수 꿈도 초월적 현상이다. 하늘을 날 수도 있고, 절벽에서 실감나게 떨어지기도 한다. 한 번도 날아보지 않았고 절벽에서 떨어져본 적도 없는데, 꿈에서 우리가 느끼는 짜릿함과 아찔함, 그 정보는 어디서 온 것일까? 그게 현실에서 온 것이 아니라면 전생에서 온 것이 아닐까? 모든 사람이 꿈을 꾸듯, 초월적인 것은 그 누구도 배제하지 않는다.

"마음의 고통을 겪으면 정신과 의사를 찾아가는 게 낫습니까, 아니면 명상가를 찾아가는 게 낫습니까?"
가장 좋은 것은 아기나 꽃을 들여다보는 것입니다. 나 이전의 것. 지금의 내가 되기 이전의 것이 그 안에 다 들어 있습니다.
"그런데 마음을 다쳤을 때 우리는 왜 아기와 꽃을 볼 생각을 하지 못할까요?"
아상(我相) 때문입니다. 아상은 잘못된 자신의 모습입니다. 본디 자신의 모습이 아닙니다. 그것은 왜곡되고 일그러진, 비정상적인 자신의 모습입니다. 잘못 알고 있는 나의 모습에 가려져서 진짜 나, 아기와 같은 나, 꽃과 같은 내가 보이지 않습니다. 부처가 꽃을 들어 보였을 때 가섭이 미소를 지었습니다. 부처가 꽃을 들어 보인 것은 "예쁘지 않느냐"고 물은 것입니다. 이에 가섭은 미소로써 "예, 예쁩니다"라고 대답한 것이지요. "온 천하가 아름답고, 너 또한 아름다운 것이다"라고 하면 "맞습니다" 하면 됩니다. 꽃을 들어 보였는데 우리는 머리를 쥐어짜며 생각을 모읍니다. 그냥 보고 "아름답구나" 하고 느끼면 통하는 도를 참으로 멀리 돌아가고 있는 것이지요. 꽃 한 송이가 만 세상을 통하는 도(道)입니다.
"꽃을 왜 들었을까 생각하는 순간 끝나는군요."
머리로 가버리면 '도로아미타불'입니다.

입증할 수는 없지만,
부정할 수도 없는 의식세계

하창수 장편 〈장외인간〉은 선생님의 우주론이 많이 반영된 작품입니다. 특히 달에 관한 부분들이 그런데, 보름인데도 하늘에 달이 없다는 것은 어떤 의미입니까?

이외수 인간과 우주가 분리되어 있지 않다는 것을 말하기 위한 장치였다. 예전에 보름달처럼 환히 비치던 빛이 지금의 인간들 가슴에서 점점 소멸되어가고 있다. 내 가슴의 빛이 사라지면 하늘의 빛도 사라진다.

하창수 공교롭게도 비슷한 시기에 출간된 무라카미 하루키의 소설 〈1Q84〉는 하늘에 두 개의 달이 떠오른다고 설정합니다. 그리고 아무도 그 사실을 인식하지 못하지요. 연배도 비슷한 동아시아의 주요 소설가 두 분이 거의 비슷한 시기에 '달'을 문학적으로 공유했다는 사실은 전혀 우연일까요?

이외수 예사롭지 않은 일이긴 하다. 어떤 우주적 암시가 작용했을 수도 있다고 본다. 그런 짐작 외엔 알 수 없는 일이다.

하창수 〈장외인간〉의 출간과 함께 선생님은 달에 사는 지성체와 행한 채널링을 언론과 독자들에게 털어놓았습니다. 그에 대한 반응이 가히 충격적이었는데, 흥미로운 반응도 있었지만 부정적 반응도 적지 않았습니다. 저는 작가로서도 흥미로웠고, 개인적으로도 많이 끌렸습니다. 채널링을 통해 달의 '정보'를 얻어낸 과정이 궁금합니다.

이외수 어느 날, 문하생이 달과 관련된 중편소설을 쓰고 있다면서 내게 달에 대해 이것저것 물어왔다. 내가 아는 대로 얘기를 해주니까 "과학잡지에 나오는 정도의 달 말고요"라고 주문했다. 어느 정도의 정보를 원하느냐고 물었더니 "혹시 의식을 달로 보내서 달을 관찰해볼 수 없을까요?"라고 말했다. 예전 유체이탈의 경험도 있고 해서 가능할 것 같았다. 그래서 의식을 분리시켜 달로 보내주었다. 그것이 시작이었다.

달로 보낸 문하생의 의식이 전한 달에 대한 설명은 아주 사실적이었다. 달 표면을 이루는 흙의 질감, 빛, 분화구의 형태를 아주 자세하게 표현했다. 마치 육신이 있는 상태에서 달에 가서 보는 것처럼 느껴졌다. 분화구의 표면이 고체보다는 액체 같은 느낌에 가깝다, 마치 '시럽 같다'는 표현은 놀라웠다. 그래서 조금 더 들어가 보라고 했는데, 두렵다고 했다. 의식이니까 손상은 없을 거라고 안심시키고, 내가 보호해준다고 믿음을 주었다. 위험을 느낄 만한 상황이 되면 즉시 귀환시킬 수 있다고 재차 확인해주자 다시 관찰에 나섰는데, 고도의 집중력을 요하는 일이라 피로를 느껴서 의식을 곧 되돌려놓았다.

그 뒤 몇 가지가 궁금해졌는데, 가장 호기심을 자극한 것은 달에 과연 생명체가 있을까 하는 것이었다. 마침 문하생도 정보를 더 얻고 싶어해서 첫날 갔었던 분화구로 다시 의식을 보냈다. 그런데 뜻밖에도 거기서 영화에서 흔히 본 것 같은 형상의 외계인 두 명을 만났다. 크고 새까만 눈에, 몸은 회색으로 되어 있다고 했다. 문하생이 깜짝 놀라 물어보니, 둘 중

하나가 한쪽 손을 들어 보였다는 것이다. 대화가 가능한지 물어보도록 했는데, 가능하다는 답이 왔다.

　　　대화는 문하생이 메신저가 되어 나와 그들이 이야기를 주고받는 방식으로 진행되었다. 그렇게 대화가 시작되었고 놀라운 정보들이 쌓여갔다. 중국 인구 정도의 지성체가 달에 살고 있다는 것, 주로 지하에서 활동하며 극미량의 수분을 섭취한다는 것, 예술이나 정치가 존재하지 않는다는 것……. 하나하나가 놀랍기 그지없었다. 믿을 수도 없었고, 믿지 않을 도리도 없었다. 예술도 없고 정치도 없으면 무슨 재미로 사느냐고 물었을 때 돌아온 대답은 "존재 자체가 행복"이라는 것이었다.

하창수　'그들'과 우리는 여러 가지 면에서 다른 존재일 것 같은데, 선생님이 확보한 정보들 가운데 '그들'과 우리가 확연히 다른 점 하나만 꼽으신다면 무엇입니까?
이외수　의식을 공유하는 시스템이다. 그들은 한 지성체가 정보를 취득하면 모두가 공유한다. 그런데 그 정보에 대해 한 지성체라도 반대하면 정보로서의 가치가 상실된다. 즉, 만장일치로 받아들여야만 정보로 기능하는 것이다.

하창수　이를테면, 한 사람의 의식을 '그들' 전체가 공유한다는 건가요?
이외수　그렇다. 책이나 인터넷 같은 걸 통해서가 아니라 의식으로 공유한다. 그들에게 성별의 구분이 없다는 특징과 어떤 관련이 있지 않을까 싶기도 하다. 종족 보존을 버섯처럼 포자로 생겨나게 한다거나, 물질과 의식을 섞어서 비행체의 동력으로 사용한다는 것과도 유관하리라 짐작된다. "그리움이 동력이 될 수도 있다"는 표현을 썼는데, 예술이 존재하지 않는다는 게 거짓말처럼 들릴 정도로 문학적이었다.

하창수 혹시 메신저의 의식이 개입한 것 아닐까요?
이외수 때로는 문하생의 의식이 작용한 게 아닐까 의심이 되기도 했다. 그런데 감성과 이성의 차이를 설명하는 대목에서 고도로 철학적이면서도 명쾌해서 문하생의 의식이 작용했을 가능성은 희박하다고 느꼈다. '달 친구'는 "이성이 깃대라면, 감성은 깃발"이라고 표현했다. 공부의 깊이가 느껴지는 설명이었다. 그리고 공개 채널링을 할 때였는데, 물리학을 공부한 사람과 네 시간 동안 논쟁을 벌인 적도 있다. 원소를 쪼갤 수 있느냐는 질문에 '달 친구'는 "무한히 쪼갤 수 있다"고 대답했다. 그 문제를 가지고 물리학자와 마라톤 대화가 오갔는데, 그건 메신저의 지식 범주를 넘어서는 수준이었다. 그 대화를 통해 나는 '달 친구'들과의 채널링에 문하생의 의식이 개입될 가능성이 거의 없을 거라는 결론을 내렸다. 어쨌든 채널링에서 확신은 금물이다.

하창수 삶이 운영되는 시스템 자체가 그쪽과 우리는 완전히 다르다고 봐야 할까요?
이외수 완전히 다른 것 같았다. 가치관도 달랐다. 생명체나 우주에 대한 태도에서 '높은 격'을 보았다.

하창수　최근 외신에 의하면, 수년 뒤 1인당 2억 원의 비용을 지불하면 우주여행을 할 수 있다고 합니다. 또 다른 보도에 의하면, 화성의 방사능 양이 예상보다 많아서 암에 걸릴 각오를 해야 한다는군요. 그럼에도 불구하고 엄청난 수의 사람들이 예약을 하고 있다고 합니다. 선생님은 예약을 하시겠습니까?
이외수　눈만 감으면 얼마든 오갈 수 있는 곳을 굳이 갈 필요가 있을지 모르겠다.

하창수　아폴로 11호가 달에 착륙하지 않았다는 음모론이 꽤 오래전에 제기됐는데, 근자에 다시 인터넷을 중심으로 퍼지고 있습니다. 혹시 선생님의 '달 친구'들과 이 문제를 논의해볼 수 없을까요?
이외수　언젠가 궁금해서 물어본 적이 있다. 그들의 말로는 실제로 왔다 갔다고 했다. 지구인이 언젠가는 올 거라고 생각은 했지만 쇳덩이를 타고 올 줄은 몰랐다고 했다. 의식을 통해 얼마든 조우할 수 있음에도 불구하고, 많은 돈과 노력과 시간을 투자해서 우주선이라는 원시적인 방식으로 온 것에 대해 의아해했다. (웃음)

하창수　'그들'과의 교신은 쌍방적인가요?
이외수　그들이 우리를 부르는 경우는 없다. 우리가 의도해서 그들에게 교신을 신청하는 방식이다.

하창수 그쪽에서 우리를 부르지 않는 이유가 뭘까요?

이외수 그들은 우리에 대해 궁금한 게 없기 때문일 것이다. 그들의 과학은 우리에 비해 훨씬 앞서 있다. 과학만이 아니라 모든 면에서 우리가 비교될 수 없을 정도로 발달되었다. 특히 철학적인 면은 월등하다. 그들에겐 우리만큼 간절함이 없다.

하창수 '아폴로 계획'에 대해서는 사실 여러 가지 음모설이 끊이지 않고 있습니다. 11호에 이어서 18호가 유인우주선으로 달에 간다는 계획을 수립했다가 갑자기 취소된 것, 연습을 모두 마친 비행사들이 하나같이 의문의 죽음을 당했다는 것, 재정 사정도 좋아지고 과학도 더 발달했는데 더 이상 추진되지 않았다는 것, 그러다 달 탐사 자체가 아예 중단되어졌다는 것 등 풀리지 않는 의문이 산적해 있습니다.

이외수 그 계획들을 화성으로 전환한 걸로 알고 있다.

하창수 달에서는 더 이상 캐낼 것이 없다고 판단한 걸까요?

이외수 거기에 대해서는 뭐라고 말할 수 없다. 다만 채널링을 통해 화성에 대해 물어본 적은 있다. 산소가 아주 희박하고, 천재와 인재가 겹쳐서 위기에 처해 있는 입장인데다, 지구인의 간섭까지 확인되는 바람에 혼란에 빠져 있다고 했다.

하창수　그렇다면 화성에도 달의 지성체 같은 존재가 살고 있다는 건가요?
이외수　그렇다.

하창수　19세기 말에서 20세기 초반에 활동한, 과학소설의 원조라고 할 수 있는 H. G. 웰스의 단편소설〈수정계란〉이 생각납니다. 어느 날, 주인공이 운영하는 골동품가게에 계란 모양의 수정구슬이 들어옵니다. 주인공은 빛이 없는데도 그 구슬이 빛을 내는 걸 발견하고 유심히 들여다보다가 구슬 안에서 어떤 형상을 보게 됩니다. 고대 석주를 닮은 기둥들이 서 있고, 기둥들 사이를 이제껏 본 적 없는 새들이 날고, 진기하게 생긴 짐승들이 초원을 뛰어다닙니다. 그런데 각도를 달리해서 보면 구슬 안의 어떤 '눈'이 자신을 들여다보고 있는 것을 알게 되고, 우여곡절 끝에 의문의 죽음을 당하는 것으로 끝이 납니다.
　　　웰스는 주인공이 구슬을 통해 본 것이 '화성'이라고 확정적으로 말합니다. 화성탐사선이 보내온 실제 화성의 모습과는 판이하게 달라서 그의 소설은 그저 '공상'에 불과하다고 판단됩니다. 나중에 자세히 논의하게 되겠지만, 선생님은 채널링을 통해 화성에 지성체가 살고 있다는 정보를 가지고 계신데, 만약 그게 사실이라면 웰스의 소설이 단지 공상만은 아닐 수도 있다는 얘기가 될 듯싶습니다.
이외수　사실 채널링을 통해 얻어지는 정보들은 어떤 식으로든 입증할 길이 없다. '달 친구'들 역시 존재를 증명할 방법이 없다. 물론 부정할 방법 또한 없다. 언젠가 타당성을 인정할 수 있을 만큼의 정보가 쌓이고, 입증할 방법들이 찾아지면 다행이겠지만, 그때까지는 그저 '흥미로운 이야기' 이상의 의미를 부여하지 않았으면 좋겠다.

　　　　아무튼 내가 채널링을 통해 알아낸 바로는, 태양계 안에 지성체가 존재하는 행성은 금성·지구·달·화성 네 군데인데, 목성은 의식만 모여 있는, 물질과 결합한 상태가 아닌 자아들이 거쳐가는 간이역 같은 행성이며, 과학과 철학이 가장 발달한 곳은 금성이고, 화성이 가장 떨어지는데 육지를 이동하는 수단은 있지만 공중으로 이동하는 수단은 없으며, 대신 돌을 잘 다루고, 문명이 그다지 발달되지는 않았다는 것 정도다.

하창수　기독교에서 얘기하는 천국이나 불교에서 말하는 극락, 그리고 작가나 철학자들이 상상하는 이상향 또는 유토피아 같은 것의 실재성을 어느 정도로 보십니까?
이외수　형태까지 같을지는 장담할 수 없지만, 존재하리라는 것은 거의 확신한다.

하창수　반대로 지옥 같은, 죽은 이의 영혼을 통제하고 관리하는 곳 또한 존재할 거라고 보십니까?
이외수　그것 역시 존재하리라고 확신한다.

하창수　확신하는 근거는 무엇인가요?
이외수　유체이탈을 통해 영계를 다녀온 적이 있다. 그 경험을 바탕으로 대답한 것이다.

하창수   유체이탈 경험을 얘기해주실 수 있습니까?
이외수   의식이 내 몸을 빠져나간 상태에서 나를 본다. 벽에 기댄 채로 유체가 이탈되었는데, 벽에 기대 있는 나를 생생하게 보았다. 그걸 보고서 "내가 죽었구나"라고 느꼈고, "죽어도 괜찮은데?"라는 생각이 들었다. 너무나 가벼웠고, 고통과 근심이 없는 아주 편안한 상태가 되어 있었다. 안내자 두 명이 있었다. 흔히 드라마나 영화에서 보던 저승사자와는 달랐다. 형태이기보다는 의식인 것 같았다. 다만 존재한다는 느낌은 명확했다.

"자, 이제 데리고 갑시다." 안내자 의식 하나가 말했고, 그 얘기를 듣자 당연히 가야 된다는 생각이 들었다. 그러고는 벽을 빠져나갔는데, 빠져나간 것이 벽이라는 인식이 들어서 깜짝 놀랐다. 몸이 부딪힐 것 같은 느낌은 몸을 갖고 있을 때와 동일했다. 벽을 빠져나간 뒤에야 "아, 몸이 없지!" 하는 생각이 들었다. 아주 빠른 속도로 수평이동을 하다가 수직으로 상승했다. 어느 공간에 도착하자 '오리엔테이션' 같은 걸 했다. 그러고는 설명 들은 이곳저곳을 직접 돌아다녔다. 그러다가 어느 순간 벽에 기대 있던 내 몸 속으로 의식이 들어갔고, 깨어났다.

나는 내가 다녀온 그곳을 통상적으로 '영계(靈界)'라고 표현한다. 그렇게 영계를 다녀온 뒤 거기서 본 것들, 체험한 것들을 이야기하면 입에 담기 힘든 욕을 들어야 했다. "드디어 이 노인네가 노망이 들었군" 하는 소리를 면전에서 들었다. (웃음) 장편 〈장외인간〉을 출간하고 기자들과 간

담회를 할 때, 나는 "이건 달 친구들로부터 정보를 얻어서 쓴 것이다"라고 얘기했다. 어느 날 갑자기 달이 없어져버리고, 달을 기억하는 사람이 아무도 없는 상황이 연출되는 내용이라, 채널링을 통해 달 친구들로부터 달에 관한 정보를 얻을 필요가 있었던 것이다. 기사가 나가자마자 한 300개쯤 되는 댓글이 달렸는데 온갖 욕설이었다. 그 뒤로 채널링에 관해서는 함구해왔다. 거듭 말하지만, 내가 입증할 수 있는 일이 아니다.

외계와의 소통,
채널링에 대해 이야기하다

하창수 채널링을 하게 되면 어떤 방식으로 기록하나요?
이외수 채널링 전 과정을 녹화·녹음하고, 문서파일로 풀어서 정리해둔다.
(집필실 서가 한 켠이 녹음테이프로 가득 채워져 있다.)

하창수 혹시 선생님 자신에 대해 궁금한 것을 물어서 확인해본 일은 없습니까?
이외수 (머뭇거리다가) 예전 동네에 있던 큰 은행나무가 갑자기 생각나서 물어본 적이 있다. 20원을 가지고 번데기를 사서 하루를 먹으면 다음 날 하루를 굶고, 또 20원을 가지고 감자를 사서 하루를 먹으면 다시 다음 하루를 굶곤 하던 시절이었다. 번데기와 감자를 사먹던 포장마차 옆에 엄청나게 큰 은행나무가 있었다. 300년쯤 먹은 나무는 상한 가지 하나 없었다. 나는 그 은행나무가 너무도 존경스러워서 "언젠가는 너처럼 건강하고 우람한 존재가 되어 세상에 나를 드러내겠다"고 나무에게 말하곤 했다. 막걸리를 마시면서 울기도 하고 쓰다듬기도 했다. 오줌이 마려우면 거기다가 오줌도 누었다. 딴에는 거름이 됐을 거라고 믿었다. 그 은행나무가 갑자기 생각나서 대화를 할 수 있느냐고 물었다.

'달 친구'가 은행나무 정령을 불렀다. 오래 걸리지 않았다. 나는 반가워서 정령에게 "잘 지냈나?"고 했더니 나이가 훨씬 많은데 왜 반말을 하느냐고 나무랐다. 나를 기억하느냐고 물었더니 기억한다고 했다. 내가 소변으로 거름을 주어서 잘 자란 거라고 농담을 했더니, 굉장히 불쾌했다는 대답이 돌아왔다. 너무 뜨거워서 죽는 것 같았다고 했다. 내일 당장 가겠다고 했더니 극구 만류했다. 이상하다는 생각이 들어서 '달 친구'에게 이유를 물었는데, 나름대로 사연이 있는 모양이니 가지 않는 게 좋을 것 같다고 했다.

며칠 뒤 우연히 둘째아들과 함께 차를 타고 그곳을 지나가게 되었다. 아내가 장을 본다고 중앙시장 쪽에 차를 세웠는데, 그 사이에 내가 그곳에 가보았다. 포장마차와 은행나무 어름쯤에 커다란 물류창고가 들어서 있었는데, 나무는 보이지 않았다. 가까이 다가가 살펴보니 물류창고 수위실 옆에 밑동이 바짝 잘려나간 나무가 있었다. 가지 하나 상한 데 없던 나무가 밑동까지 잘려나간 모습은 처참하기 이를 데가 없었다. 하지만 나무는 죽지 않고 밑동에서 가지가 막 자라고 있었다. 오지 말라고 한 이유를 그제야 알았다.

하창수 채널링은 신비주의 그룹에서는 오래전부터 광범위하게 시행되어 왔습니다. 일반인에게는 생소할지 모르지만, 고대 벽화나 구조물에 나타난 그림·문양·양식 등을 살펴보면 채널링을 통한 외계 지성체와의 소통이 상당한 역사를 지니고 있다고 주장하는 연구자도 적지 않습니다. 문제는 채널링을 통해 얻어낸 정보들이 과연 우리에게 어떤 유익함을 줄 수 있는가 하는 것일 텐데요.

이외수 정보의 사실 여부를 떠나, 정보를 얻는 데 시간과 공간의 제약을 받지 않는다는 게 큰 이점이다. 우주선을 타고 기약 없는 탐사여행을 떠나는 것보다 훨씬 수월하기 때문이다. 무엇보다 채널링을 통해 얻을 수 있는 유익함은, 우리와 다른 방식의 삶을 살아가는 존재들과의 소통을 통해 우리가 사는 방식의 결점을 보완하고, 우리보다 뛰어난 의식을 갖고 있다면 많은 점을 배울 수 있을 거라는 것이다.

하창수 우주의 비밀이나 신에 관해서는 물어보지 않았습니까?

이외수 신에 대해서는 이야기하려 하지 않았다. 지구인이 '신'이라고 부르는 존재에 대해 말하기에는 그들 역시 어떤 정보도 가지고 있지 않다고 했다. 우주에 대한 비밀은 정보가 너무 많아서 일일이 말하기 힘들다. 데이터를 공개할 적절한 시기가 있으리라 생각한다.

하창수 1960년대 제인 로버츠나 셜리 매클레인이 자신의 전생을 알아내기 위한 방법으로 채널링을 활용한 것을 대략 현대 채널링의 시작으로 봅니다. 하지만 19세기 중반에 이미 교령술(spiritualism)에 입각해 광범위하게 채널링이 진행된 것으로 알려져 있습니다. 신지학회의 주요 문서에서도 채널링에 관한 자료들이 발견되고, '아카식 레코드'를 통해 미래의 일을 정확히 예견한 애드거 케이시도 채널링으로 미래의 정보를 얻었다고 합니다. 나름대로 전통이 있는 채널링의 역사에도 불구하고, 일반적으로 채널러는 영매나 무당과 별반 다르지 않게 취급되고 있습니다.

이외수 대상이 다르다. 무당이나 영매는 오직 죽은 사람의 영혼을 대상으로 한다. 하지만 채널러는 죽은 사람의 영혼은 물론 모든 살아 있는 존재, 심지어 사물과도 소통한다.

하창수 1980년대 후반 미국의 상원의원 클레이번 펠은 '외계에서 온 상원의원(The Senator from Outer Space)'이라는 별명이 붙었을 정도로 초자연현상에 심취한 정치인이었습니다. 덕분에 당시 상원의원 4분의 1이 초자연현상에 흥미를 갖고 있었다고 합니다. 펠 의원은 하원의원이었던 찰스 그랜디슨 로즈 3세와 함께 심령무기 개발에 예산을 할당해야 한다고 주장하기도 했습니다. 펠 의원은 수시로 외계 지성체와 채널링을 시도했고, 채널링을 통해 많은 정보를 얻었던 것으로 알려져 있습니다. 하지만 30년 가까이 지난 지금까지 이렇다 할 국가적 지원을 받지 못하고 있는데(실제로 지원을 받지 못한 것인지, 아니면 비밀리에 지원이 이루어지고 있는지는 알 수 없지만), 이런 상황을 선생님은 어떻게 보십니까?

이외수　정치인이 채널링을 하는 데는 일말의 우려가 있다. 채널링으로 얻은 정보를 정치적 무기로 사용할 가능성이 있다. 외계와의 소통에 의해 얻어진 정보는 평화적인 목적으로 사용되어야 한다. 정치인은 정치적 이득을 위해 정보를 이용할 가능성이 높다.

하창수　외계 지성체도 같은 생각일까요?

이외수　아니다. 내 생각이 그렇다는 것이다. 정치인이 개인적으로가 아니라 정부든 기업이든 어딘가로부터 자금을 지원받는다면, 결국 그들의 '이익'을 위해 사용될 가능성이 있다는 것을 시사한다. 겉으로는 미래지향적인 비전을 제시하면서 평화적인 자금 운용을 약속하지만, 결국 무기 개발 같은 패권주의에 사용할 우려를 배제할 수 없다. 기본적으로는 외계 지성체의 생각도 나와 동일하다고 본다.

하창수　정치인들의 '의도'를 안다면 외계 지성체들이 정보를 주지 않으려 하지 않을까요?

이외수　그건 알 수 없는 일이다. 설정이 어떻게 되어 있느냐에 따라 달라질 수 있다.

하창수　'설정'이라는 게 무엇입니까?

이외수　정보 제공자와 정보 취득자의 관계를 말한다. 가령 동등한 입장의 친구관계로 설정될 수도 있고, 스승과 제자로 설정될 수도 있고, 주종관계로 설정될 수도 있다. 만약 주종관계로 설정되면 외계 지성체는 정치인에게 정보를 제공해주는 대신 주인으로 군림하며 정치인을 마음대로 부릴 수 있게 될 것이다. 그리고 모종의 계획을 가진 정치인이라면 주종관계를 맺더라도 정보를 얻으려 할 것이다. 그런 정보들은 대개 널리 공유되지 않고 독점적 이득을 취하는 방향으로 이용될 것이고, 인류 전체에 어떤 불이익이 생길지 알 수 없다.

'달 친구들'과의 교신

하창수 선생님은 달의 지성체들과 어떻게 설정되어 있습니까?
이외수 우리는 친구로 설정되어 있다. 그래서 우리는 그들을 '달 친구'라고 부른다.

하창수 선생님은 채널링을 통해서 인류가 인류의 힘만으로는 확보하기 어려운, 혹은 인류가 아무리 노력해도 얻을 수 없는 우주적 정보를 얻을 수 있다고 확신하십니까?
이외수 그렇다. 가령 의식과 물질을 섞어서 동력으로 쓴다는 것은 우리에게 아주 유용한 정보다. 만약 우리가 그것을 활용할 수 있다면 에너지 문제는 상당부분 해결할 수 있을 것이다. 만약 "그리움도 동력이 된다"는 그들의 표현이 실제로 적용될 수 있는 거라면, 시인이나 작가들은 인류를 위해 무한한 에너지를 제공하는 존재가 될 것이다. (웃음)

지금의 우리 과학은 한계가 뚜렷하다. 우리의 과학적 한계를 뛰어넘게 해줄 수 있는 정보를 외계에서 얻게 될 가능성은 충분히 높다. 나는 종종 '우리의 역사에서 일어난 놀라운 과학적 비약이 어디서 생겨났을까' 궁금하다. 가령, 겨우 자동차가 만들어졌을 때 누군가의 뇌리에 '하늘을 나는 비행체'가 떠오른 것은 우연한 일일까? 오늘날의 과학은 우리가 중고등학교 때 배운 과학과는 완전히 다른 양상으로 발전하고 있다. 그 대부분이 나사(NASA, 미국 항공우주국)에서 얻어낸 정보들을 활용한 결과라고도 한다. 나사가 여러 가지 우주적 정보를 독점적으로 관리하고 공개하지 않는다는 의혹은 오래전부터 제기되고 있는데, 그게 만약 단순한 음모론이 아니라면 그들이 어떤 경로로 정보를 얻었는지 궁금하지 않을 수 없다.

하창수   요즘도 채널링을 자주 하십니까?
이외수   자주 하지는 않고, 두세 달에 한 번꼴로 한다.

하창수   반복되는 질문입니다만, 채널링을 통해서 얻어지는 정보를 얼마나 신뢰하십니까?
이외수   반드시 다 믿을 필요는 없을 것 같다. 의도적으로 거짓 정보를 흘릴 가능성도 배제할 수 없다.

하창수 달의 지성체가 지구에 와서 살려고 하지는 않습니까?

이외수 살 수 없다고 했다. 중력의 차이가 심해서 특수한 장비를 사용해야 하는데, 생활하기에도 불편하고 위험도도 높다고 했다.

하창수 최근 인간이 달에 식민지를 건설한다는 기사를 보았습니다. '달 친구'들이 들으면 좋아할 것 같지 않습니다.

이외수 불가능하다고 본다. 나사가 공개하기를 꺼리는 사진들 중에는 유리물질 같은 것이 설치되어 있는 게 보이는데, 바리케이드라고 한다. 일종의 진(陣)이라고 볼 수 있다. 거기에 포획되면 진로를 잃게 된다. 더 이상 접근하지 못하도록 하는 장치다.

하창수 영화에서처럼 무기를 사용해서 물리치는 방법을 쓰지는 않는군요.

이외수 우리 과학으로는 상상하기 힘들다. 새처럼 하늘을 나는 게 있어서 무엇이냐고 물은 적이 있다. "인공적으로 만든 것인가, 아니면 서식하는 생명체인가"라고 물었는데, 생명체라고 했다. 무얼 먹고 사느냐고 물었을 때 돌아온 대답은 그들도 아는 게 없다는 거였다. "저것은 잡을 수 있는 것이 아니다. 물질 변환이 가능하기 때문에 잡으려 하면 모습을 바꿔버린다"고 했다. 만화나 영화의 소재로 사용하면 재밌을 것 같다. (웃음) 달에 식민지를 건설하려는 생각 대신 그들과 평화적으로 공존할 대책을 세우는 것이 더 필요한 일이라는 게 내 생각이다.

하창수 선생님은 개인적으로 채널링을 통해 무엇을 배웠다고 생각하십니까?

이외수 내가 채널링을 통해 배운 것은 우리가 지구에 사는 한 지구의 의식으로부터 자유로울 수 없다는 새삼스러운 사실이었다. 지구의 특질들은 지구의 의식에 의해서 만들어지는 것이고, 인간도 그것으로부터 자유로울 수 없다. 다만, 지구가 우주에 속해 있는 이상 우주의 본질적 속성인 아름다움과 사랑을 추구한다는 것 역시 분명한 사실이다. 지구에 있는 것 중에서 '달 친구'들이 좋아하는 것은 다양한 생명체가 존재한다는 것과 바다가 있다는 것, 비가 내린다는 것, 물이 풍부하다는 것, 그리고 다양한 색채를 가지고 있다는 것 등이었다. 물과 관련된 것과 다양성을 '달 친구'들은 좋아했다. 우리는 어떤지 돌아볼 필요가 있다.

어느 날 내가 물었다. "한 가지 좀 이상한 게 있다. 달이나 화성 같은 곳에는 분화구가 많이 있는데 지구를 찍은 위성사진들을 보면 표면이 매끈하다. 면적이나 중력을 감안해 볼 때 지구에 운석이 떨어질 확률이 훨씬 높은데 분화구가 있는 태양계 안의 많은 행성에 비해 지구는 지나칠 정도로 매끈한 이유가 무엇인가?" 내 질문에 돌아온 대답은 뿌듯하면서도 놀라웠다. "지구는 정말 아름다운 행성이다. 우주의 지성체들이 보존 가치가 있는 행성으로 판단해서 많은 도움을 주고 있다. 즉, 여러 가지 위험한 요소를 막아주는 '친구'들이 많이 있다는 얘기다. 물론 나쁜 의도를 가지고 지구를 관측하고, 지구에 접근하는 지성체들도 있기는 하지만, 그보다는 보호하려는 지성체가 훨씬 많다. 지구인들이 이 사실을 알고 자신의 행성을 아름답게 가꾸는 데 더 많은 노력을 기울였으면 좋겠다." 곰곰이 새겨봐야 할 말이다.

하창수 일부이긴 하지만 채널링을 통해 선생님이 축적한 정보들로 미루어 보면, '달 친구'들만 하더라도 우주적 정보를 아주 많이 갖고 있는 것으로 판단됩니다. 만약 선생님이 갖고 계신 모든 정보가 공개된다면 물리적인 면은 물론 정신적·영적 진보에도 상당한 기여를 할 수 있을 것 같습니다.

이외수 그렇다고 생각한다. 그들이 제공한 정보들 중에는 우리 선조들에 관한 것들, 우리가 의아하게 생각했던 우리 인류의 모습들이 상당부분 들어 있다. 특히 내가 큰 관심을 가졌던 것은 이른바 '깨달은 사람'들이 남겨놓은 수수께끼에 대한 답인데, 그동안 내가 고민했던 화두(話頭)와 공안(公案)을 물었을 때 1초의 망설임도 없이 대답했다. 그들의 '공부'의 깊이를 헤아릴 수 있는 대목이었다. 이것만으로도 충분히 우리의 영적 진보에 도움이 될 것이다.

하창수 제가 판단하기에 가장 소중한 정보는 지구에 국한된 우리의 의식이 우주적 존재로 확장될 가능성이 있다는 것이 아닌가 싶습니다. 그리고 이미 우리 안에 그것을 가능하게 하는 요소, 즉 '사랑'을 가지고 있다는 사실 또한 더없이 소중한 정보인 듯합니다.

이외수 그렇다. 우리가 결코 영적으로 부족한 존재가 아니라는 자각이 절실히 필요하다.

하창수 독일의 명상가 페테르 에르베의 《우리는 신이다》라는 책이 생각납니다. "우리가 우주적 존재임을 자각한다면 우리 각자가 모두 신이며, '하나임(Oneness)'을 알게 될 것이다. 신부와 도둑이, 작가와 마약중독자가, 인쇄공과 기업의 CEO가, 메이저리그 야구선수와 구멍가게 주인이, 시민단체 상근자와 거리의 청소부가 모두 '하나임'을 알게 될 때, 우리는 신이다"라는 인식만큼 우리를 위안해주는 것이 달리 없다는 생각이 새삼 듭니다. 선생님의 '달 친구'들 얘기도 이런 범주 안의 이야기인 듯 느껴집니다. 그들이 들려준 '사랑'이, 이런저런 기발한 로켓을 만들어서 이렇게 저렇게 해보라는 정보보다 더 훌륭한 정보라는 생각이 듭니다.

이외수 맞다. 그렇다.

하창수 노파심에서 자꾸 비슷한 질문을 하게 되는데, 혹시 채널링을 통해 얻은 정보들 중에서 의심이 간다거나 하는 것은 없었습니까?

이외수 없지 않았다. 허언이거나 거짓인 것도 있었다.

하창수 어떻게 된 일이라고 생각하십니까?

이외수 알 수 없다. 나쁜 의도를 가지고 그런 것 같지는 않다. '달 친구'들보다 높은 단계의 존재들이 정보를 틀어버리거나 변화시키는 경우가 있다는 얘기를 들은 적이 있다. 물론 그 때문인지는 확신할 수 없다.

하창수 잘못된 정보라는 판단은 언제 어떻게 일어납니까?

지구는 정말 아름다운 행성입니다. 우주의 많은 지성체들이 지구를 보호하려고 합니다. 지구인들이 이 사실을 알고 자신의 행성을 아름답게 가꾸는 데 더 많은 노력을 기울였으면 좋겠다고 말합니다. 그들과의 대화는 입증할 수는 없지만, 부정할 수도 없는 진실입니다. 보지 않으면 혼란이 없습니다. 그러나 '뭔가'를 보기 위해서는 혼란은 피할 수 없는 조건입니다.

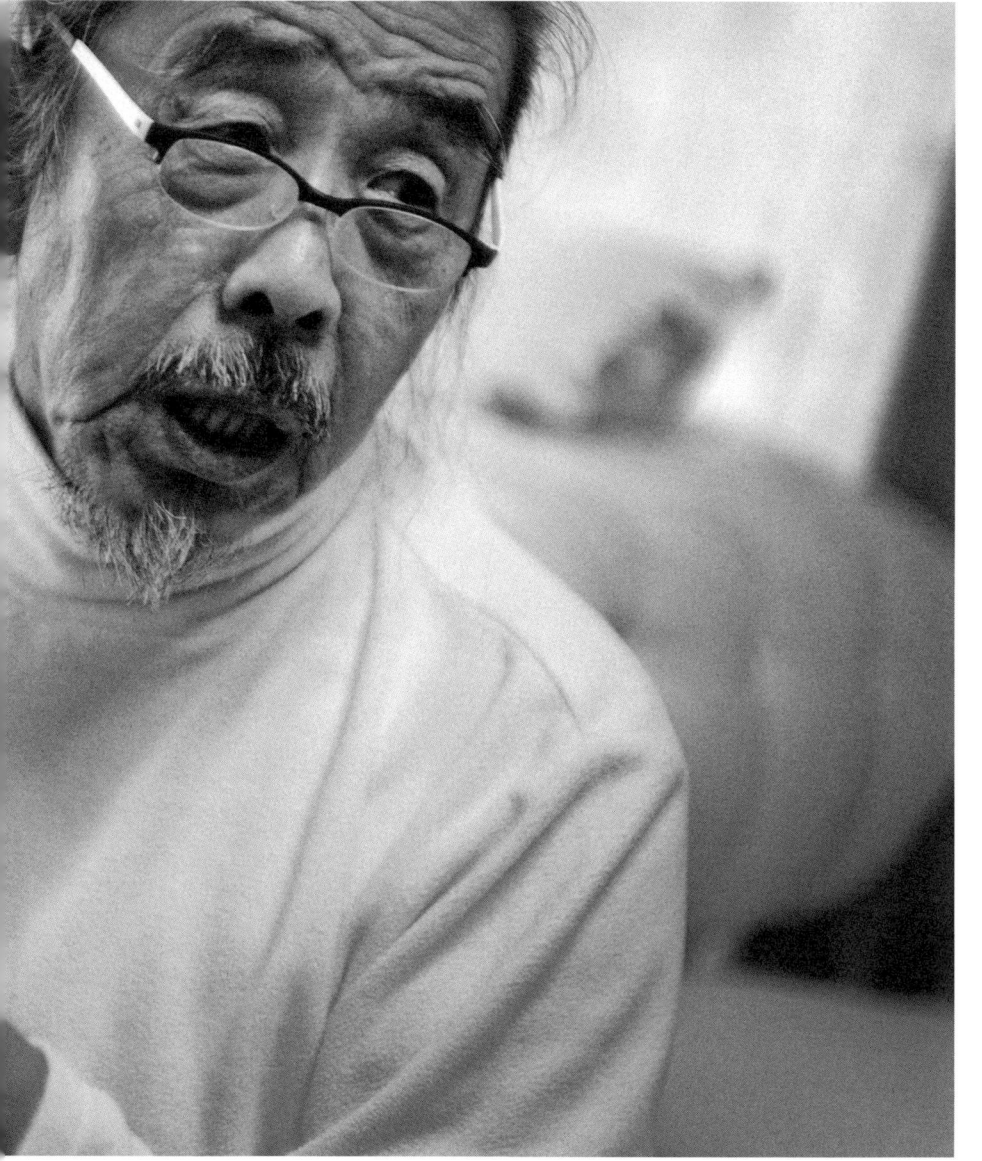

이외수   채널링 당시엔 판단이 되지 않는다. 지구인들의 특성은 "지나고 난 다음에 안다"는 것이다. 예언이 빗나간 뒤에야 예언이 잘못된 것이라고 판단하는 것과 같다. 예언의 적중을 합리화시키는 과정도 동일하다. 가령, 노스트라다무스의 예언이 맞았다고 주장하는 쪽은 항상 "이전의 판단들은 이러저러해서 오류가 있었을 뿐"이라고 말하면서 실제 일어난 결과를 가지고 맞춰서 "틀림없이 정확한 예언이었다"라고 하게 된다. 미래의 사건들에 대한 예언은 가능하면 믿지 않는 게 좋다. 더 뛰어난 능력을 가진 의식이 정보를 틀거나 바꿔버리는 경우가 있기 때문이다. 왜 그러는지에 대해서는 짐작만 할 뿐이다.

하창수   어떤 짐작인가요?
이외수   흔히 '천기누설(天機漏洩)'이라고 하는 것과 유사하지 않을까 싶다. 우리가 알면 해로울 것 같아서 사실대로 가르쳐주지 않는다면 우리를 '사랑'하는 것이고, 아직 시기상조라고 생각되어 가르쳐주는 시점을 미루는 것일 수도 있다. 모르는 게 약이다. (웃음)

하창수   우리를 위해서 틀고 바꾼 거라고 생각하는 게 좋겠군요.
이외수   그렇다.

하창수   채널러의 의식, 공부의 정도가 중요합니까?
이외수   채널러에 따라 채널링의 질이 확연히 다르다. 한 번 시작하면 보통

서너 시간 정도 진행하는데, 어떤 채널러는 30분을 버티지 못한다. 채널러가 저급한 관심사에 매달리면 상대가 얘기를 더 이상 이어가지 않으려 할 때도 있다. 채널러의 의식이 높고 공부가 많이 되어 있으면 선사의 법문(法文) 같은 얘기들이 오간다.

하창수 '즉문즉답'이라는 말씀을 하셨는데, 지성체의 답변에는 일체의 망설임이 없나요?
이외수 대부분 그렇다.

하창수 저쪽 지성체들은 그렇다면 상당한 수준에 도달한, 이를테면 '고수'라고 봐야겠군요.
이외수 우리가 운이 좋았다.

하창수 지성체 가운데서 채널링의 대상을 선생님이 임의로 고를 수가 있습니까?
이외수 고른다기보다는 연(緣. 인연)이 맞아야 한다는 게 옳은 표현일 것 같다. 대화를 원하면 통하는 수준과 만나게 된다. "성질이 같은 것끼리 모인다"는 이치와 동일하지 않을까 싶다.

하창수 채널링을 하다가 혹 "못 알아듣겠다"거나 "이건 이해가 잘 안 된다"거나 "너무 난해하다"고 느껴지는 정보는 없었습니까?

이외수　각종 예언서에 나오는 얘기들을 할 때 주로 그랬다. 우리 쪽 예언서에는 늘 지구의 종말 같은 급박한 위기상황이 언급되어 있는데, 그것을 피할 수 있는 방법 같은 걸 물었을 때 돌아오는 대답은 마치 암호풀이를 하는 듯했다. 매우 고차원적인 이야기여서 곤혹스러웠던 적이 있다.

하창수　풀기는 하셨습니까?
이외수　어렴풋이 접근하기는 하는데 명확하다고 말하기는 힘들다. 가령, 십승지*에 대해 물었는데, 돌아온 대답은 지명이 아니었다. 열 가지 재앙을 능히 물리칠 수 있는 사람이 앉아 있는 자리가 곧 '십승지'라고 했다.

하창수　알 듯 말 듯합니다.
이외수　해석에 따라 완전히 달라질 수 있는 답이다.

하창수　정해져 있을 수도 있고 아닐 수도 있다는 얘기인가요?
이외수　열 가지 재앙이 어떤 것인지, 그것을 물리칠 수 있는 사람이 앉아 있다는 건 무슨 의미인지, 명확하지 않다. 그것을 바로 알 때가 올 것이다.

하창수　선생님은 메신저를 통해서 채널링을 진행하십니다. 직접 채널러가 되지 않는 이유가 있습니까?
이외수　객관성을 유지하기 위해서다. 직접 하게 되면 내 의식이 섞일 것 같았다. 참관자들이 있는 공개 채널링의 경우는 더욱이 오해의 소지가 생

● 十勝地. 풍수지리에서 전쟁이나 천재가 일어나도 안심하고 살 수 있다는 열 군데의 땅. 흔히 피난지를 말하는데, 경북 풍기의 금계촌, 경북 봉화의 춘양, 충북 보은 속리산 밑 중항 일대, 전북 운봉 두류산, 경북 예천의 금당동 북쪽, 충남 공주의 유구·마곡, 강원 영월의 정동 상류, 전북 무주의 무풍동, 전북 부안의 호암 밑 변산 동쪽, 경북 성주의 가야산 남쪽 만수동을 이른다.

길 수 있다는 생각이 들었다. 메신저를 두면 의식을 옮기는 데 시간이 걸리긴 하지만 양쪽 모두를 객관적으로 볼 수 있는 장점이 있다. 참관자들 역시 객관성을 확보할 수 있다.

하창수 적어도 메신저의 의식수준을 잘 아니까 조작인지 아닌지를 판단하기가 용이하다는 점이 있군요. 대부분의 채널링은 정보 취득자가 직접 채널러가 되죠?
이외수 그렇다. 다이렉트로 실시하는 경우가 많다.

하창수 객관성 면에서는 문제가 있을 수 있겠군요.
이외수 스스로 정보의 객관성에 의심을 가질 수도 있고, 완전히 몰입해버려서 정보를 지나치게 확신할 수도 있다. 두 가지 모두 어느 정도 위험성이 있다. 반면에 메신저를 거치지 않아 정보를 취득하는 시간적 여유가 많다는 점과 자신이 얻으려는 정보에 대해 정확히 질문할 수 있다는 점은 오히려 장점이다.

미래의 모든 일이 기록된 도서관,
아카식 레코드 읽기

하창수 얘기를 듣고 보니 닉 머피의 〈어웨이크닝〉*이라는 영화가 생각납

● 1921년 전쟁이 끝난 후의 잉글랜드에는 전쟁에서 남편을 잃은 과부들 사이에서 강령술이 유행한다. 약혼자의 죽음을 떨쳐내지 못하는 플로렌스는 다른 여자들과는 달리 초자연적인 주장이 틀렸음을 증명하려 애쓴다. 그런 그녀에게 유령이 나타난다는 기숙학교를 조사해달라는 의뢰가 들어오는데, 거기서 플로렌스가 실제 유령과 죽은 약혼자를 만나게 된다는 미스터리 스릴러.

니다. 초자연현상을 대하는 사람들에게 객관성 유지가 아주 중요한 과제라는 사실을 느끼게 해주는 영화였는데, 사실 의식을 객관적으로 유지하기는 말처럼 쉽지 않을 것 같습니다.

      1990년대 후반, 국내 신과학회의 한 심포지엄에 참석한 적이 있습니다. 당시 심포지엄의 강연자로 초대된 채널러 밥 코프랜드는 이른바 '미래의 모든 일이 기록된 도서관'으로 일컬어지는 아카식 레코드(Akashic Record)를 읽는 시범을 보였습니다. 케네디 대통령의 암살을 포함해 많은 예언이 적중한 것으로 알려진 에드거 케이시가 자신의 예언의 근거로 삼은 것이 바로 아카식 레코드인데, 만약 채널러를 통해 아카식 레코드를 읽을 수만 있다면, 인류에게 엄청난 희망을 선물하는 일이 될 수도 있습니다. 그런데 아카식 레코드에 기록된 재앙은 현실에 그대로 일어난다는 뜻이고, 그렇다면 재앙이 일어난다는 사실만 알게 될 뿐 결국 막을 수는 없다는 게 딜레마입니다.

이외수 사실, 재앙을 막아낼 수도 있다. 단순한 것일 경우에는 충분히 가능하다. 하지만 그것이 일어나게 되어 있다는 것은 이미 막아낼 수 있는 힘을 잃었다는 뜻이다. 언제나 문제는 인간이다. 인간이 뭔가 중요한 것을 상실하면 불행한 일이 닥친다. 그리고 그럴 때마다 특별한 존재들, 우리를 위기에서 구출하는 존재들도 있었다. 하지만 국가적 위기를 벗어나게 하고 전환시키는 힘은 개인적인 힘이 아니라, 그렇게 하고 싶은 희망이 결집된 다수의 힘이다. 개인이 아니라 다수가 무엇을 선택하느냐에 따라 달라지는 것이다. 아름다운 것, 사랑에 가까운 것을 다수가 선택하고 실천하는 것이 그 사회, 세계, 지구, 우주 전체의 평화를 위해 중요한 일이다.

예언이 그대로 일어나느냐 일어나지 않느냐는 정작 중요한 문제가 아닐 수도 있다. 우리는 각자 개인으로 존재하고 '나'라는 존재가 무엇이 될지를 결정하는 주체는 '나'이며, 나는 작가가 될 수도 있고, 장군이 될 수도 있고, 유치원 교사가 될 수도 있다. 만약 "일본이 조선반도를 침략해 식민지로 삼을 것이다"라는 예언을 알았다고 하더라도 개인이 할 수 있는 일은 없다. 이 예언이 실현되지 않게 하는 방법을 찾는 것보다는 오히려 일찍부터 독립운동을 결심하고 전략을 기획하는 게 바람직할지도 모른다. 그렇게 김구 선생이나 안중근 의사가 한 사람 더 늘어나게 되는 것이다.

하창수   보브 코프란의 강의가 끝나고 제가 질문을 했습니다. "아카식 레코드에서 어떤 것을 읽었을 때 그것이 명확하다면 결국 그건 일어날 수밖에 없다. 막을 수 있다면 기록을 잘못 읽은 것이거나, 기록이 잘못되어 있다는 얘기이기 때문이다. 가령 '케네디가 암살을 당한다'는 것을 읽고 케네디에게 찾아가 '유세를 하는 도중에 암살을 당하니 가지 말라'고 해서 케네디가 유세장에 가지 않으면 암살을 당하지 않게 되는데, 그러면 아카식 레코드에 문제가 있는 것이 된다. 반대로 그런 충고에도 케네디가 유세장에 가기를 고집해서 결국 암살을 당하게 되면, 아카식 레코드에는 문제가 없지만 결국 그렇게 귀결될 일이니 어떻게 하든 막을 수 없다는 결론에 도달하게 된다.

즉, 아카식 레코드를 읽거나 읽지 않거나 아무런 상관이 없는 것이다." 그러자 "그런 논리를 적용하는 것은 저차원"이라고 일축해버렸습니다. 보브 코프란은 뭔가 다른 대답을 내놓았어야 하지 않을까요? 제가 잘못 생각한 건가요?

이외수 답하기가 굉장히 곤란한 질문이었다. 어떤 사태가 일어나는 걸 막는 것이 나으냐, 그 일이 일어나는 것이 더 나으냐를 생각해야 한다. 예언이 틀리느냐 맞느냐보다 그게 더 중요하다는 걸 인식해야 한다. 그가 예언을 하는 것도 필요한 요소 중 하나고, 그것이 아무리 비극적인 사건일지라도 인간의 오류를 수정하기 위한 경고와 같은 메시지일 수도 있다는 사실을 이해해야 한다. 그게 '큰 차원'에서 해야 할 일이다.

예언이 그대로 실현되는 걸 '적중'이라고만 받아들이면 예언의 '재미'에 빠져들게 된다. 이것은 제자들에게 '술수'를 경계하라고 한 선사들의 말씀과 같다. "우리는 왜 이 길로 갈 수밖에 없는 것인가"에 대한 진지하고 성숙한 고민이 필요하다.

하창수 결국 예언이나 예언의 실현 자체에 얽매이는 게 저차원적이라는 얘기군요.

이외수 그렇다. 적중의 여부가 아니라 더 확장된 의식으로 접근해야 한다.

하창수 채널링을 보고 있으면 고승들이 산으로 들어가 깨달음을 얻는다거나, 이집트의 승려들이 몰입의 경지에서 신과 소통한다거나, 고대 그리스의 신탁, 기독교의 예언자, 혹은 무당이나 무속인들의 영매와 관련된 행위들과도 유사하다는 생각이 듭니다. 이들과 채널링의 차이가 무엇입니까?

이외수   대체로 비슷하지만, 관계 설정이 다르다.

채널링을 어떻게 바라봐야 할 것인가?

하창수   채널링을 바라보는 일반인의 태도에 대해 짚어봤으면 합니다. 채널링을 통해 얻는 정보 가운데 우리에게 해로운 것은 전혀 없어 보입니다. 반면 우리 사회에서는 몹시 위험한 정보들이 버젓이 거래되고 교환됩니다. 실제로 교환되고 있는 진짜 황당하고 위험한 정보들은 제쳐두고, 아무런 해도 끼치지 않는 이런 정보를 비난하는 이유가 뭘까요?

이외수   해보지 않아서 그렇다. 모르기 때문에 그렇다고밖에 말할 수 없다. 우리는 자기가 아는 것에 붙들린다. 인간은 자기 밖의 것에 경계심을 가지고 있다. 처음 본 것에 대해 먼저 두려움을 느낀다. 정보의 생경함 때문에 생겨난 것이기도 하다. 거부감은 자기 것이 완고하게 설정된 어른들에게 나타나는 고질적 현상이다. 어린아이들은 모든 것을 받아들인다. 그들에겐 거부감이 거의 없다. 처음 보는 것에 오히려 스스럼없이 다가간다. 생경한 정보를 아이들은 경계심이나 두려움 없이 받아들인다. 하지만 어른들은 "그래서 위험해"라고 말한다.

하창수 언젠가 채널링이나 초현상을 거부감 없이 수용할 때가 오겠죠?

이외수 외계 지성체들이 계속 지구인에게 접근하는 것은 자신들의 존재를 확인시키기 위한 것이라고 봐야 한다. 이것이 잦으면 언젠가는 우리도 외계 지성체의 존재를 인지하게 될 것이고 그들에 대한 거부감이 줄어들 것이다. 사실 과학의 발달만을 놓고 보면 그들은 얼마든 지구를 침공할 수 있었으리라고 생각한다. 그렇게 하지 않은 것은 과학의 발달만큼이나 그들의 의식이 진보되어 있기 때문이다.

실제로 지구상에는 외계 지성체들과 관련 가능성이 높은 유적들이 산재한다. 가령 나스카 지상도●는 지구적인 것보다는 외계적인 요소가 더 많다. 지구의 여러 가지 기후 중에서도 유독 10년 이상 비가 오지 않는 고원지대에 만들어졌다는 사실도 의미심장하다. 보존되고 전달되어야 한다는 메시지가 담겨 있다. 비판적 연구자들은 달력일 뿐이라고 일축하지만, 높은 곳에 오르거나 비행기를 이용해야만 볼 수 있는 곳에다 달력을 만들 까닭이 무언가?

하창수 원론적인 질문입니다. 채널링을 왜 하는 겁니까?

이외수 세상의 지식이나 논리로 풀리지 않는 것, 풀기 어려운 것이 있기 때문이다. 대체로 비물질적인 것, 정신적인 것, 영적인 것과 관련되어 있다. 가령 "꽃은 생각을 가지고 있을까? 생각을 가지고 있다면 어느 정도일까? 한해살이 화초와 여러해살이 화초 사이에 차이가 있을까?" 같은 것들이다. 지구적 관점에서는 접근조차 하기 힘들거나, 결과를 얻기까지 연구

● 페루 서남부 나스카 평원에 있는 선잉카기 유적으로, 넓은 대지(臺地) 위에 기하학적 도형이 그려져 있는데 워낙 규모가 커서 높은 곳에서 봐야만 정확한 모양을 확인할 수 있다.

기간이 지나치게 오래 걸리는 것에 대해, 확정하기는 어렵지만 속 시원한 답을 얻고픈 욕심이 채널링을 하게 만드는 것 같다.

하창수 선생님이 보여주신 채널링 자료들을 살펴보면 흥미로운 사실을 하나 발견하게 됩니다. 외계 지성체는 인문학적 정보를 전달하려고 하는 느낌이 강한데, 우리 쪽 사람들은 보다 자연과학적인 정보나 정밀하고 정확한 수치로 표시될 수 있는 통계학적 자료를 기대한다는 겁니다.

이외수 제대로 보았다. 수년간 조정하고 보완하려 했지만 잘 되지 않는 게 지구인이 지니고 있는 이기적 특성이다. 숫자로 딱 떨어지는 엄밀한 자료를 원하지만 번번이 실패한다. '저쪽'은 그런 것에 관심이 없거나 초월한 듯하다. 그보다는 훨씬 추상적이고 포괄적인 것, 보편적인 정보를 주려고 한다. 어차피 의식과 의식이 만나는 일이므로 애초부터 수학적 엄밀성은 기대하기 힘든 요소일지도 모른다. 하지만 우리가 보다 중요하게 생각해야 할 것은 평화나 사랑, 온유, 지혜 같은 개념들이다.

하창수 국내에 채널링을 하는 사람이나 그룹이 많습니까?
이외수 그렇게 많지 않은 걸로 안다. 외국에서는 오래전부터 꽤 활발히 진행되고 있다.

하창수 우리나라가 활발하지 않은 이유는 어디에 있을까요?
이외수 종교성이 강한 민족이기 때문일 것이다. 우리는 정신적이고 영적인 면에서는 아주 강한, 모든 종교를 수용하는 민족이다. 비유하자면 가장 낮은 단계의 채널링부터 아주 고급한 지성체와의 채널링까지 모두 경험한 민족인 셈이다. 우리에게는 그런 유전자가 들어 있다. 달에 있는 생명체와 소통하려는 생각보다는 신을 먼저 생각한다.

   종교적 성향이 강하다는 것은, 기복적 신앙으로 기울었을 때 자신의 복락을 기원하고 기적이나 영험한 현상에 집착하는 성향을 띠게 되는데, 그런 점에서 지성체와의 정보 교환은 전혀 흥미를 끄는 요소가 되지 못한다. 더구나 종교적 자만심도 한몫할 듯싶다. 불교를 믿는 사람은 자신이 누구보다 부처를 잘 안다고 생각하고, 기독교를 믿는 사람은 누구보다 예수를 잘 안다고 생각하는 경향이 있다. '달 지성체'를 얘기하면 코웃음부터 친다.

우주를 품은 가슴을 가지고 있어도, 바늘로 살을 찌르면 아플 수밖에 없다

하창수 에세이집 《코끼리에게 날개 달아주기》에서 선생님은 "육신이라는 이름의 애물단지"라고 쓰셨습니다. 우주를 품을 가슴을 가지고 있어도 바늘로 살을 찌르면 아플 수밖에 없다고도 하셨는데, 이걸 읽으면서 저는 갈홍(葛洪)이 〈포박자(抱朴子)〉에서 그토록 숭앙했던 장자를 비판하는 대목을 떠올렸습니다. 우주 타령은 혼자 다 하면서 말년에 끼니를 채울 수 없게 되자 친구에게 가서 먹을 걸 구해온 장자를 공격한 대목인데요, 장자도 육신이라는 애물단지를 갖고 사는 인간이었다는 점에서 그렇게까지 비판을 받아야 했을까 싶습니다. 장자에 대한 갈홍의 비난이나 비판은 정당한 것인가요?

이외수 완전히 몰아세우는 건 옳지 않다고 본다. 장자의 인간적인 모습을 보여주는 것도 장자가 해야 하는 몫이다. 인간은 어떤 경우에도 벗어날 수 없는 한계를 가지고 있다. 생로병사(生老病死), 희비애락(喜悲哀樂)은 누구나 겪는 것이다. 장자의 말년 모습에는 "너나 나나 같다"는 미묘한 가르침이 숨어 있을 수도 있다. (웃음)

하창수 아주 큰 가르침이네요. 포박자 선생이 그걸 몰랐군요.
　　　　고대소설에 귀신이나 유령 이야기가 많은 건 일견 당연해 듯 보이지만, 과학적 사고가 무르익은 18~19세기 유럽에서 거의 대부분의 작가가 초자연현상을 다룬 소설을 다투어 발표한 것은 특이한 현상으로 보입니다. 하지만 당시에는 매우 보편적이었고, 너무도 진지해서 작가들이 그런 경험들을 실제로 한 것이 아닌가 하는 생각이 들 정도입니다. 반면 우리 문학에서는 이런 사례를 거의 찾아보기 힘듭니다.

이외수 이 점만큼은 작가로서의 직무유기를 탓하고 싶다. 시대가 아무리 정신적인 문제, 영적인 문제를 경원한다 하더라도 작가는 오히려 그 문제에 천착했어야 한다고 나는 생각한다. 물질에 집착하고 탐닉적인 삶을 살아갈수록 정신적인 것, 영속하는 것을 일깨워주어야 한다. 후기 자본주의로 건너가면서 이런 현상이 더 짙어진 듯해 안타깝다. 정신이나 영성조차 장사의 수단이 되어가는 시대가 오고 만 데는 작가도 책임을 면하기 어렵다.

　　오히려 과학은 변하고 있다. 신과학은 물론이고, 천체물리학이나 양자역학 같은 분야는 물질적 세계의 비물질성, 정신계, 우주적 관점들을 자연스럽게 포섭한다. 이런 점에서 오히려 영적 문제에 자유로운 문학이 지극히 현실적인 영역만 끌어안고 있는 것은 기이하면서도 안타까운 일이 아닐 수 없다.

'뭔가'를 보기 위해서라면 혼란은 피할 수 없다

하창수 선생님과 관련된 기이한 경험 가운데 절친한 친구에게조차 함부로 말하지 못하는 게 하나 있습니다. 기억하실지 모르겠지만, 1990년대 후반 선생님과 밤을 새우며 바둑을 두던 때 일인데, 한창 전투가 벌어진 바둑판 위로 손가락 한 마디쯤 되는 담배꽁초가 떨어졌지요. 순간적으로 선생님과 저는 서로의 손가락을 보았고, 공교롭게도 우리 모두 담배를 피우지 않고 있었습니다. 선생님은 아무 말씀도 하지 않은 채 바둑판 위에 떨어진 꽁초를 주워서 재떨이에 내려놓았는데, 저는 '귀신에 홀린 기분이라는 게 이런 건가?' 싶어서 아득해졌습니다.

한 사람의 깨달음은 한 사람에게만 머물지 않습니다. 그의 깨달음의 힘은 전파처럼 퍼져나가고, 누군가의 깨달음에 도움을 주게 됩니다. 하나가 열리면 온 우주가 열립니다.

"어떻게 된 일이죠?" 제가 조심스럽게 물었을 때 선생님은 주위를 둘러보시면서 "이분들이 장난을 치시는구먼" 하고는 "종종 있는 일이야, 신경 쓰지 말게" 하고 덧붙이셨죠. 그날 새벽 집으로 돌아온 뒤로 저는 며칠 동안 제대로 잠을 자지 못했습니다. 지독한 회의주의자(skeptic)인 저로서는 혼란스럽기 그지없었습니다. 덕분에 신비주의나 초월, 초현상 등을 공부하게 되었지만요.

이외수 다른 공간에서 왔다고 생각하면 될 것 같다. 의미가 무엇인지는 알 수 없지만, 공간에 잠깐의 왜곡이 일어났을 수도 있고, '누군가' 바둑 두는 우리를 구경하다가 장난을 치려고 던져놓았을 수도 있다. 무심히 떨어뜨린 건지, 어떤 의도를 가지고 뭔가를 가르쳐주기 위해 던진 건지는 그 '누군가'를 만나서 알아내기 전에는 정확히 알 수 없을 텐데, 우리 각자가 나름대로 고민을 해보면 답을 찾아낼 수 있을 거라고 생각한다. 오래전의 일이니, 이미 그 답이 우리 둘의 삶에 녹아들었을 것이다.

사실 이런 예는 흔하지는 않지만 드문 것도 아니다. 가령, 같은 자리에 한동안 계속 앉아 있는데 조금 전까지 분명히 있던 물건이 보이지 않는 경우가 있다. 영영 찾을 수 없게 되기도 하는데, 우리는 보통 그런 걸 "다른 공간으로 건너가버렸다"라고 표현한다. 가만히 기억을 더듬어보면 누구나 한두 번쯤 그런 경험을 한 기억이 있으리라고 생각한다.

하창수 '웜홀'을 말씀하시는 건가요?

이외수 그렇다. 원래의 '웜홀(wormhole)'은 블랙홀과 화이트홀을 연결하는, 우주의 시간과 공간의 벽에 있는 구멍을 말한다. 블랙홀이 회전할 때 만들어지고 속도가 빠를수록 만들어지기 쉬우며, 수학적으로만 웜홀을 통한 여행이 가능하다고 알려져 있다. 하지만 오늘날 확충된 웜홀 이론에 의하면, 시공간 어디에나 존재할 수 있고 구멍의 크기도 다양하다고 한다. 물론 입증은 불가능하다.

하창수   실은, 그 일이 있고 몇 년 뒤에 '웜홀'과 관련된 장편소설을 썼는데, 아직 발표를 하지 않았습니다. 욕먹을까 싶어서…….
이외수   소설에서야 뭐든 가능하지 않나? 욕먹는 건 각오해야겠지만. (웃음)

하창수   얘기가 나온 김에 덧붙이자면, 그 일이 있고 얼마 지나지 않아서 신기한 현상이 한 번 더 있었습니다. 새벽운동을 열심히 하던 때였는데, 아파트 현관문을 나서면서 늘 하던 대로 문간에 떨어진 신문을 현관 신발장 위에 올려놓고 운동을 나갔습니다. 한 시간쯤 운동을 하고 집으로 돌아왔는데, 신발장 위에 신문이 보이지 않았습니다. 신문은 거실 탁자에 펼쳐져 있었습니다. 누군가 보고 자리를 뜬 것처럼 말이지요.
　　그런데 아내와 아이는 그때까지 자고 있었습니다. 아침식사를 할 때 아내에게 혹시 자다가 일어나서 신문을 보았냐고 물었더니, 그런 일이 없다고 했습니다. 아이는 어려서 신문을 봤을 리도 없었지만, 혹시나 싶어 물었는데 역시 아니었습니다. 그후로 저는 꼭 사흘 동안 한숨도 자지 못했습니다. 선생님과의 그 '바둑판 꽁초 사건'도 새삼스럽게 생각나면서 무척 혼란스러웠습니다. 결국 그 두 가지 이해하기 힘든 경험을 한 뒤 저는 '그쪽' 공부를 시작하게 되었습니다.

이외수　진리를 탐구할 때는 관측자의 위치가 굉장히 중요하다. 흔한 예로 "해는 동쪽에서 떠서 서쪽으로 진다"는 걸 영원불변의 진리처럼 얘기하지만, 관측자의 위치에 따라 달라질 수도 있다. 가령 북극에서 보면, 사방이 다 남쪽이기 때문에 해는 남쪽에서 떠서 남쪽으로 진다고 해야 옳다. 이것이 우리의 맹점이다. 태양의 중심부에서 태양을 본다면 태양은 뜨고 짐이 없다. 모든 현상의 주체는 관측자고, 신비적 현상의 주체 역시 관측자다. 관측자는 곧 경험자를 말하고, 자신의 경험치로 삶의 좌표를 삼는다. 만약 '누군가'가 개입했다면 그 개입의 이유와 의미와 결과 역시 모두 관측자가 안고 가야 한다.

하창수　뉴질랜드를 처음 여행할 때 밤하늘에 북두칠성이 보이지 않아서 의아했던 기억이 납니다. 순간적으로 혼란스러웠는데, 남반구에 속하는 뉴질랜드에서 북쪽 하늘이 보이지 않는 건 당연한 일이었죠. 뉴질랜드의 하늘에서 그동안 한 번도 본 적 없던 남십자성을 보았습니다. 관측자 얘기도 그렇고, 초현실적 현상도 이와 비슷하지 않을까 싶습니다.

이외수　보지 않으면 혼란이 없다. 그러나 '뭔가'를 보기 위해서는 혼란은 피할 수 없는 조건이다.

문학, 구원의 삶을 위한 수행

하창수 선생님의 문학에서 신비, 초월, 초자연현상은 어떤 의미를 갖습니까?

이외수 구원의 의미를 갖고 있다. 많은 사람이 예전의 소설이 좋다고 말한다. 지금의 많은 독자가 예전의 내 소설을 읽고 좋아했던 사람들이기도 하다. 그들은 내 소설이 지닌 치열성을 좋아했다. 그런데 〈벽오금학도〉를 시작으로 이후의 소설들이 훨씬 치열한데도 치열성이 느껴지지 않는다는 얘기를 한다. 여기에는 일종의 오류가 있다.

〈벽오금학도〉 이전의 소설들은 하나같이 고통스럽다. 〈꿈꾸는 식물〉의 경우, '작은형'은 정상적인 인물이 아니다. 늘 꿈을 간직하고 별을 사랑하지만, 현실은 그를 받아들이지 못하고……. 끝내 자신의 집을 불태워버린다. 만약 현실에 좌절한 젊은이라면 내 소설을 읽은 뒤에 집에 불을 지르고 파국을 맞겠다는 생각을 할 수도 있다. 〈들개〉의 경우, 직장까지 팽개치고 자기의 꿈을 실현하기 위해 온갖 현실적 난관을 감내하면서 작품을 만들어내지만, 끝내 자살해버린다.

〈벽오금학도〉 이전의 소설들은 대부분 비극, 파국, 파멸, 절망으로 끝난다. 나는 이런 결말들이 끔찍하게 싫었다. 왜 등장인물들을 꼭 죽여야 하는가, 많이 갈등했다. 살려놓으면 완성도가 떨어진다는 생각이 들어서, 결국 소설적 완성도를 위해 주인공들을 파멸에 이르게 만들었다. 〈칼〉의 주인공 역시 자신이 만든 칼에 찔려 죽는다. 절망하고 좌절하고 죽임을 당하고 자살하고…….

'이런 결말이 과연 옳은가'라는 질문이 작품을 끝낼 때마다 밀려들었다. 작가가 던져줄 메시지가 이것밖에 없는가, 매번 고민했다. "현실에 대한 신랄한 비판도 좋지만, 구원도 필요하지 않은가?" 나 자신에게 물었다. 구원이 답이었다. 등장인물도 구원하고, 작가도 구원하고, 독자도 구원하는 것. 그게 답이었다. 현실에 질식해버리는 인물밖에 창조하지 못한다는 죄책감에서 벗어나는 길은 그것밖에 없었다. 독자에 대해 책임을 져야 했다.

구원을 모색하려면 수행이 필요하다는 생각이 들었다. 내게 맞는 수행을 찾아야 했다. 부처는 인도 출신이라 인도의 수행법을 따랐고, 예수는 이스라엘 사람이라 이스라엘의 수행법을 따랐으니, 나도 내 나라의 수행법을 따르는 게 맞다는 결론을 내리고 우리 수행법을 찾다가 '풍류도'에 닿았다.

풍류도(風流徒)는 신라 화랑도(花郎徒)의 뿌리에 해당하는 수행법이다. 보통 시서예악(詩書禮樂)을 잡기로 쳐서 수행을 방해하는 것으로 알지만, 풍류도는 오히려 그걸 모르면 깨달음에 접근할 수 없다고 가르친다. 이것이 우리 도(道)의 고유한 특성이다. 우주를 노니는 것이 진정한 도라는 것이다. 깨달으려면 즐기고 노닐어야지, 몸이 경직되고 사고가 유연하지 못하면 깨달음과 거리가 멀다는 것이다. 〈장자〉의 '소요유(逍遙遊)'도 즐기라는 뜻이다.

풍류도에서는 예술이 아주 중요한 덕목이다. "예술은 사람을 사랑하게 만들고, 아름다움은 사랑의 발로이니, 우리 도는 결국 인간을 아름다움과 사랑과 행복으로 이끌려는 정신이 바탕에 깔려 있구나"라고 생각했다. 마음에 들었다. 내 체질에 딱 맞았다. 그래서 더 열심히 했다. 그렇게 씌어진 것이 〈벽오금학도〉였다.

그런데 평론가나 기자들은 하나같이 "중국 도교의 영향을 받은 소설"이라고 썼다. 책은 베스트셀러가 되었지만, 억울했다. 소설에 등장하는 '할머니'나 바보처럼 보이는 '도인'은 지극히 한국적인 인물이고 우리 정신의 계승자인데 그런 걸 눈 밝게 찾아내는 사람은 드물었다. 심지어 '벽오금학도(碧梧金鶴圖)'라는 제목도 그 발원이 풍류도에 있음에도 중국 도교 운운하는 걸 보고 '능력 부족'을 실감했다.

6년을 절필한 뒤, 다시 철문을 달고 쓰기 시작한 〈황금비늘〉도 그렇고, 〈괴물〉도 그렇고, 〈장외인간〉 역시 모두 풍류도에 입각해 씌어진 작품이다. 〈괴물〉은 불교적 색채가 많이 가미되었지만, 〈벽오금학도〉를 비롯해 풍류도에 철저히 입각한 세 작품에서 풍류도를 발견해내는 사람은 많지 않았다. 단전에 대해 이야기할 때 "촛불이 흔들리면 내가 흔들린다" 같은 것은 풍류도 고유의 수행법이고, 〈벽오금학도〉에 나오는 단필화법● 역시 풍류도에 근거한 것인데, 알아주는 이 드물어 아쉬웠다.

어쨌든 〈벽오금학도〉를 시작으로 이후의 소설들은 이전의 소설들과 확연히 다른 '구원'이라는 주제 아래 씌어졌고, 일정부분 성취되었다는 생각이 든다. "치가 떨렸다", "전율했다", "가슴이 뛰었다" 같은 예전의 소감들과는 다른 "긍정적인 마음을 갖게 되었다", "음식을 즐기듯 섭취했

● 單筆畵法. 한 호흡에 붓을 한 번만 놀려 그림을 완성하는 법.

다", "기운이 생겨났다", "아픈 게 나았다", "절망적인 상황에서 벗어났다"는 얘기들을 들었다. 비로소 내가 무슨 얘기를 써야 하는지를 깨달았다.

일 수도 있고,
아닐 수도 있고

하창수 깨달으면 해탈에 이르게 됩니까?

이외수 옛날 어느 절에 공부를 많이 한 주지가 새로 와서 축하연이 벌어졌는데, 한 노인이 찾아와 음식을 먹고 있었다. 주지가 심상치 않음을 느끼고 "어디 계신 뉘십니까?" 하고 물으니까 노인이 "내가 300년 전에 이 절의 주지였는데, 어떤 신도가 나한테 질문을 했는데 대답을 잘못하는 바람에 그 자리에서 백여우로 변했다"고 대답했다.

주지가 "대답하지 못한 질문이 무엇이었습니까?" 하고 물었다. 그러자 노인이 "'해탈을 하면 윤회에 빠지지 않습니까'라는 질문이었는데, '빠지지 않는다'고 대답하는 순간 여우로 변해버렸다" 하고 대답했다. 그러고는 "뒷산에 굴이 하나 있는데 거기서 지금까지 살아왔다. 그런데 공부를 많이 하신 주지스님이 오셨으니까 내가 바른 대답을 들을 수 있겠다 싶어 이렇게 찾아왔다. 그때 어떻게 대답했어야 옳은가?" 하고 물었다. 새로 부임한, 공부 많이 한 주지의 대답은 노인이 예전의 주지였을 때 한 대답과 비슷했지만 달랐다. "윤회에 빠지지 않을 수도 있다."

'빠지지 않는다'와 '빠지지 않을 수도 있다'는 분명히 다르다. '~할 수도 있다'는 '~할 수 없을 수도 있다'를 포함하고 있기 때문이다. '수'라는 것은 논리에 걸리지 않는다. '있다/없다' 혹은 '이다/아니다'로 확정하는 것은 논리의 한계다. '있다/없다'와 '이다/아니다'는 네 가지 논리 밖의 것을 포괄할 수 없다.

V

어디로
가십니까

내 마음이 열리면
온 우주가 열린다

마음에서 마음으로

낙천적 성격이 행운을 부르고 비관적 성격이 불운을 부릅니다. 마음 안에 반복해서 간직하는 것들은 씨가 되거나 알이 됩니다. 그래서 시간이 지나면 꽃으로 피어나거나 짐승으로 태어납니다. 우리는 날마다 인사를 합니다. 어디로 가십니까. 법문이지요.
_이외수 트위터글, 2013년

욕망하는 자의 꿈은 이루어질 수 없어도,
소망하는 자의 꿈은 이루어질 수 있다

하창수 "꿈은 반드시 이루어진다"는 말이 구호처럼 쓰이고 있습니다. 꿈은 반드시 이루어진다고 생각하십니까?
이외수 어떤 사람에게는.

하창수 어떤 사람이면 꿈을 반드시 이룰 수 있습니까?
이외수 소망으로서의 꿈을 꾸는 사람. 꿈에는 두 가지가 있다. 욕망으로서의 꿈과 소망으로서의 꿈. 욕망으로서의 꿈은 대부분 개인적인 달성에 그친다. 소망으로서의 꿈은 개인을 넘어 다른 많은 사람에게 달성의 결과가 미친다. 꿈으로 달려갈 때는 반드시 시련과 고통이 일어나는데, 욕망을 좇는 사람은 시련과 고통을 피하려 하기 때문에 꿈을 이룰 수 있는 확률이 떨어지고, 소망을 좇는 사람은 시련과 고통을 감내하며 내면을 키우기 때문에 역량과 능력이 높아지는 만큼 꿈을 이룰 확률이 높아진다.

하창수 많은 청소년이 꿈을 꾸기는커녕 무슨 꿈을 가져야 하는지조차 모르는 실정입니다. 적지 않은 수가 막연히 연예인을 꿈꾸거나 돈을 많이 벌어야겠다는 생각에 젖어 있습니다. 그렇게 10대를 보내고 꿈을 잃은 청년으로 건너갑니다. 청소년들에게 어떤 조언을 해주시겠습니까?

이외수 나는 종종 "재주가 없으면 재주 있는 친구를 사귀고, 돈이 없으면 돈 잘 버는 친구를 도와주라"고 농담처럼 말한다. 꿈은 한꺼번에 실현되는 것이 아니라, 아주 조금씩 실현된다. 남의 것과 내 것이 함께 어우러져서 나의 부족한 것이 메워지고, 그렇게 내 꿈이 조금씩 성장하는 삶을 사는 것이 중요하다. "꿈을 가지면 뭐하나, 나는 안 돼"라고 포기해버린다면 결국 시간을 그저 흘려버리게 되고 만다.

10대는 다몽기(多夢期)다. 꿈이 많은 시기다. 보는 것마다 꿈이 된다. 잘난 거, 좋은 거, 멋있는 것만 보면 모두 내 꿈이다. 20대는 선몽기(選夢期)다. 여러 가지 꿈 가운데 하나를 선택해야 하는 시기다. 딱 하나의 꿈, 나를 온전히 바쳐도 아깝지 않을 꿈을 찾는 것이 20대가 할 일이다. 어떻게든 스물아홉 살까지 찾으면 된다. 20대에 출세를 꿈꾸는 건 옳지 않다. 어떻게 20대에 출세를 할 수 있는가. 특별히 타고난 재능이 있거나, 초등학교 때부터 피눈물 나게 뭔가를 하지 않았다면 불가능한 일이다.

30대는 전심기(全心期)다. 혼신의 힘을 다해서 10년을 바쳐서 온 생을 불태우겠다는 각오로 전력을 다하면, 40대의 용비기(龍飛期)에 다다른다. 용이 되어 하늘로 올라가는 것이다. 인생이란 40대에 비로소 펼쳐진다. 이것이 정석이다. 40대에나 펼쳐야 할 것을 20대, 30대에 하지 못했다고 한탄하는 건 어리석은 일이다. 50대부터는 소요기(逍遙期)에 접어든다.

노닌다. 40대에 다 펼치고, 50대는 즐기고 노니는 것이다.

　　　10대에 꿈을 꾸고, 20대에 꿈을 찾고, 30대에 정진해서, 40대에 펼치고, 50대·60대·70대·80대에 노니는 것, 이것이 인생이다. 지금 우리 인생은 어떤가? 10대에도 돈, 20대에도 돈, 30대에도 돈, 40대에도 돈, 50대에도 돈 벌 생각뿐이다. 과욕 아니면 허송세월로 점철된 인생을 살고 있다.

하창수　많은 문학지망생이 선생님의 작품을 읽으며 작가의 길을 더듬어가고 있습니다. 길잡이가 될 만한 말씀을 해주시지요.
이외수　기본에 충실해야 한다. 잘 쓰려고 하는 것보다는 정직하게 쓰려고 하는 것이 좋다. 많이 읽어야 한다. 많이 생각해야 한다. 많이 써봐야 한다. 많이 읽고, 많이 생각하고, 많이 쓰는 것이 기본이다. 기본에 충실하면 자유자재한 역량으로 발전하게 된다. 어떤 분야에서든 마찬가지다. 모든 사물을 애정 어린 시각으로 보아야 한다. 거기서 나와 같은 점을 발견해야 한다. 그러면 이해가 빨라진다. 재떨이에 놓인 꽁초를 보고 "아, 저 녀석도 타다가 말았구나"라고 생각하면 정이 생기게 된다. 그러면 표현이 남달라질 수 있다. 어떤 대상에든 애정을 가져라. 바위를 보고 "거의 내 머리 수준이군" 하고 생각할 수 있으면 문장을 쓰는 데 어려움이 없어진다. 대상과 '나'를 결합시키려고 애를 쓰면 좋은 표현이 나오게 된다.

하창수　소설은 결국 거짓말입니다. 공식적으로 아무런 제재도 받지 않고 거짓말을 할 수 있다는 건 소설가에게 주어진 가장 큰 재미의 하나일 것입니다. 혹시, 소설을 쓰듯 소설 밖에서도 정교하게 거짓말을 기획해보고 싶지 않습니까?

이외수 그러자면 소설을 쓰는 것만큼의 에너지가 필요할 것이다. 차라리 소설에 전념하는 게 낫다.

하창수 머쓱하군요. 사실 저는 소설가로 25년을 산 경력을 토대로 희대의 '사기사건'을 기획해볼까, 생각해본 적이 있습니다. (웃음) 선생님은 평생을 일탈적 삶으로 일관해왔다고 해도 과언이 아닙니다. 아직도 일탈을 꿈꾸십니까?

이외수 나는 지금도 일탈을 하고 있다.

　　　　사람마다 하기 싫은 것들이 있다. 그런 걸 하라고 하면 짜증을 낸다. 그런데 그걸 하지 않으면 다음 것을 할 수가 없다. 그럴 때 나는 이렇게 말한다. "지금 내가 먹고 싶은 걸 먹고, 자고 싶을 때 자고, 하고 싶은 걸 하고, 하기 싫은 일을 하지 않기 위해서, 얼마나 먹고 싶은 걸 못 먹고, 얼마나 자고 싶을 때 자지 못하고, 얼마나 많은 하기 싫은 일을 했는지를 생각해보라."

　　　　대부분의 사람들은 많은 것에 묶여 있다. 아침에 졸린 눈을 비비며 일어나 겨우 씻고, 대충 먹고, 출근하고, 일하고, 생계를 유지하기 위해 남의 일을 해준다는 무거운 마음을 달래고, 이 일을 언제까지 반복해야 하나 한숨 내쉬고, 그나마 잘리면 안 되는데 걱정하고, 심란해서 귀갓길에 소주 좀 마시고, 돌아오는 골목길에서 쓸쓸히 노래 좀 부르고, 돌아와 씻고 잠

자리에 들고, 다시 눈을 뜨면 아침이다.

나는 소설가이고, 이런 일상에 묶이지 않는다. 소설가는 잘릴 걱정도 없다. "앞으로 네 소설 안 봐"라는 소리를 들을 수는 있지만, "소설가 자격을 박탈할 거야"라는 소리는 영원히 듣지 않는다. 나는 소설가이고, 일탈의 삶을 살고 있다. 다만, 현실과 조화하기 위해 남이 하는 것을 하기도 하고, 하기 싫어도 해야 할 일이 있으면 한다.

하창수 꼭 해보고 싶은 일탈이 있다면?
이외수 축제를 벌이고 싶다. 동네잔치 같은 것. 온 동네 사람들과 닷새 밤낮을 즐기고 춤추고 노래하고 싶다. 한 번만 그래봤으면 좋겠다.

하창수 디오니소스 축제* 같은, 광란의 밤 말인가요?
이외수 광란보다는 흥겨우면서도 멋스러운 축제를 벌이고 싶다. 이를테면 대동굿** 한마당을 펼치는 것이다. 사실 '감성마을'은 고래로 대동굿이 열렸던 곳이다.

자연에서 '자연스럽게' 얻는
감(感)이라는 선물

하창수 두 아드님이 모두 결혼을 하고 일가를 이뤘는데, 아직 손주가 없습

● 3월 말에서 4월 초까지 약 일주일간 디오니소스 신을 기렸던 고대 아테네의 축제.
●● 황해도 해주·옹진·연평도와 평안도 지역에서 성행했던 마을굿판으로, 서해안 일대의 풍어제와 비슷하게 지역 수호신인 당신을 모셔놓고 마을의 평안과 생업의 번창을 기원했다.

니다. 요즘은 결혼을 하고도 아이를 낳지 않는 가정이 늘어나고 있습니다.
이외수 손주가 있었으면 좋겠다.

하창수 손자와 손녀 중에 누가 더 기다려집니까?
이외수 상관하지 않는다. 출가한 문하생들이 아이들을 데리고 놀러 오곤 하는데, 모두 귀엽다. 사내아이든 여자아이든 아이들은 모두 사랑스럽고 예쁘다. 난 성을 차별하지 않는다.

하창수 손주가 생기면 '감성마을'에서 키우고 싶으십니까?
이외수 나는 유년을 자연 속에서 자랐다. 경상남도 함양, 산골이었다. 초중고 시절은 강원도 인제에서 보냈다. 자연에서 거의 20년을 지냈다. 내 정신과 체력은 자연이 만들어준 것이다. 초근목피로 연명했지만 튼튼했다. 전쟁 직후여서 산천이 황폐했지만 산촌엔 약초가 널려 있었다. 초근목피가 모두 보약재였다. 그렇게 자연식을 한 덕분인지 술이 셌다. (웃음) 무엇보다 정서적인 면에서 크게 도움을 받았다. 감성적인 면은 더할 나위 없다. 직관력은 자연의 소중한 선물이다.

　　도시적인 삶은 가슴보다는 두뇌를 먼저 생각하도록 만든다. 도시 엄마들이 아이들 성적에 목을 매는 건 자연을 둘러볼 여유가 없어서 생긴 일이다. 시골 엄마들은 아이들 성적이 나빠도 "촌에서 그렇지 뭐"라고 생각해버린다. 자연 속에서 살다 보면 '자연스럽게' 자연을 닮는다. 자연은 어느 하나에 목을 매지 않는다. 만물이 어울리고, 서로를 보살핀다. 감성마을은 그런 자연이 있는 곳이다. 우리 손주들이 여기서 자라주면 고맙겠다.

하창수   그렇지 않아도 유전적으로 '감성' 인자가 발달되어 있을 텐데, '감성마을'에서 어린 시절을 보내면 '감(感)'이 엄청 발달될 것 같습니다.

이외수   (웃음) 늘 하는 얘기지만, 산촌에 오래 살다 보면 경험이나 논리보다 직감이 먼저 발동한다. 자연을 떠나서 살면 감이 자꾸 떨어지게 되는데, 인간중심의 커뮤니케이션, 인간끼리의 커뮤니케이션이 머리를 쓰게 만들기 때문이다. 자연과의 커뮤니케이션, 우주와의 커뮤니케이션에는 몸 전체가 필요하다. 어릴 때부터 자연에서 연습하고 배운 것은 잘 잊히지 않는다. 어릴 때는 빨리 습득하고, 습득한 것은 오래간다. 그래서 어릴 때는 가능하면 자연 속에서 키우는 것이 좋다.

하창수   그러나 오늘의 교육 현장을 보면 우리나라의 미래가 그리 밝아 보이지 않습니다.

이외수   우리의 속담이나 일상적인 말 중에 '밥상머리 교육'이라는 게 있다. 집안 어른과 부모로부터 받는 교육을 말하는데, 언제부턴가 우리 사회에서 이 '밥상머리 교육'이 사라져버렸다. 아이를 유리그릇 다루듯 하는 상황에서 아이들은 "사랑받아야 할 존재"라는 인식만 강해지고 "남도 똑같이 사랑받아야 할 존재"라는 사실은 망각하게 되어버렸다. '관계'를 배우고 '사회성'을 배우는 첫 지점인 가정에서 교육이 이루어지지 못하고, 학교는 학교대로 성적과 진학에 매몰되어 교육은 완전히 실종돼버렸다.

식당 같은 공공장소에 가보면 교육의 실종이 어떤 식으로 나타나는지 여실히 확인할 수 있다. 아무데서나 큰 소리로 떠들고, 뛰어다니고, 돌아다니다 다른 손님 팔꿈치를 쳐서 국물을 쏟게 만들고, 화가 난 손님이 "야!" 하고 소리 지르면 "우앙~" 울고, 애 엄마란 사람은 "당신이 뭔데 남의 자식 울리느냐?"고 도리어 화를 내고, 그러다 어른들끼리 싸움이 붙고…….

'밥상머리 교육'이 사라진 폐해는 어그러진 관계와 배려의 실종으로 나타난다. 교육은 더 이상 삶의 본질이 무엇인지, 삶의 진정한 가치가 무엇인지를 가르치지 않는다. 살아남는 방식만을 가르칠 뿐이다. 살아남는 방식은 결국 "양심이나 도덕을 배반하는 방식"을 터득하는 것에 다름 아니다. 그러면서도 이 사회가 건전하게 유지되기를 바라는 것은 나무에서 고기가 떨어지기를 기다리는 일보다 더 한심하다.

돈이 되지 않는 것은 무가치하다는 생각이 보편적 세계관이 되어가고 있다. 진정으로 가치 있는 것, 내적 아름다움의 실종은 불을 보듯 뻔하다. 부모는 아이를 초등학교 때부터 좋은 대학에 보내기 위해 면밀하게 계획을 세우고, 아이는 부모가 짜놓은 계획표에 맞추어 기계적으로 학원들을 순례하는 사회에서 공존과 협력과 조화를 기대하는 건 무리다. 공존과 협력과 조화를 배우지 못한 사람들은 공동체의 일원이기를 거부하고, 하나씩의 고치에 붙박여 살아갈 뿐이다. 부도덕한 사회는 대단한 부정이 저질러지는 사회가 아니라, 진정한 가치의 탐구가 멈춰버린 사회다.

교육개혁이 시급히 이루어져야 한다. 몇몇 대안학교가 다양한 예술 문화 프로그램들을 실시하고 자연체험을 통해 학생들의 인성을 올바르게 가꾸어가는 것만으로 교육개혁이 실현되지는 않는다. 전체적이고 일반적이고 보편적인 교육개혁이 일어나지 않는다면, 대한민국이라는 공동체의 운명은 비극을 면할 수 없다.

나보다는
우리가 먼저인 사회

하창수 세상을 정치, 경제, 사회, 문화 등으로 분류한다면, 제대로 살기 위해 우리가 소중히 여겨야 할 분야는 무엇이라고 생각하십니까?

이외수 서양에는 일인칭 단수 대명사를 많이 쓴다. I, my, me. 한국은 복수형인 '우리'를 더 많이 사용한다. 우리 나라, 우리 마을, 우리 집, 우리 학교. 심지어 꼭 단수형으로 써야 할 가족관계조차 복수형을 써서 '우리 남편', '우리 마누라'라고 한다.

　　　　한국 사람의 정서는 아주 포괄적이다. 원래 우리에겐 타인을 배려하는 마음이 생활화되어 있었다. 그런데 지금은 말에만 남아 있을 뿐, 타인에 대한 배려심은 우리의 생활에서 거의 사라져버렸다. 단어만 '우리'를 사용할 뿐, 실상은 내 것, 내 새끼, 내 집, 내 차, 내 학교를 챙기기 바쁘다. 우리의 정체성이 흔들리고 있다는 증거다.

　　　　정치, 경제, 사회, 문화 모두 중요하다. 그러나 더 중요한 것은 이 모든 분야에 '우리'라는 의식이 있어야 한다는 사실이다. 공유, 조화, 협력이 깨진 정치, 경제, 사회, 문화는 온전한 정치, 경제, 사회, 문화가 아니다.

하창수 뉴욕타임스의 한 과학담당 기자가 신경과학과 뇌과학, 의학, 사회학의 최신 연구 성과물을 섭렵하고 과학자들을 직접 인터뷰해서 쓴《가장 뛰어난 중년의 뇌》라는 책을 보면, 인간의 뇌는 나이가 들수록 오히려 더 큰 능력을 발휘한다고 합니다. 따라서 중년의 뇌가 가장 뛰어나다는데, 저자는 중년을 40~68세로 규정하고 있습니다. 지금 선생님의 연세는 중년의 끝자락에 해당합니다. 뇌가 가장 뛰어난 시기의 마지막 지점에 계신데, 이 뛰어난 중년의 뇌를 사용해서 이루고 싶으신 게 있습니까?
이외수 뇌는 쓸 데가 없는데……. (웃음)

하창수 머리는 그야말로 모자를 쓸 때만 필요한 건가요? (웃음)
이외수 항우는 고집 때문에 죽고, 조조는 잔꾀 때문에 망한다고 했는데, 머리에서 나오는 것치고 신통한 건 별로 없다. 뇌를 연구하는 사람들이 내놓는 자료에 의하면, 뇌가 굉장히 많은 정보를 가지고 있고 여러 가지 정보를 조합하는 능력을 가지고 있는 듯하지만, 사실 우리 몸의 세포 하나가 가지고 있는 정보에 비하더라도 형편없이 적은 양이다. 그런데 자꾸만 뇌가 이 모든 것의 중추가 되는 듯 말하고 있는데, 이건 뇌에 대한 지나친 과대평가다. 우리 몸의 세포들은 각자 하나씩의 의식을 가지고 있어서, 그것

꿈은 한꺼번에 실현되는 것이 아니라, 아주 조금씩 실현됩니다. 남의 것과 내 것이 함께 어우러져서 나의 부족한 것이 메워지고, 그렇게 내 꿈이 조금씩 성장하는 삶을 사는 것이 중요합니다.

들이 뇌의 세포와 연결해서 우리의 몸이 정밀하게 작동되는 것이다. 말하자면 우리 몸의 세포들과 뇌세포의 소통이 우리를 움직이게 하는 것이지, 뇌가 우리를 움직이게 하는 것이 아니다.

하창수 명상이나 종교 쪽에서 영적 성장, 영적 진보라는 말을 많이 사용합니다. 선생님도 정신, 가슴, 마음, 영혼 같은 말을 많이 하셨습니다. 우리가 가진 이런 비물질적 자질들을 키우고 발전시키는 데 팁을 좀 주신다면?

이외수 도식적으로 설명하는 성장이나 진보는 위로 올라가거나 좌우로 넓어지는 것이라고 생각하기 쉽다. 물리적인 성장이나 발전은 수직과 수평의 개념으로 접근할 수 있지만, 정신적이고 영적인 성장이나 진보는 전적으로 "우주와 얼마나 같아지는가?"의 문제다. 우주가 어떤 마음을 가지고 있는지, 우주의 본질과 본성이 왜 조화와 아름다움에 그 바탕을 두고 있는지를 명상하는 것이 우리의 정신과 마음과 영혼을 업그레이드시키는 지름길이 될 것이다. 우주의 무한성에 다다를 때의 희열을 맛보는 일을 이번 삶의 목표로 설정하기 바란다.

네 가지의 눈
-육안과 뇌안, 심안과 영안

하창수 그리고 '네 개의 눈'. 즉, 육안과 뇌안, 심안과 영안에 대해서도 많은 말씀을 하셨습니다. 알기 쉽게 정리를 해주시지요.

이외수　의식에는 형이하학적 의식이 있고 형이상학적 의식이 있다. 형이하학적 의식은 현실적이고 논리적이고 과학적이다. 육안과 뇌안은 형이하학적 의식이 가진 눈이다. 형이상학적 의식은 이상적이고 탈논리적이고 예술적이다. 심안과 영안은 형이상학적 의식이 가진 눈이다.

사과를 보고 "둥글다", "주먹만 하다", "붉은빛이다"라고 의식하는 것은 육안의 범주에 해당한다. 사과에 대해 "새콤달콤하다", "비타민C가 많다", "뉴턴이 만유인력을 발견하는 데 근거가 된 과일이다", "과수원에서 나온다"라고 하면 뇌안의 범주에서 의식한 것이다.

심안을 갖게 되면 사과를 소재로 음악을 만들거나, 시를 끄집어내거나, 글을 쓰고 싶은 충동을 느끼거나, 사랑하는 사람의 얼굴을 떠올리게 된다. 거기에는 나만이 간직하려는 것이 아니라 타인과 공유하려는 의식이 깃들어 있다. 자기를 위한 시, 자기를 위한 음악, 자기를 위한 그림이 아니라 감상자 모두를 의식하는 것이다.

여기서 '아는 단계'를 넘어 '느끼는 단계'에 이른다. 이것을 더욱 발전시키면 아름다움을 느끼고 사랑을 느끼는 단계에 이르게 된다. 영안을 뜨게 되는 것이다. 영안을 뜨고 사과를 보면, 사과의 본질과 우주의 본질, 신의 본질, 나의 본질이 동일하다는 사실을 깨닫게 된다. 그 모든 것이 '하나'라는 사실을 자각하는 것이다.

하창수　이번 인터뷰를 시작한 게 어제 오후 3시였습니다. 지금 시간이 오전 8시인데, 밤을 완전히 새웠는데도 전혀 피곤이 느껴지지 않습니다.
이외수   자연이 준 선물이다. (웃음)

하창수   그러고 보면 춘천에 계실 때보다 화천으로 온 뒤에 건강이 많이 좋아지신 것 같습니다. 물론 금연과 절주 덕분이기도 하겠지만.
이외수   늘그막에 신이 주신 선물이라 생각한다.

하창수   외상술을 마시고 끼니 걱정을 해야 했던 샘밭* 시절부터 선생님은 손님이 끊이지 않았고 '문하생'을 두었습니다. 그리고 감성마을로 이주한 뒤에는 정기적으로 문학교실을 열어 무상으로 강의를 하십니다. 창작에 방해가 되는 일일 수도 있는데, 계속하는 이유가 무엇입니까?
이외수   나는 사람과 함께 있을 때 에너지가, 특히 글을 쓸 수 있는 에너지가 생긴다. 아무도 만나지 않고 글만 쓰면 금방 지친다. 진도도 잘 나가지 않는다. 즐겁지가 않다. "남 하는 거 다 하면서 글도 써!" 이런 잘난 척하고 싶은 마음도 없지 않다. (웃음)

하창수   공부만 하면서 공부 잘하는 것보다는, 극장도 가고 노래방도 가면서 공부도 잘하는 학생이 되고 싶은 거군요.
이외수   남 하는 걸 다 하면서 내 것도 잘하는 것, 이게 주는 에너지는 대단하다.

● 춘천시 천전리 소양댐 아랫동네

하창수 선생님은 화천에서 제2의 인생을 꾸려가고 있다고 해도 과언이 아닙니다. 화천은 선생님에게 어떤 의미가 있는 곳입니까?

이외수 사실 내가 강원도에 첫발을 디딘 곳이 화천이었다. 어머니가 갑자기 돌아가시고 그 충격으로 아버지가 느닷없이 집을 나가 행방불명되신 뒤 전쟁이 터져서 졸지에 이산가족이 되어 살다가 수소문 끝에 아버지가 계신 곳을 찾아왔는데, 그게 화천이었다. 당시 아버지는 군인이셨다. 그런 인연이 있는 곳이다. 화천 군수와 군민들이 대한민국 최초로 생존 작가에게 집필실을 제공하고, '감성마을'이라는 문학적 감성을 체험할 수 있는 공간을 만들어준 것은 내 인생에서 더할 수 없는 기쁨이다. 춘천에서 30년 이상 글을 썼는데, 화천에서 지낸 8년 동안 춘천에서 활동한 몇 배를 하고 있다. 그야말로 왕성한 활동이다.

하창수 '아방궁'이니 '호화 요트'니 하는 힘든 일도 겪었습니다. '아방궁'은 해프닝으로 귀결된 것 같은데, 요트는 어떻게 구입하신 건가요?

이외수 최근 구상한 소설에 물 위를 걷는 사람의 얘기가 나온다. 그가 물 위를 걸어서 호수 한가운데에 띄워놓은 배로 오고가면서 펼쳐지는 내용인데, 실제 체험을 해보고 또 집필을 아예 그곳에서 할 요량으로 적당한 배를 구하다가 요트협회로부터 10년 넘은 중고 요트를 소개받았다. 요트를 구한 건 기름을 쓰지 않아서 물을 오염시킬 염려가 없기 때문이었다. 원래는 바람으로 움직이지만 이동을 용이하게 하기 위해 배터리를 사용하는데, 그나마 고압선 때문에 돛을 떼어내서 '호화 요트'치고는 모양새가 많이 빠진다.

하창수 모양새는 빠져도 요트라 오해를 일으켰을 수도 있겠네요. 요트라고 하지 않고 그냥 배라고 했으면 좋았을 텐데요. 소설을 탈고하신 뒤, 배는 어떻게 하실 생각입니까?
이외수 소설이 끝나면 요트는 화천군에 기증해서 화천강에 띄워놓을 예정이다. 배를 상담소로 운용한다는 계획이 세워져 있다고 들었다.

열등감 극복기

하창수 누구나 열등감을 갖고 있습니다. 선생님의 열등감은 무엇입니까?
이외수 나는 열등감 덩어리였다. 우선, 키가 작았다. 사실 키가 작다는 건 남자에겐 굉장한 열등감이다. 학교 다니는 내내 5번을 넘겨본 적이 없다. 나보다 작은 애들도 있었지만 자부심을 느낄 만큼의 수는 아니었다. 키나 체격이 작아서 힘도 약했다. 싸우면 항상 지게 되어 있었다. 나중엔 폭력에 대한 공포로까지 이어졌다. 자신감이 떨어졌다. 비굴해지지 않으려고 계속 싸웠다.

　　　　가정 쪽으로도 열등감이 컸다. 생모가 일찍 돌아가시고 부모의 사랑을 받지 못한 것은 고스란히 열등감으로 돌아왔다. 슬픔과 외로움이 온몸에 배어 있었다. 새어머니가 잘해주셔도 항상 동생들에 비해 차별받는 것 같다는 느낌이 든 것은 열등감 때문이었다. 약주를 좋아하셨던 아버지로부터는 늘 호통만 들었다.

학교성적은 괜찮은 편이었지만 1등은 한 번도 해보지 못했다. 그것도 열등감이 되었다. 그림은 좋아하고 열심히 그렸는데, 미술성적은 좋지 않았다. 선생님의 평가가 잘못되었다고 믿고 있다. 지리 선생님이 지도를 잘 그린다고 미술 선생이 되어 미술을 가르치던 때였다. 미술은 자신이 있었는데 제대로 평가를 받지 못한다는 것 역시 열등감으로 작용했다.

하지만 열등감을 극복하기 위해서는 그림을 그리는 수밖에 없었다. 고흐를 존경했다. 그림을 보고 있으면 마음이 평화로워지고 행복했다. 화가가 되겠다고 다짐했다. 열심히 그렸다. 그런데 아버지는 교대 진학을 원하셨다.

열등감은 여전했다. 그걸 극복하기 위한 길을 찾다가 도서관을 발견했다. 춘천교대에 입학하고 한 학기 동안 도서관에 있던 문학서적을 모두 읽었다. 대출증에 내 도장이 찍히지 않은 책이 없었다. 《사상계》, 《세대》, 《창작과 비평》 영인본까지 읽어치웠다. 졸업 연한을 넘겨 결국 학교에서 잘린 뒤에도 도서관만은 드나들 수 있었다. 도서관장의 배려 덕분이었다. 열등감이 얼마큼은 치유될 수 있었다. 그림을 열심히 그려서 대학미전에 입상도 했다.

그런데 결정적인 열등감은 돈이 없다는 거였다. 그림을 그리고 싶어도 재료를 살 돈이 없었다. 물감 튜브를 면도날로 째고 긁어서 썼다. 짜증도 나고 슬펐다. 다시 열등감이 불어나기 시작했다. 결국 문학이 나를 구원했다. 강원일보 신춘문예에 당선되고 3년 뒤에 당시 내로라하던 《세대》지 신인문학상을 받으면서 비로소 열등감으로부터 헤어날 수 있었다.

생각해보면, 나로 하여금 끝내 좌절하지 않고 살아내게 만든 것은 열등감이었다. 열등감을 극복하려는 오기, 의지가 나를 끌고 간 것이다. 종종 우월감이 지나쳐 오히려 정체되거나 퇴보하는 경우가 있다. 그런 점에서 열등감은 발전의 동력이 되기도 한다. 지금도 잠을 잘 자지 않는 건 열등을 극복하려는 의지의 소산이다. 열등 때문에 남들보다 덜 자고 노력하는 게 습관이 된 것이다. 많이 자면 오히려 머리가 아프고 몸이 무겁다.

하창수   선생님의 작품에는 진한 연애소설이 없습니다. 베스트셀러 작가 가운데 연애소설을 쓰지 않은 거의 유일한 작가가 아닌가 싶습니다. 특별한 이유가 있습니까?
이외수   경험 부족 때문이다. 사랑에는 처음부터 자신이 없었다.

하창수   러브스토리, 연애소설에 대한 아쉬움은 없나요?
이외수   굉장히 쓰고 싶다. 알퐁스 도데의 〈별〉 같은, 정말 애틋한 소설 한 편은 남기고 싶다. 생각해보면 충분히 쓸 수 있을 것 같은데, 잘 안 된다. 〈꿈꾸는 식물〉에서도 여자는 다른 남자에게로 가버리고, 〈개미귀신〉에서도 간절하게 사랑하지만 결국 다른 남자와 결혼해버린다. 내 소설에 나오는 커플들은 모두 실패로 끝난다. 앞으로 연애의 황홀함, 연애의 애틋함이 담긴 소설을 써봐야겠다. 새로운 도전의식을 주어 고맙다. (웃음)

하창수 선생님의 집필실 한 켠에는 스케줄이 빼곡하게 적힌 화이트보드가 놓여 있습니다. 그리고 선생님의 생각은 거의 모두 트위터에 생중계되고 있다고 해도 과언이 아닙니다. 게다가 선생님의 일거수일투족, 심지어 내밀한 사생활까지 언론이 추적합니다. 혹시 혼자만 보시거나 누구도 알지 못하는 일기장, 비밀노트 같은 것이 있습니까?

이외수 일기장은 없다. 따로 일상을 기록하지는 않고, 그때그때 최선을 다해 사는 것이 즐거움이고 행복이라고 생각한다. 하루하루 살아가는 게 내 일기다.

하창수 《여자도 여자를 모른다》에서 "여자, 은하계를 통틀어 가장 난해한 생명체다"라고 하셨는데, 선생님 인생에서 가장 난해한 여성은 누굽니까?

이외수 아내. (웃음) 사실, 이성으로서의 여자는 모두 난해하다.

하창수 난해함을 극복하는 방법이 없을까요?

이외수 결혼식 주례를 할 때 나는 항상 이렇게 말한다. "여자는 자기를 예뻐하는 남자에게 평생을 걸고, 남자는 자기 능력을 인정해주는 여자에게 평생을 건다. 늘 예쁜 것을 발견하도록 하라. 외형적으로 아름다운 것이 없으면 내면의 아름다움을 찾도록 노력하라. 그리고 늘 그 아름다운 것을 인정하라. 아름답다고 말해주어라." 이것이 안 되면 멀어지게 되고, 거리감을 느끼게 되고, 불만을 드러내게 된다.

하창수　사춘기 때 흔히 하게 되는 풋사랑은 어땠습니까?
이외수　나는 사춘기가 없었다. 그게 좀 억울하다. 사춘기면 으레 반발도 하고 이상한 행동도 하고 예민하게 굴기도 하는데, 나는 시종일관 억제하면서 나이만 먹어버렸다. 생각하면 굉장히 억울하다. 모성에 대한 갈망만 가득했다. 이성에게서 모성만 발견하려고 애를 썼으니 제대로 사랑이 이루어질 리가 없었다.

하창수　여성의 입장에서도 불편하지 않았을까요?
이외수　자신을 '엄마'로 보는 남자가 온전하게 보였을 리 없는 건 자명하다. 부담스러웠을 게 뻔하다.

어제가 오늘이 되고
오늘이 내일이 된다

하창수　제가 처음 선생님을 뵈었을 때로부터 어느새 20년이 지났는데, 죄송한 말씀이지만, 처음 뵀을 때 오래 사시지 못할 것 같았습니다. 실제로 건강에 큰 위기가 닥친 적도 있습니다. 하지만 요즘은 오히려 예전에 비해 건강이 많이 좋아진 듯 보입니다. 많은 사람이 선생님과 운동은 거리가 멀다고 알고 있는데, 건강을 유지하는 비법이 있습니까?
이외수　건강하게 사는 데는 몸보다 마음이 더 중요하다. 감정 관리가 잘

날마다 오늘이 와서는 어제가 되고 오늘은 또 내일로 이어집니다. 그래서 오늘을 아름답게 쓰면 어제와 오늘과 내일이 모두 아름답지요. 시간이 당신의 주인이 아니라 당신이 시간의 주인입니다. 항상 나를 위해 쓰는 오늘보다 남을 위해 쓰는 오늘이 되기를.

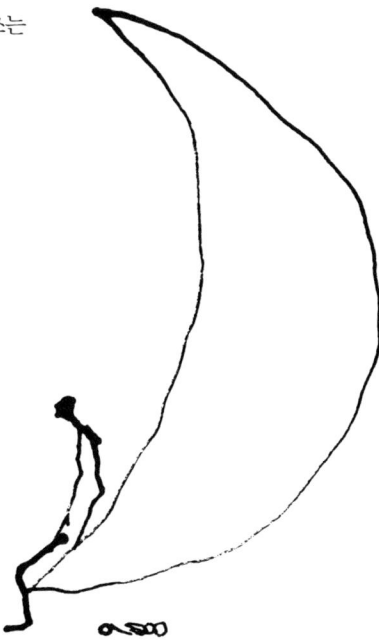

되어야 한다. 사람을 크게 다치게 하는 것은 감정이다. 너무 슬퍼하지도 말고, 크게 분노하지도 말고, 근심 걱정도 너무 많이 하지 말고, 두려워하는 것도 적당히 하기 바란다. 감정을 잘 다스리면 건강해진다. 욕심을 줄이는 것이 중요하다. 욕심을 많이 내면 조바심이 나서 무리하게 일을 하거나 과욕을 부려서 자신을 혹사하게 된다. 욕심을 줄이고, 즐거움을 늘려야 한다.

하창수 운동하라는 얘기는 안 하십니까? (웃음)
이외수 내 건강철학은 '골골 80년'이다. 건강하려고 애를 쓰는 것도 한편으론 욕심이다. 열심히 '헬스'하던 사람도 갈 때 보면 '얄짤없다'. 쓰러질 듯 쓰러질 듯하면서 80년을 버틸 생각이다. (웃음)

하창수 긴 여정이었습니다. 대담을 시작할 때의 설레던 마음이 꽉 찬 느낌입니다. 끝으로 한 말씀을 남겨주십시오.
이외수 날마다 오늘이 와서는 어제가 되고 오늘은 또 내일로 이어진다. 그래서 오늘을 아름답게 쓰면 어제와 오늘과 내일이 모두 아름답다. 시간이 당신의 주인이 아니라 당신이 시간의 주인이다. 항상 나를 위해 쓰는 오늘보다 남을 위해 쓰는 오늘이 되기를 바란다.

그리고 가능하다면 하늘과 땅과 사람과 사랑에 대한 명제로 다시 만날 수 있기를 소망한다.

이외수 작가연보

1946	경남 함양군 수동면 상백리에서 태어남	1992	장편 《벽오금학도》 출간
1958	강원도 인제군 기린국민학교 졸업	1994	산문집 《감성사전》 출간
1961	강원도 인제군 인제중학교 졸업		仙畵 개인전 – 신세계 미술관
1964	강원도 인제군 인제고등학교 졸업	1997	장편 《황금비늘 1, 2》 출간
1965	춘천교육대학 입학	1998	산문집 《그대에게 던지는 사랑의 그물》 출간
1968	육군 입대	2000	시화집 《그리움도 화석이 된다》 출간
1971	육군 병장으로 만기제대	2001	우화집 《외뿔》 출간
1972	춘천교육대학 중퇴	2002	장편 《괴물 1, 2》 출간
1972	강원일보 신춘문예 〈견습어린이들〉 당선	2003	사색상자 《내가 너를 향해 흔들리는 순간》 출간
1973	강원도 인제 남국민학교 객골분교 소사로 근무	2003	산문집 《뼈》 출간
1975	《世代》지에 중편 〈훈장〉으로 신인문학상	2005	장편 《장외인간 1, 2》 출간
	수상, 강원일보에 잠시 근무	2006	강원도 화천군 다목리 감성마을 입주
1976	단편 〈꽃과 사냥꾼〉 발표		문장비법서 《글쓰기의 공중부양》 출간
	11월 26일 전영자와 결혼		중단편모음집 《장수하늘소》 〈겨울나기〉 〈훈장〉 출간
1977	춘천 세종학원 강사로 근무		선화집 《숨결》 출간
1978	원주 원일학원 강사로 근무		시집 《그대 이름 내 가슴에 숨실 때까지》 출간
	장편 《꿈꾸는 식물》 출간	2007	산문집 《여자도 여자를 모른다》 출간
1979	단편 〈고수〉 〈개미귀신〉 발표		문장비법서 《글쓰기의 공중부양》 재출간
	모든 직장을 포기하고 창작에만 전념		《사랑 두 글자만 쓰다가 다 닳은 연필》 출간(뼈 개정판)
1980	창작집 《겨울나기》 출간	2008	산문집 《하악하악》 출간
	단편 〈박제〉 〈언젠가는 다시 만나리〉		仙畵 개인전 – 포항 포스코갤러리
	〈붙잡혀 온 남자〉 발표	2009	산문집 《청춘불패》 출간
1981	중편 〈장수하늘소〉, 단편 〈틈〉 〈자객열전〉 발표	2010	산문집 《아불류 시불류》 출간
	장편 《들개》 출간		《이외수 장편소설 컬렉션》 출간
1982	장편 《칼》 출간		《문학사상》지에 단편 〈완전변태〉 발표
1983	우화집 《사부님 싸부님 1,2》 출간	2011	산문집 《코끼리에게 날개 달아주기》 출간
1985	산문집 《내 잠 속에 비 내리는데》 출간		산문집 《절대강자》 출간
1986	산문집 《말더듬이의 겨울수첩》 출간	2012	화천군 감성마을에 '이외수문학관' 개관
1987	서정시집 《풀꽃 술잔 나비》 출간		산문집 《사랑외전》 출간
1990	4인의 에로틱 아트전 – 나우갤러리	2013	대담집 《마음에서 마음으로》(하창수 공저) 출간

마음에서 마음으로
이외수 지음 ● **하창수** 엮음

1판 1쇄 발행 2013. 10. 31 ● **1판 2쇄 발행** 2013. 11. 1 ● **발행처**_ 김영사 ● **발행인**_ 박은주 ● **등록번호**_ 제406-2003-036호 ● **등록 일자**_ 1979. 5. 17 ● **주소**_ 경기도 파주시 문발동 출판단지 515-1 우편 번호 413-756 ● **전화**_ 마케팅부 031)955-3100, 편집부 031)955-3250 ● **팩시밀리**_ 031)955-3111 ● 저작권자 ⓒ 이외수·하창수, 2013 ● 사진 ⓒ 이상엽 ● 저자와 출판사의 허락 없이 내용의 일부를 인용하거나 발췌하는 것을 금합니다.

값은 뒤표지에 있습니다. ISBN 978-89-349-6496-4 03810 ● 독자의견 전화_ 031)955-3200 ● 홈페이지_ http://www.gimmyoung.com ● 이메일_ bestbook@gimmyoung.com ● 좋은 독자가 좋은 책을 만듭니다 ● 김영사는 독자 여러분의 의견에 항상 귀 기울이고 있습니다.